특허는 어떻게 돈이 되는가

Intellectual Property & Money

특허는 어떻게 돈이 되는가

아이디어에서 특허출원, 시제품 제작까지 특허 비즈니스의 모든 것

| 문춘오 지음 |

미래지식

왜 특허인가

특허란 개인이나 단체의 참신한 아이디어와 발명에 대해 시장독점권을 허가해주는 제도를 말한다. 이전에 없었던 아이디어나 구조, 디자인에 일정기간 독점권을 주는 것이다. 그래야 시간과 창의력 같은 무형의 투자에 대한 보상이 이뤄지고, 새로운 아이디어에 대한 창조적 동기부여가 더 강해지며, 창조적 구성원이 속한 국가와 집단의 지식재산이 늘어나기 때문이다. 요즘 급성장하는 기업은 무형의 지식재산으로 크고 있는데 특허가 그 원동력이다.

스티브 잡스(Steve Jobs)가 망해가던 애플(Apple) CEO로 돌아온 후 애플을 되살리기 위해 만든 아이팟(iPod)은 대성공을 거뒀다. 그런데 애플을 살린 아이팟에서 가장 중요한 원천기술은 원래 우리나라 것이었다. 이 원천기술은 미국의 한 회사에 팔렸고, 그것을 인수한 미국 기업에 엄청난 이윤을 안겨줬다. 이후 여러 차례의 특허 소유권 이전을 통해 MP3 기술은 다시 우리나라에 인수됐다. 특허권이 만료되기 전까지 활용 가치가 컸기 때문이다. 이 사례를 연구한 사람들은 만약 MP3 원천기술이 제대로 평가받아 해외에 팔리지 않았다면 약 3조 원의 수익을 냈을 거라고 말했다.

지식재산에 대한 가치평가에 따라, 지식재산의 원천인 개인의 동기를 어떻게 개발해주느냐에 따라 국가의 지식재산 역시 달라진다. 우리가 지식재산에 관심을 갖고 발전시켜야 하는 이유가 여기에 있다.

우리나라가 국력을 키우기 위해서는 무엇보다 지식재산권, 즉 특허가 가장 중요하다. 그렇다면 왜 특허일까? 2008년 금융위기 이후 실질자산이란 무엇인가에 대한 논의가 활발했다. 사람들은 더 이상 거품에 투자하고 싶지 않았기에 그런 연구를 요구했다. 3가지 실질자산에 대한 결론이 나왔다. 그것은 다음과 같다.

1. 지하자원 2. 음식 3. 창의성

매우 당연한 결과다. 우리 주변을 살펴보면 모든 것이 위의 3가지로 이뤄졌음을 알 수 있다. 인간은 이 3가지 자산으로 대를 이어 생존해왔다. 그리고 이 3가지는 우주와 지구, 인간이 출현하는 순서와 일치한다.

빅뱅과 초신성 폭발로 태양과 지구가 탄생했다. 오늘날의 지하자원 대부분은 그때 만들어진 것이다. 지구상에 인간이 살기 시작하면서 생존을 위해 먹이를 구하고, 목숨을 지키기 위해 무기를 발명해냈다. 인간은 가장 먼저 돌멩이와 창(戈)을 발명했다. 농사의 발명은 도시를 만들었고 도시는 무역과 장사, 자본주의를 낳았다. 문명이 더욱 발달하면서 인간의 창의성은 문자의 발명으로 이어졌다. 문자는 시·공간을 뛰어넘어서 가치를 전달하게 했고, 문명을 전파시켰으며, 지금 이 순간 필자와 독자를 만나게 해주고 있다.

이처럼 지식과 발명은 인간의 역사를 발달시켰고 문명의 전환을 일으켰다. 이제 창의성은 매우 중요한 자본이 되고 있다. 2012년, OECD 각료회의에서 향후 OECD 국가의 성장은 지식 관련 무형자산이 주도할 것이라는 결론이 나왔다. 신(新) 성장동력이 지식재산이라는 말이다.

대한민국은 더 이상 특허권이 만료된 기술을 받아서 옷감을 만들어 수출하던 나라가 아니다. 이제는 특허를 선점하여 세계 1위 기업을 유지하는 나라가 되었다. 앞으로 우리는 쉽게 끝나지 않을 이념전쟁뿐 아니라 자본주의가 망하기 전에는 계속 불타오를 특허전쟁까지 해야 한다.

앞으로의 전쟁은 국가 간의 전쟁이 아니라 특허전쟁이 될 것이다. 특허전쟁은 기업과 기업, 개인과 개인 간에 가장 자주 발생하는데, 그만큼 지식재산에 돈이 몰리고 있다는 말이다. 세계적 기업 중에서 구글(Google)은 무형자산이 95% 이상이며, 페이스북(Facebook)은 거의 100%에 이른다. 이것만 봐도 창의성이 가장 중요한 자산이 되고 있음을 알 수 있다.

이제 지하자원과 음식, 창의성이라는 3가지 실질재산과 함께 우리나라 실정을 살펴보자. "왜 특허인가?"라는 물음에 대해 "그래, 대한민국은 특허가 답이야!"라는 대답이 저절로 나올 것이다. 우리나라에는 에너지와 자원도 부족하고, 쌀 외에는 식량자급률이 낮아서 수입 농산물을 먹고 산다. 그렇기에 우리에게는 아이디어와 창의성이 절실하게 필요하다. 무형자산인 아이디어와 지식재산이 국가 성장을 보장하는 유일한 자산이기 때문이다. 지식재산으로 부자가 되는 시대적 흐름은 이 좁은 땅에 사는 개인에게는 운명이다. 우리나라의 교육열이 유난히 높은 이유도 창의성만이 얼마든지 확보 가능한 자산이기 때문이다.

이 책은 다음과 같은 물음에 답을 줄 것이다.

어떤 공부가 지식재산으로 부자가 되는 공부인가? 당장 생계에 바쁜 개인이 어떻게 발명을 하고, 보다 더 좋은 특허를 먼저 확보할 것인가? 명문대 졸업장이 없는 가난한 비정규직이 어떻게 발명과 특허로 인생역전을 이룰 수 있는가? 가사노동에 정신없는 주부가 어떻게 발명사업가가 되는가? 학교공부에 바쁜 학생이 어떻게 특허를 낼 수 있는가? 나와 내 아이의 아이디어가 시장에 나설 때까지 철저히 보호해주면서 특허출원까지 해주는 곳은 없는가? 스치는 좋은 생각을 어떻게 특허로 발전시키고 그 아이디어를 좋은 가격에 팔 수 있는가? 내 특허를 효과적으로 잘 이용할 기업에 팔아줄 사람은 누구인가?

아울러 창의적 특허는 어떻게 나오며 초보 아이디어를 어떻게 발전시킬지 등의 노하우, 양질의 지식재산을 선점하는 방법, 특허로 성공하여 부를 이루는 전략, 특허 경쟁 시장에서 살아남기 위한 방법 등을 이 책에 실었다. 20여 년 동안 특허로 사업하는 사람들을 만나면서 깨달은 바와 필자의 특허소송 경험, 특허의 사업화 사례를 토대로 창조적 아이디어와 창조적 발명, 성공적 특허와 성공적 특허사업을 관통하는 핵심 원리, 특허에 대한 거의 모든 질문에 대해 실감나게 전달하고자 한다.

이 책을 통해 독자가 갖고 있는 작은 아이디어의 가치를 드높여 든든한 지식재산으로 만드는 해법을 찾길 바란다.

2장 초보 아이디어, 특허가 되다

3장 시장을 사로잡는 특허의 조건

4장 돈이 되는 특허는 따로 있다

5장 특허의 달인 & 특허의 미래

1
창의적인 특허만이 살아남는 시대

01
새로운 비즈니스 트렌드, 특허

애플은 왜 소송을 걸었나

최근 애플 광고에 대한 〈포춘(Fortune)〉지의 평가를 보면, 애플은 아직 건장하고 위대하다며 스스로에게 확신을 주려는 것 같다고 했다. 55세를 넘긴 사람이 자신은 아직 20대의 힘을 가지고 있다고 떠드는 느낌이라고 표현하면 맞을 것이다. 스스로 건강하다고 말하며 땀이 아닌 갈색 기름을 바른 근육을 잘 찍어서 보여주려 한다는 것이다. 자연스럽게 건강미가 드러나는 게 아니라 애써 보여주려 할 때, 사람들은 그를 보며 늙었다고 확신한다. 사람이든 기업이든 새로운 아이디어와 의욕이 넘쳐야 젊다고 말할 수 있다. 사람은 꿈이 많고 활기가 넘칠 때 젊다고 할 수 있지만, 기업은 꿈과 활기만으로는 젊다고 볼 수 없다. 기업은 아이디어와 꿈, 의욕이 넘침과 동시에 꿈이 특허로 등록되고 시장을 이끌어야 젊다고 볼 수 있다.

　기업에서 특허가 많이 나온다면 다른 기업보다 확실히 앞서 가고 있는 것이다. 후발 주자를 의식하지 않아도 되고, 투자자들이 줄어들까 걱정하지 않아도 된다. 요즘에는 개미 주식투자자도 기업이 개발하거나 인수한 특허까지 분석하는 시대이다. 기업이 도산한 업체의 특허를 가능한 많이 인수하는 이유도 투자유치를 위해서이기도 하지만, 개발 시간을 줄여 앞서 가기 위해서다. 기업에서 새로운 특허가 나오는 속도가 늦어지면 소송을 통해 후발업체의 속도를 늦추려 하고, 경쟁업체의 고급인력을 빼내 자기 회사로 영입하려는 욕구가 생기기도 한다.

　애플이 특허소송 전쟁에 뛰어들면서 경쟁사 인력을 흡수하는 근본적인 이유도 마찬가지다. 구글을 중심으로 세력화된 삼성, HTC 등에 비해 특허에서 앞서 가는 속도가 느려졌기 때문이다.

　ICT (Information & Communication Technology, 정보통신기술) 분야에서 특허로 앞서 가지 못하면 언젠가는 기업 전체가 사라질 수 있다. 그것은 '메카프(Metcalfe's Law)의 법칙' 때문이다. 로버트 메카프(Robert Metcalfe)는 컴퓨터 산업이론 및 컴퓨터 네트워킹 개발을 연구한 사업가로서, 네트워크의 가치는 더 많은 사람이 사용할수록 급격히 커지며 더 많은 사람을 끌어들인다고 말했다. 마치 태양계가 형성되면서 중력에 의해 물질이 모이는데, 많은 양이 모이면 태양이 되고 조금 모이면 행성이 되는 것과 같다. 글로벌 ICT 기업의 경쟁도 이와 비슷하게 누가 태양계의 중심이 될지를 놓고 중력 경쟁을 하는 것이다. 경제활동의 태양계는 '생태계'라고 부른다. 그리고 생태계의 중력은 '플랫폼'이라고 한다. '플랫폼을 장악했다'는 말은 가장 강한 중력을 갖고 있다는 말과 같다. 그런데 생태계의 중력인 플랫폼을 장악하는 가장 큰 힘이 바로 사람들에게 편의를 제공하는 특허의 확보에서 나온다.

버튼을 없애고 터치를 쓰게 한 특허는 더 쉽고, 인간적이라는 생각을 했기에 사람들이 많이 모인 것이다. 사람들이 모이니 광고도 모여들고, 뭔가 팔고 싶은 기업도 모여들어 생태계를 만든다. 플랫폼이라는 생태계가 커질수록 따라오는 이익은 더하기가 아닌 곱하기로 커진다. 그리고 네트워크를 유지하는 비용은 급격히 줄어든다. 쉽게 예를 들면, 민자 고속도로를 건설할 때 시멘트를 까는 비용은 어쩔 수 없지만 자동차가 많이 다녀서 본전을 매우 빨리 뽑는 것이 플랫폼이 넓어지는 상황이다. 즉 인터넷 세상에서 쉽게 공간이 늘어나는 하숙방을 여럿이 비용을 나눠 쓰는 셈이다.

요즘에는 사람들의 관심과 활동을 유도하는 공간을 제공하여 사용자들을 끌어들이는 일을 '플랫폼을 장악한다'고 표현한다. 플랫폼 네트워크의 가치는 사용자수 제곱에 비례하지만 비용의 증가율은 일정하다는 메카프의 법칙 때문에 구글과 애플은 전쟁을 할 수밖에 없고, 그 중간에 삼성이 끼어 있는 것이다. 스티브 잡스는 생전 인터뷰에서 "안드로이드를 파괴하기 위해 핵전쟁이라도 하겠다"고 말했다. 이것이야말로 총성 없는 전쟁이다. 앞으로 10년 후에는 구글과 애플 중 어떤 기업이 태양이 되고, 목성이 될지 목격할 수 있을 것이다. 목성은 크기만 더 컸다면 독립적인 태양이 될 수 있었다고 한다. 감히 예측해보건대, 구글이 태양이 되고 애플이 목성이 될 것이다.

삼성은 어떻게 보면 두 고래싸움에 상어가 끼어 대신 싸우는 중이라 할 수 있다. 삼성뿐만 아니라 현대자동차도 스마트카의 소프트웨어 운영체제 사용을 구글과 계약함으로써 구글을 응원할 수밖에 없다. 한국의 두 대기업 삼성과 현대는 구글이 플랫폼 전쟁에서 이겨야만 더 큰 이익이 생기게 되었다.

미래학자들은 국가 권력이 다국적기업으로 이동한 후에, 커뮤니티와 문화적 연대로 권력의 이동이 생긴다고 했는데, 구글은 커뮤니티와 문화적 연대 2가지를 검색과 메일 서비스, 블로그와 유튜브로 모두 확보해뒀다.

애플과의 전쟁에서 먼저 공격당한 삼성은 고래싸움의 전사가 된 덕분에 관중들에게 주목을 받으며 브랜드 인지도를 엄청나게 올렸다. 애플과 어깨를 겨룬다는 이미지를 전 세계에 확인시켜줬으니 명실상부한 일류기업이 된 것이다. 이런 싸움에서 안타까운 점은 한국기업이 안드로이드 운영체계라는 구글의 원천특허를 선점하지 못했다는 현실이다. 현대자동차도 스마트카를 만들기 위해 구글과 손을 잡았으니 이제 한국 경제의 구글 의존도는 갈수록 커지고 마진율은 줄어들 것이다.

더 치열해지는 특허 경쟁

애플과 마이크로소프트(Microsoft)도 마우스로 아이콘을 클릭하며 컴퓨터를 사용하는 기술(GUI)을 놓고 주도권을 다퉜다. 그러다 빌 게이츠(Bill Gates)의 마이크로소프트가 애플의 운영체제를 모방했다. 스티브 잡스는 화가 났고 컴퓨터 시장을 장악하기 위해 소송을 걸었지만 지고 말았다. 빌 게이츠는 지금도 세계 최고 부자다. 만일 그가 소송에서 졌다면 세계 최고 부자는 누가 됐을까? 낙담한 빌 게이츠가 먼저 스마트폰을 만들어 역시 최고 부자가 됐을지도 모른다.

애플이 마이크로소프트의 모방에 대한 소송에서 이길 수 없었던 근본적인 이유가 있다. 원래는 애플 마우스를 이용한 GUI(Graphic User Interface, 그래픽 사용자 인터페이스)도 제록스(Xerox) 것이었는데, 제록스는 자신이 개발했던 컴퓨터 알토(Alto)의 값어치를 알아보지 못했다. 그래서 스티브 잡스가 제록스 직원을 스카우트해서 애플 운영체제와 매킨토시를 먼저 완성해버렸다. 파산 위기를 맞이한 지 오래인 제록스는 오래전 황금알을 낳는 거위를 알아보지 못한 대가를 지금도 치르고 있다. 애플이 GUI 방식을 만들 무렵, 마이크로소프트도 그 방식을 알고 있었다. 그런데 애플이 지나친 욕심으로 특허를 독식하려 하자 마이크로소프트는 그 방식을 널리 쓰고자 개발에 들어갔다. 이런 갈등은 요즘에도 계속되고 있다. 특허권자나 투자자가 특허의 가치와 활용법에 대해 합의를 보지 못해 다른 업체에 시장선점을 놓치는 사례가 대표적이다.

애플의 독선적 방식이 싫어서 독자적으로 GUI 방식 컴퓨터를 만든 마이크로소프트의 모방에 화를 내는 스티브 잡스에게 빌 게이츠는 이런 말을 했다.

"당신이 제록스라는 이웃의 TV를 먼저 훔친 거 아니오? 내가 그 집에 가보니 TV가 없던데."

그런데 마이크로소프트와 싸웠던 애플의 악몽이 또 시작됐다. 이로운 기술을 독차지하려 하면 늘 그런 일이 생긴다. 애플이 스마트폰에 사용되는 iOS를 또 독점하려 하자, 이번에는 마이크로소프트 대신 구글이 안드로이드를 개발하여 보다 널리 퍼뜨렸다. 구글은 기술을 개방적으로 개발했는데, 안드로이드가 iOS보다 더 빨리 보완되어 더 넓은 시장을 장악했다. 스티브 잡스의 독선과 자신감은 스스로의 우수성을 보여줄 무대의 크기와 플랫폼을 줄어들게 했다.

필자가 직접 본 적자생존 사례는 1980년대 후반의 비디오테이프 경쟁이었다. 당시 사람들은 영화를 보기 위해 자주 비디오테이프를 빌렸다. 이 비디오테이프 전쟁에서 마쓰시타의 VHS와 크기가 좀 작은 소니의 베타맥스가 경쟁했는데, 결국 VHS만 남고 베타맥스는 사라졌다. 소비자들이 TV 녹화에 유리한 베타맥스보다 VHS로 잘 포장된 영화를 빌려보는 것에 열광하면서 VCR(비디오플레이어)을 훨씬 더 자주 사용했다. 그러다보니 VHS를 쓰는 VCR이 더 많이 생산되고 더 싸게 공급됐다. 그렇게 베타맥스는 사라졌다. 그 외에 타자기 자판과 휴대폰 자판도 더 많은 사용자가 몰리는 방식으로 통일되는 경향이 있는데, 이렇게 선점효과가 생기는 현상을 '관성의 법칙' 또는 '경로 의존성'이라고 부른다.

지금 정보통신기술 분야에서의 특허전쟁은 사람들의 관심을 끌어 편의를 제공한 후, 경로 의존성을 만들어 영원히 자사 고객으로 묶어두려는 싸움이다. 삼성과 마찬가지로 구글 운영체제를 쓰는 안드로이드폰 제조사 HTC가 거금을 들여 그래픽카드 솔루션 전문업체 S3그래픽스를 3억 달러에 인수한 것도 S3그래픽스가 애플과의 특허소송에서 승소한 전력이 있어서이다. 애플도 다른 기업과 손을 잡고 캐나다 통신장비업체 노텔네트웍스(Nortel Networks)가 보유한 특허 6,000건을 45억 달러에 인수했는데, 특허 한 건당 평균 가격은 8억 원이다. 6,000개의 특허 중 전혀 쓸모없는 특허가 있더라도 애플 입장에서는 특허 하나하나가 구글과 싸우는 무기이며 갑옷이기에 큰돈을 지불한 것이다.

경제전문지 〈포춘〉 선임기자인 애덤 라신스키(Adam Lashinsky)가 쓴 《인사이드 애플(Inside Apple)》이란 책에서 애플은 '비밀제국'이라는 별명으로 통한다. 그만큼 조직이 폐쇄적이라는 말이다. 애플은 스티브 잡스의 영감과 독선에 의존하면서 조직 전체를 닫혀 있도록 만들어왔다. 그런 이유로 컴퓨터 운영체제의 우위는 마이크로소프트에게 빼앗겼고, 스마트폰 운영체제의 우위는 구글이 차지했다. 앞으로 독선과 폐쇄가 조직을 약하게 만드는 현상은 더욱 심해질 것이다. 애플은 창의적 발명가로 자란 스티브 잡스의 온몸에 쌓여 있던 체험을 그의 죽음과 함께 잃었지만, 그의 체험을 바탕으로 영감을 얻던 방식을 전설처럼 경전에 기록했다. 그런데 과거의 성공법을 담은 경전은 현실에선 대화와 소통으로 이어지기가 어렵다. 애플은 곧 아이디어를 선도하는 리더십과 시장으로의 확장성이 약해졌다. 기나긴 세월 동안 체험한 성장의 지혜는 책을 통해 전달할 수 없기 때문이다.

기억 속에 남아 있는 말은 아무리 위대해도 책 속으로 들어가 굳어버린다. 《장자(莊子)》 '천도편(天道篇)'*에 나오는 생각의 찌꺼기*처럼 몸으로 체험했던 경험은 두뇌에 자리를 잡아 지혜가 되는데, 그 지혜가 글로 바뀌어 전달될 때는 글을 쓴 사람의 피 같은 체험과 감각은 빠지고 표피만 전달된다. 즉, 지혜가 현장감 없는 말과 글로 전달되면 살아 있는 시장과의 소통이 약해진다.

---

* **생각의 찌꺼기:** 어느 왕이 성현의 책을 보는데 테두리 쇠를 바퀴에 끼우는 장인이 성현의 말씀이 적힌 책은 그가 품었던 생각의 찌꺼기에 불과하다고 조롱했다. 화가 난 왕은 그 이유를 설명하지 못하면 죽이겠다며 이유를 물었다. 장인은 테두리 쇠를 달구는 온도가 적당해야 나무바퀴에 잘 맞는데, 그 방법을 아들에게 전수하려 해도 말과 글로 표현할 수 없다고 말했다. 왕은 이 말에 수긍하고 장인을 살려줬다.

애플은 이제 조직 자체의 창의적, 개방적 혁명 없이 '스티브 잡스라면 어떻게 생각할까?'라는 질문으로 혁신적인 창의성을 발휘하기는 어렵다. 게다가 기업 체질을 바꾸고 돌파구를 찾기에는 구글과 페이스북, 아마존 등이 이미 많은 영역과 플랫폼을 차지해버렸다. 원천특허를 많이 보유한 애플과 구글 두 기업이 협상으로 특허전쟁을 끝낸다 하더라도 결국 고객을 많이 확보한 기업이 훨씬 유리하게 마무리된다. 그래서 일종의 지분확보 전쟁처럼, 한국전 때 정전협정 직전에 군사분계선을 더 차지하기 위해 백마고지 전투를 벌인 것처럼, 두 기업의 특허전쟁은 휴전 전까지 점점 더 치열해질 것이다.

중소기업과 개인에게 닥친 특허전쟁

2013년 통계자료를 보면, 우리나라 기업은 월 평균 15.3건이 국제특허소송에 제소되고 있다. 특히 미국에 법인을 둔 기업과의 소송이 70% 가까이 된다.

2009년 미국의 클리어 위드 컴퓨터(Clear with Computers)라는 회사가 미국에 진출한 현대자동차의 운영시스템이 클리어 위드 컴퓨터의 전자제안서 준비시스템 특허를 침해했다고 소송을 걸었다. 텍사스 동부지방법원은 2011년 6월 현대자동차의 특허침해를 인정했고, 약 125억 원의 배상금을 확정했다. 또한 미국 버지니아 법원은 한국 기업 코오롱이 방탄복에 사용하는 섬유기술을 지닌, 듀폰에서 일했던 직원과 접촉하여 비슷한 섬유를 개발했다며 듀폰에 대한 영업비밀 침해라고 판결했다. 민사

소송 1심에서 1조 원이 넘는 배상 판결이 났다가 2심 이후에는 코오롱의 피해가 최소화되도록 새롭게 진행되고 있다. 이처럼 삼성과 현대, 코오롱 등 국내 대기업의 특허전쟁 소식이 언론에 자주 등장하기 때문에 중소기업의 특허전쟁은 잘 알려지지 않았다. 하지만 대기업 협력사인 중소기업은 주가하락 등 2차 피해를 보기도 한다.

한국 내에서도 중소기업을 직접 공격하는 특허소송이 점점 늘고 있다. 특허괴물(당장 상용화되지 않는 특허를 모아 그 특허의 존재를 모르는 사람이 특허침해를 하면 배상금을 물리며 생존하는 기업)이 국내 대기업의 방어가 점점 철저해지자 중소기업으로 눈을 돌리기 시작한 것이다. 한국의 중소기업은 기술을 도용한 대기업과 싸우면서 해외 특허괴물에도 대처해야 하는 이중고를 겪고 있다. 한국에서 중소기업이 대기업을 상대로 특허침해 소송을 걸 경우, 이길 확률은 20% 대로 선진국의 절반 수준이다. 그 이유는 소송비용 부족과 대기업에 더 유리한 판결 문제가 동시에 존재하기 때문이다. 그래서 중소기업일수록 특허를 관리하면서 소송에 대비할 필요가 있다.

이처럼 중소기업이 불리한 상황에서 특허괴물이 제조업체에 건 특허소송 건수는 2001년 이후 10년 만에 9배를 넘고 있다. 소송당하는 제조사 중에는 대기업 하청업체도 있고 독립 중소기업도 있다. 업체의 종류도 다양하다. IT전자업체, 가구회사, 주방용품 제조회사, 반도체업체, 바이오업체 등 온 나라가 총성 없는 특허전쟁터가 되어가고 있다. 상표권이나 디자인 소송까지 합치면 숫자는 더 늘어난다. 중소기업은 특허분석에 미흡하여 소송에 걸리면 심한 경우 매출액의 수십 배를 배상금으로 줘야 하므로 대기업과 달리 속수무책으로 망하는 수밖에 없다. 더 안타까운 것은 희망을 품고 해외에 수출하자마자, 또는 배에 제품을 싣자마자 소송을 당하는 경우다. 한국은 내수시장이 작기 때문에 우리 중소기업은 세계를 대상으로 해야 지속적인 성장이 가능하다. 그런데 대기업이든 중소기업이든 특허소송을 당하면 주가하락과 배상금 지불보다 훨씬 심각한 피해를 입는다.

삼성을 예로 들어보자. 삼성이 애플 아이폰을 베꼈다는 판결로 1조 원이 넘는 배상금을 지불했다고 치자. 배상금 지불 이후 삼성에게 찾아오는 가장 큰 피해는 무엇일까? 그것은 세계 1등 기업이라는 이미지 회복이 아주 오랫동안 불가능해진다는 점이다. '카피캣(Copycat)'이라는 별명이 따라붙고 부도덕한 기업이라는 꼬리표도 함께 따라다닌다. 그래서 타사보다 품질이 훨씬 탁월하지 않을 경우, 소비자들에게 점차 나쁜 이미지를 주게 된다.

이제는 기업이 모방을 초월한 창의성이 없거나 등록된 특허가 없다면, 의도와 상관없이 갑자기 도덕성 없다는 평가를 받는 시대가 됐다. 모방이 창조의 어머니이긴 하지만 모방이 창조 수준이 되기 전에 시장에 나오면 엄청난 돈을 지불할 수도 있다. 특히 문화적 자부심이 강한 유럽에서는 모방했다는 사실만으로 시장에서 퇴출되기도 한다. 문화가 발달한 사회에서는 기업이 만든 제품도 예술작품이라는 의식이 강하다. 그렇기 때문에 경쟁사를 따라하는 기업은 남의 작품을 표절한 부도덕한 작가 취급을 당한다.

만일 중소기업이 삼성처럼 모방꾼이라는 딱지가 붙게 된다면 어떻게 될까? 중소기업은 대기업과 달리 이미지를 바꿀 만큼의 여력이 없는 경우가 대부분이다. 결국 회사 문을 닫을 수밖에 없다. 그래서 특허소송이 많아지는 요즘에는 국제특허 확보가 중소기업의 생존을 결정짓는다고 할 수 있다. 그러나 이런 현실에서도 중소기업의 80%는 기술을 개발하기 전에 해외나 국내 경쟁사의 특허를 조사할 여력이나 관심이 없고, 40%는 이미 가진 지식재산권을 방어하는 활동이 전혀 없다는 게 더욱 큰 문제다. 몸집이 커진 한국의 중소기업은 막 껍질을 벗은 소라게와 다름없다. 껍질을 벗고 더 큰 빈 조개를 찾고 있는데, 그 사이에 천적이 나타나 약한 뒷부분을 공격하는 것이다.

특허법 위반으로 인한 소송전은 기업만 하는 것이 아니다. 개인과 소상공인도 자기도 모르게 하게 된다. 인터넷에서 옷을 팔다가 그것이 모방 상품으로 밝혀지면 실형을 선고받고 구속되기도 한다. 또, 젊은 디자이너가 동대문에서 나름 자기 브랜드 옷을 만들어 팔고 있는데, 국내에 비슷한 제조법특허를 내고 들어온 외국 의류 중소기업으로부터 손해배상과 판매금지를 동시에 받을 수 있다. 사람의 생각은 제각각 다르기도 하지만 공통점도 많아서 유행을 따라 신제품을 개발하다보면 우연히 제조법과 결과물이 비슷해질 수 있다.

만약 당신이 부업으로 장식품이나 귀고리 같은 액세서리를 만들어 남대문에서 팔고 있는데, 그 방법이 이미 제조법특허로 있다면 어떻게 될까? 배상금을 물거나 영업정지를 당할 것이다. 또 홈쇼핑에서 조금씩 파는 옷이나 문구라 해도 당신이 만든 제품이 실용신안, 디자인 등록 등이 이미 되어 있는 제품이라면 그것을 먼저 등록한 업체는 모르더라도 소송을 통해 이윤을 노리는 특허괴물 회사의 분석에 걸릴 수 있다. 이미 돈을 잘 벌고 있는 사람의 주머니를 노려 피해자 대신 소송을 걸어주는 특허괴물 회사가 늘어나고 있다는 사실이 이것을 증명해준다.

이처럼 누군가가 인터넷이나 홈쇼핑 등을 이용해 상품을 진열하고 판매하는 것도 특허와 깊은 관련이 있다. 비록 그 상품이 직접 만든 것이라 해도 말이다. 실제로 그 상품은 누군가가 개발하여 특허로 등록한 상품일 수 있다. 보기에는 달라 보여도 제조법이나 상품의 최종 성분, 용기 디자인 등 모두 특허로 연결되기 때문이다. 그래서 특허를 제대로 알지 못하면 물건 하나 팔기도 쉽지 않은 것이 21세기의 현실이다.

문명이 발달되면서 생겨난 인터넷을 필두로 시장이 서로 합쳐지면서 점점 비밀이 사라지고 전 세계의 특허법이 통일되고 있다. 저작물이나 TV 프로그램도 예전에는 일본 콘텐츠를 베껴도 몰랐지만 지금은 돈을 지불하고 계약을 맺어야 한다. 전 세계의 저작물이 공유되는 시대이기 때문이다. 이렇게 인터넷은 개인의 특허침해 사례를 발견하기 딱 좋은 곳이다. 검색이 쉬울 뿐만 아니라 비슷하다며 댓글을 다는 사람도 많기 때문이다. 그렇다고 특허를 침해하지 않기 위해 인터넷을 끊을 수도 없다. 인터넷을 쓰지 않고는 경제활동이 어렵기 때문이다. 그러니 이제는 사소한 아이디어라도 아예 무상으로 퍼뜨릴 생각이 없다면, 그리고 그 아이디어가 욕심 많은 사람이나 악덕기업의 특허가 되길 바라지 않는다면, 반드시 자신만의 특허를 고려해야 하는 시대가 됐다. 예술가의 전시에서 본 아이디어로 특허를 낸다 해도 그 예술가는 어쩔 도리가 없다. 전시 자체가 아이디어를 그냥 가져다 쓰라는 것으로 해석되기 때문이다. 이젠 어떤 직업도 자신의 아이디어를 소중히 여기면서 전 국민의 1인 1개 발명, 한 가정의 한 특허등록은 창조경제를 위한 표어로 생각해볼 만하다.

모든 길은 특허로 통한다

오늘날 먹고사는 문제는 점점 특허를 중심으로 모이고 있다. 국제적으로 브랜드가 잘 알려진 기업의 순위와 미국특허 등록 순위가 거의 일치한다는 것이 그것을 증명해준다. 제조업의 경우에는 특허 숫자가 기업의 경쟁력과 거의 일치한다. 비제조업의 경우, 예외가 있다 해도 콘텐츠의 저작권이나 특허가 어려운 비즈니스 방식까지 본다면, 대부분의 기업은 지식재산권이 기업의 가치를 좌우하는 환경 속에서 경쟁하고 있는 것이다.

100여 년 전 경제학자 빌프레도 파레토(Vilfredo Pareto)가 조사한 결과, 이탈리아 영토의 80%를 20%의 사람이 갖고 있다는 게 밝혀졌다. 여기서 나온 법칙이 '파레토의 법칙'이다. 땅을 소유한다는 것은 그 땅을 이용한다는 뜻이다. 그리고 특허라는 지식재산권도 그 특허를 이용할 권리를 갖는다. 땅과 달리 특허에는 20년이란 기간이 있으며, 파레토의 법칙이 훨씬 심해진다. 특허를 많이 가진 기업은 다른 특허를 개발할 여력이 많고, 다른 기업의 특허를 살 돈도 많다. 또한 개발 속도도 빠르다. 따라서 특허를 많이 가진 기업은 다른 특허를 선점하는 확률이 점점 높아진다. 즉 특허의 세계에서는 파레토의 법칙이 1%가 99%의 특허를 갖는다는 법칙으로 발전하고 있다. 중국의 국제특허가 빠른 속도로 느는 것도 국가의 경제적 여력이 젊은이들의 기업가 정신과 만나면서 특허를 선점하도록 하기 때문이다.

이제 특허 없이는 가족의 생계를 책임질 정도의 규모보다 더 큰 사업을 하기 어렵다. 어쩌면 그저 가족을 위해 가게를 차렸는데 가게 이름이

상표등록된 이름이니 간판을 바꾸라는 말을 들을 수 있다. 이처럼 세계화된 시대의 경제활동은 '특허'라는 보도 블럭이 깔린 도로나 광장 위에서 장사와 공연을 하고, 전시를 하는 상황이 되어가고 있다.

삼성전자와 구글이 현재 갖고 있는 특허는 물론 앞으로 10년 동안 등록될 특허까지 공유하기로 한 이유도 서로 특허를 쥐고 있으면 사업 자체를 할 수 없기 때문이다. 앞에서 말한 대로 애플의 iOS와 안드로이드의 플랫폼 패권 전쟁에서 삼성과 구글은 협력을 통해 살아남는 쪽을 선택했다. 이처럼 특허제도가 우리에게 주는 혜택은 아이디어를 가진 자가 힘이 부족해도 거대한 기업과 협상을 할 힘을 갖게 한다는 것이다.

현실적으로 특허는 다윗이 골리앗을 이길 수 있는 유일한 무릿매질이다. 한마디로 특허는 아주 멀리 날아가서 매우 결정적인 한방을 먹이는 도구다.

02
창조경제 시대의 기본은 창의성이다

발명 본능을 유지하라

발명에서는 세포막의 출현이 가장 중요하다. 세포막은 기름 성분과 물을 분리시키는 원리를 이용하면서 생겼다. 세포막은 막의 안팎 성분을 다르게 하기 시작했고, 그 성분을 유지하려 했다. 세포를 유지하려는 의욕이 어디에서 왔는지 묻는다면 (아직 그 대답을 속 시원하게 한 사람은 없지만) 이런 답을 하지 않을까 싶다.

"세포막도, 살고자 하는 의욕도 신이 만들었다. 세포막은 진화했지만 삶의 의욕만큼은 신이 주는 것이다. 세포막이 생기다보니 삶의 의욕도 진화했다."

유일신론, 다신론, 유물론, 진화론 등이 섞여서 옥신각신하고 있지만 겉으로 보이는 진실 한 가지는 생명체에 발명 본능이 있다는 것이다. 세포는 주변 환경에 적응하면서 세포막에 생존을 위한 장치를 계속 새롭게 만든다. 사람에게 있는 창의성 발달에 중요한 역할을 하는 '도파민(행복에 관련된 감정을 느끼게 해줌. 인간의 호기심, 의욕과 성취감, 창의성에 관련된 물질)'도 이와 같은 원리로 발달한다. 도파민은 어려운 상황을 극복한 후에 느끼는 만족감의 호르몬이며, 다시 새로운 것을 찾아서 만족감을 얻으려는 욕구를 만든다. 도전과 성취 횟수가 많아질수록 도파민회로는 더 발달한다.

타고난 발명가와 기업가는 도파민회로가 잘 발달된 행동을 보인다. 그들은 산만하지만 자신이 좋아하는 일에는 고도의 집중력을 발휘한다. 그들은 교과과정이 정해진 교실에서 산만한 아이로 찍히거나 자신이 좋아하는 과목만 공부하려 한다. 예체능을 좋아하기도 한다. 특히 아이들은 도파민이 만드는 욕구가 지배적이라서 게임에 잘 빠지는데, 게임은 단계별 성취를 이루도록 설계되어 있기 때문이다. 이 세상에서 인간의 욕구와 두뇌를 가장 잘 아는 사람들은 게임회사에 모여 있다는 생각이 들 정도로 게임은 사람들의 호기심과 열정을 흡수한다. 필자는 아이들이 교과과정 모두에 흥미를 느낄 수 없는 게 정상이라고 생각한다. 그래서 초등학교 때부터 미술과 발명이 융합된 수업이 국영수만큼 중시돼야 한다고 생각한다. 그래야 기업가와 발명가가 더 많이 나오고, 창조경제에도 도움이 될 것이다.

특허에 강한 두뇌를 키우기 위해서는 우선 동물적인 도파민회로와 인간적인 도파민회로가 다르다는 점을 이해해야 한다. 동물과 달리 인간은 계획을 세우고 실천하도록 하는 앞이마 뒤쪽의 이성적인 전전두피질이 너무나 발달했다. 그래서 포유류의 뇌로 알려진 중뇌에서 전전두피질까지 도파민회로가 잘 발달돼야 한다. 인간을 포함한 모든 동물은 의욕과 자기주도성 호르몬인 도파민을 두뇌에 일정량 유지하려는 본능이 있다. 그래야 자기 존재감과 행복감이 느껴지기 때문이다. 인간은 동물과 달리 도파민이 전전두피질에도 충분히 있어야 한다. 물론 동물도 보다 이성적이면 리더가 될 수 있으며, 리더가 되면 더 이성적이 된다. 우두머리가 된 원숭이는 세로토닌(뇌의 신경전달물질로 만족과 평상심의 물질) 호르몬이 증가하는데, 그만큼 생각할 거리가 많아지기 때문이다. 이렇게 리더가 되면 사고방식이 달라진다. 완장을 차면 태도가 달라진다고 하여 '완장효과(제복을 입으면 그에 어울리는 행동을 하게 되는데, 그런 심리와 행동을 말함)'로도 불리는 역할 행동은 인간과 동물 모두에게 있다.

인간이 발명 본능을 유지하려면 도파민이 전두엽에서 줄어들거나 중뇌 쪽에서 너무 많아지면 안 된다. 사람은 집단 내에서 낮은 지위에 있다 보면 스스로 생각해 판단할 일이 줄어들고, 자율적 선택 횟수가 줄어 전두엽의 도파민이 줄어든다. 그래서 용의 꼬리보다는 뱀의 머리에서 대박 아이디어를 더 많이 떠올린다. 용의 꼬리는 머리 눈치를 보다 도파민과 창의성이 동시에 줄어들기 때문이다. 도파민과 창의성이 줄어들면 나중에는 생각하는 것조차 싫어진다. 생활방식이 지시를 받는 환경에서는 생각에 쓰이는 회로가 약해지는데, 이렇게 되면 창의적 인간이길 포기하는 것이나 다름없다. 발명 본능이 약해지다가 생각하는 시간까지 줄어들면 도파민은 전전두엽이 아닌 중뇌에 머물며 과잉 상태가 되기 때문이다. 측좌핵이나 편도체가 있는 중뇌는 동물 단계에서 발달한 포유류 수준의 두뇌이다. 생리심리학 관련 책을 보면 중뇌 부분에 도파민이 많아지면, 사람이 포유동물처럼 좋아하는 것에만 집착하는 강박이나 망상 등의 정신분열 확률이 올라간다고 한다.

창조교육이 시작이다

창조경제의 기본 조건은 창조교육에 있다. 창조교육은 발명 본능을 유지하는 교육이다. 인간은 생존을 위해 발명을 하며 살아왔다. 소통을 위해 태도와 표정도 개발해왔다. 생존을 고민하게 되는 상황과 지루함이 싫어서 게임을 하려는 것은 창의성이 살아나는 2가지 환경이다. 따라서 인간의 두뇌는 놀람, 새로움, 변화, 복잡, 모호함 이 5가지에 반응하면서 발달한다. 생존이 위협받는 상황은 무서워서 놀랍고, 예측하지 못해서 새롭다. 지루함을 벗어나려는 게임은 변화를 주면서 일부러 규칙을 점점 복잡하게 만든다. 그런데 앞의 5가지 놀람, 새로움, 변화, 복잡, 모호함이 학교 현장에서는 주로 선행 지식 속에서 발견된다. 이미 다 아는 것은 스스로를 지루하게 한다. 자연은 계속 변하면서 우리를 지루하지 않게 한다. 즉, 자연은 환경이 변하면서 진화를 창조한다.

두뇌를 발달시키는 5가지 특성은 창조적 교육을 통해서만 전달할 수 있다. 3가지로 나눠 그 이유를 설명해보자.

첫째, 지식은 **리좀**(Rhizome, 그물망처럼 얽힘)**과 프랙탈**(Fractal, 더 미세한 잔가지가 계속됨)의 속성이 있기 때문이다. 각 교과가 결코 서로 분리되지 않으며, 어느 분야든 파고들다보면 좁은 길이 또 나오다가 더 넓은 길로 연결되고, 좁은 분야라도 연구할 게 계속 생기게 된다. 그런데 이 2가지 속성은 지식을 학년과 과목에 따라 교과과정으로 나누면 사라지고 만다. 그리고 이 2가지 속성이 없는 교육은 금방 지루해진다.

예를 들어보자. 방과 후 공을 차다가 개미를 발견해 관찰하고 있었다. 그런데 비가 와서 우산 대신 토란잎을 쓰고 집으로 간다. 집에 가는 길에 넘치는 강물이 낮아질 때까지 배고픈 채 기다려야 하는 상황을 쉽게 예측하지 못하도록 유도하는 게 창조적 교육이다. 특히 초등학생들은 구체적 체험으로 생각을 발달시키므로 교실은 창조적 환경이 될 수 없다. 하지만 상징으로 상상이 가능한 중학교 이후에는 교실에 창의적 교사가 있다면 창의적 환경이 될 수 있다. 원래 인간은 꽤 복잡하게 얽힌 지식과 경험 속에서 실수하고 방랑할 때 창의성이 생기기 때문에, 정답을 단계별로 제시하는 교육은 결국 창의성을 억압한다.

둘째, 학교에서의 개별적 창조교육은 개천에서 용이 나게 할 수 있기 때문이다. 인간 유전자는 세대를 거치면서 일정한 변이율이 생긴다. 부모의 유전자가 아이에게 전달될 때 약 12%의 변이가 일어난다. 자연계의 집단 내에서는 평균 16%가 돌연변이를 유지하는데, 그것은 전염병으로부터 멸종을 막기 위한 진화 방법으로 알려져 있다.

돌연변이율에서 보듯 시골이나 달동네의 가난한 집에서도 12~16% 확률로 천재가 태어날 수 있다. DNA는 스스로 변이율을 갖고 있기 때문에 평범한 가정에서도 천재는 얼마든지 나올 수 있다. 단지 열악한 교육 환경이 어쩌다 태어난 천재를 보통 아이로 만들어버리는 것이다. 예를 들어, 아이가 둘인 가난한 가정에서 둘째가 우수한 두뇌를 가졌다고 하자. 그 아이가 자신의 재능을 펼쳐 사회적 지위를 높일 기회를 쉽게 만날 수 있을까? 국제중이나 특목고에 가서 마음껏 공부해서 학력을 높일 수 있을까? 비교적 가난한 환경에서 자라는 머리 좋은 초등학생이 특수 중·고등학교에 가는 일은 아이가 0.001%의 천재라면 몰라도 거의 불가능하다. 그리고 가난한 부모가 제공할 수 있는 교육 환경에는 한계가 있다.

빌 게이츠가 가난한 지역에서 교육 자선사업을 펼치는 것도 그런 이유에서다. 그의 자선재단에서는 풍부한 예산으로 좋은 교사를 구해 가난한 지역 아이들을 성공적으로 교육시키고 있다. 자선활동이 취약한 우리나라는 공교육이 돈 없는 사람들도 마음껏 예체능과 발명이 중시된 창조교육을 지원받을 수 있는 시설과 제도를 마련해줘야 한다. 예를 들어, 일반 공교육에서 '무학년제'로 맞춤교육을 하면, 보통 아이들도 부유한 환경의 아이들처럼 학교 밖 사교육과 특수학교 선행학습을 마음껏 할 수 있다. 그 결과 보통 아이들과 부유한 환경을 지닌 아이들의 격차는 줄어들게 된다. 그 때문에 최근에 등장한 '선행학습 금지법'은 창조경제를 이끌혁신가를 길러내는 데 매우 불리하다.

셋째, 창조경제에서는 혁신가를 원하고 있기 때문이다. 혁신가라 불리는 이들에게는 공통점이 있다. 심리학자 마빈 아이젠슈타트(Marvin Eisenstadt)가 혁신가 699명을 연구한 결과를 보면, 그들이 지닌 혁신의 저력에는 가난이나 조실부모라는 공통점이 있었다. 왜 가난한 집의 우수한 아이들이 더 혁신적인 인재가 되는 것일까? 그것은 비교적 가난한 환경의 아이들이 부모의 관심과 돌봄을 덜 받는 한편 모범이나 규율에서 자유롭기 때문이다. 즉, 자기결정적이고 자기주도적인 선택의 경험을 하게 되는 것이다. 이것이 혁신을 위한 원동력이 된다. 그러나 이런 환경에서는 범죄자가 될 확률도 높다. 그래서 사회가 가난한 아이들을 보살피지 않으면 범죄율이 올라가고, 경제성장의 동력이 약해질 수밖에 없다. 창의성 중심의 열린 교육은 국민 건강을 증진시키고 범죄율을 낮춘다는 연구도 있다.

1983년, 하버드 대학교에서 법학 박사학위를 따려던 프롤로브는 교육과 범죄의 관계를 연구하기 위해 뉴욕 경찰서 범죄 기록을 연구하기 시작했다. 이후 그는 뉴욕의 가난한 구역에 있는 베나트 학교 졸업생들의 범죄율이 다른 학교보다 현저히 낮다는 것을 발견했다. 프롤로브는 이 학교의 교육방법을 알아내기 위해 학교와 관련된 사람들을 찾아다닌 끝에, 7세에서 80세에 이르는 재학생과 졸업생들을 인터뷰했다.

"당신은 베나트에서 무엇을 배웠나요?"라는 질문을 받은 사람들의 74%가 "우리는 학교에서 연필 한 자루의 용도가 얼마나 많은지를 배웠습니다"라고 대답했다. 학생들은 각자 연필 한 자루의 용도를 20가지 생각해내는 발상수업을 했다. 연필의 용도를 20가지나 생각해내려면 연필 본래의 기능을 벗어나 상상하고, 다른 용도로 써봐야 했다. 그것은 기능 고착성을 탈피하도록 돕는 창의성 교육의 대표적인 예였던 것이다. 학생들은 연필을 토막 내서 장기판 말로 사용하고, 연필심을 뽑고 빨대로 쓰기도 했다. 심지어 연필로 화장을 하고 연필심을 갈아 윤활용 가루로 사용하기도 했다. 그 수업이 끝날 때쯤 선생님이 말했다.

"연필 한 자루도 20가지가 넘는 쓰임이 있는데, 눈도 있고 손도 있는 여러분의 쓰임은 상상할 수 없을 정도로 많을 겁니다."

그 말은 학생들이 사회에 진출해 좌절을 겪을 때마다 떠오르곤 했다. 베나트 학교 졸업생들은 실직을 당해도 곧 다른 직장을 찾았다. 자신이 할 수 있는 일이 무궁무진하다고 믿었기 때문이다. 그것은 졸업생들 대부분이 실패에 대한 회복탄력성이 좋고 자존감이 높다는 것을 보여준다. 창의성이 자존감과 회복탄력성의 기초가 됐다는 것도 알 수 있다.

반면, 어렸을 때는 '천재'라는 말을 들었지만 성장하면서 기대에 못 미치는 사람들이 있다. 그들을 연구한 미국의 유명 심리학자 딘 사이먼턴 (Dean K. Simonton)은 그들에 대해 전통에 순응하는 부자나 모범적인 가정에서 성장했을 확률이 높다고 말했다. 그런 환경 속에서 자유로운 상상 보다는 기존의 것에 맞춰 생활하여 상상력이 줄어들었다고 결론지었다. 안타까운 것은 우리의 공교육이 이와 비슷한 풍토를 지니고 있다는 사실 이다.

이렇게 두뇌를 발달시키는 5가지의 특성인 놀람, 새로움, 변화, 복잡, 모호함은 공교육에서는 부족한 반면, 요즘 부잣집에서는 아이들에게 이 5가지 특성을 골고루 갖추도록 사교육을 시킨다. 교육에 있어서도 30대 까지 부를 물려줄 수 있는 부익부 빈익빈의 양극화 환경이 조성되고 있 다. 사교육은 두뇌 친화적 방식인 놀람, 새로움, 변화, 복잡, 모호함의 제 시로 빨리 진화했지만 공교육은 진화 속도가 너무 느리다.

금융위기를 예측하여 '월가의 노스트라다무스'라는 별명을 가진 나심 니콜라스 탈레브(Nassim Nicholas Taleb)는 저서 《안티프래질(Antifragile)》 에서 제도권 공교육이 개인의 가변적 창의성을 제거한다고 주장했다. 학 습자들이 교과과정이라는 틀 속에서 다양한 시도를 통해 만나는 복잡성 을 스스로 정리할 기회를 놓친다는 것이다.

정리하면, 현재의 '선행학습 금지법'은 '맞춤교육 의무법'으로 방향이 수정돼야 우리나라의 발명력이 좋아진다. 지금 공교육 시스템과 교육개 혁의 한계는 '프로크루스테스(Procrustes)의 침대'와 같다. 프로크루스테 스의 침대란, 그리스 신화에 나오는 강도 프로크루스테스가 여행객을 납 치해 침대에 눕힌 후 키가 침대보다 크면 잘라서 죽이고, 작으면 늘려서 죽인다는 이야기에서 유래한 말이다. 이처럼 우리의 교육도 수업과정에 아이들을 맞추려 하고, 맞지 않으면 억지로 따라오게 한다. 그러나 초등 학생도 흥미 있는 분야에서는 얼마든지 박사 수준으로 공부할 수 있어야 두뇌 친화적 교육이 된다. 최근 다니엘 핑크(Daniel Pink)도 저서 《드라이브(Drive)》에서 동기부여의 첫째 조건으로 자기결정성을 꼽았다. 어떤 일을 하고 싶게 하려면 그 일을 스스로 결정하고, 다양한 옵션 중에서 몇 가지를 선택해야 진짜 내재적 동기가 생긴다는 것이다.

초등학교 시절에는 두뇌에서 신경전달물질이 작용하는 패턴이 생긴다. 이 점을 감안하여, 초등학교를 대학교처럼 학과제로 운영하는 것도 좋은 방법이다. 중·고등학교에서는 난이도 높은 문제 출제를 금지하고, 개별적으로 선행학습과 후행학습을 무학년제 맞춤교육 방식으로 할 수 있게 허용해야 한다. 그래야 배움의 자기결정성이 생기고, 아이들의 발명동기와 창조적 지능을 발달시킬 수 있다. 그리고 진도를 따라오지 못하는 아이들과 뛰어난 아이들을 위한 방과 후 특별반을 공교육에서도 상시 운영해야 한다. 물론 공교육 현장에 맞춤교육의 장이 마련되고, 적합한 선생님이 투입돼야 한다. 이를 위해서 학부모 참여, 은퇴한 자원봉사자 모집, 공교육 내의 대학생 아르바이트 허용 등을 시도해보면 어떨까? 제도적으로 어렵다고 아이들의 두뇌를 더 나쁜 쪽으로 평준화시킬 수는 없지 않은가?

창의성은 허락하는 것이다

특허 관련 상담을 하다보면 상담이 길어질 때가 있다. 그때마다 발명가들의 희망찬 전망을 오랜 시간 들어주는 일은 결코 쉽지 않다. 이미 있을 법한 발명임에도 계속 얘기를 들어주는 것은 시간낭비라는 생각이 들기 때문이다. 과거에 이미 실패했던 방법으로 특허사업이나 특허소송을 진행하려는 사람도 있다. 그럴 땐 어떻게 반박과 설득을 해야 좋을지 난감하기까지 하다. 어느 작가는 이렇게 말했다.

"후대에 태어난 작가들은 선배들의 문구를 인용할 수밖에 없다."

발명에서도 사정은 마찬가지다. 기존 기업의 특허 외에도 대박이 가능한 특허는 많지만 이미 과거에 등록되었거나 20년이 지나서 기술이 오픈된 경우도 많다. 상담자의 발명이 이미 특허로 등록됐다 해도 필자는 그 발명과 노력에 대해 아낌없는 칭찬을 한다. 그에게는 최초이며 기발한 발상이기 때문이다. 아이를 키울 때도 마찬가지다. 아이들이 어떻게 과거에 그 누구도 하지 않은 생각과 발명을 하겠는가? 그저 부모들은 놀라운 발견이라고 칭찬을 해주면 된다. 그러면 아이들은 도파민회로가 더 발달하여 다음에는 정말 놀라운 혁신가가 된다. 성인의 경우에도 일단 상담자의 발명을 칭찬한 후에 그 발명이 특허감이 되도록 유도해줘야 한다. 상담자의 말을 듣다보니 좋은 생각이 떠오른다면서 의견을 제시해야 상담자의 마음이 상하지 않는다. 필자는 이런 과정을 '아이디어 튜닝'이라고 부르며 '튜닝맨'으로 이뤄진 튜닝팀을 운영하고 있다.

튜닝팀은 특허를 가진 발명가, 시제품 업체를 운영하는 사장, 디자이너와 화가, 조각가, 건축가, 엔지니어, IT 전문가들로 이뤄져 있다. 어느 분야에든 멘토가 있듯 이들이 멘토가 되는 것이다. 교육에서는 명문대 합격이 성공의 기준이 되듯 특허사업에서는 시제품 단계에서 소비자의 호평을 받아야 이후 사업화가 가능하다. 따라서 발상에서는 아이디어를 도와주고, 발명에서는 구조와 재료의 효율성을 함께 고민하고, 시제품 제작에서는 보다 싸게 만들도록 일원화된 서비스를 해야 발명가들의 창의성에 날개를 달게 된다.

　아이들의 창의성을 죽이는 곳이 교과과정을 중시하는 학교이듯, 발명가의 창의성을 죽이는 사람은 변리사나 투자자가 되기 쉽다. 초보 발명가의 호기심과 의욕을 꺾는 가장 대표적인 말은 "이런 건 특허가 될 수 없어요", "이미 있습니다" 같은 것이다. 늘 하던 대로 제도화된 방식에 젖은 변리사나 투자자들은 상당히 높은 수준의 발명을 선별하는 일에 익숙해져 있다. 언젠가 위대한 발명가가 될 사람도 발명 과정의 소중함을 칭찬받기 전에 관련 권위자에게 특허를 포기하라는 말을 듣게 되면 의욕이 꺾인다. 초보 아이디어를 가지고 창조경제타운이나 창업 투자자, 잘나가는 변리사에게 가면 당연히 선행기술과 바로 비교 당한다. 자기 아이디어가 특허가 되기 어렵다는 말을 들으면 초보 발명가는 시간을 낭비했다는 후회와 자괴감에 빠지기도 한다. 그 결과, 더 위대한 특허는 나오지 않는다.

　이미 선행기술이 있는 걸 몰랐느냐는 무심한 말은 교사의 가혹한 채점과 같다. 발명가와 아이들은 자존감이 줄어들고, 새로운 시도를 할 의욕 역시 사라진다. 그렇게 창의성과 기업가 정신도 사라진다. 변리사들의 냉정한 정답과 평가가 발명가의 창의성을 죽이는 것처럼 아이의 창의성에 가장 큰 장애물은 바로 엄마의 과잉보호다. 과잉보호는 엄마가 아이의 보호자이고 어른이라는 이유로 아이의 바람직한 행동과 진로를 알고 있다는 착각에서 비롯된다. 세상과 아이의 미래에 대한 정답을 많이 가진 부모는 아이 스스로 색다른 경험을 해보지 못하게 할 가능성이 높다. 예를 들어 아이와 함께 요리를 할 때 아이가 다치거나 부엌이 엉망이 될까봐 맡기지 않는다면, 아이는 식탁 위의 음식이 차려지기까지의 모든 과정을 체험하지 못한다. 즉, 공부만 잘하면 된다는 식의 양육은 오히려 공부마저 못하는 아이로 만든다. 공부를 잘하더라도 나중에 실력을 활용하는 융통성이 부족한 아이가 된다. 이런 융통성 없는 사람은 일상에서 결코 아이디어를 건질 수 없다.

어떤 체험이든 기승전결, 춘하추동, 오르막 내리막 등의 전체 과정을 스스로 결정하며 체험하지 못하면 두뇌에서는 도파민 경로가 약해진다. 요즘 어디서나 참여하고, 토론하며, 팀으로 진행하는 교육과 강의, 토크쇼 등이 늘어나는 것은 매우 바람직한 현상이다. 곳곳에서 과거의 도제식 교육이 부활하여 전체적인 지식의 그물망을 자유롭게 돌아다니도록 해야 창의성이 폭넓어진다. 한 교사가 아이들을 10년 이상 담당하는 학교도 있는데, 그것은 옛 도제식 교육에 가깝다. 아이들은 어떤 일과 체험이 살짝 위험하거나 어렵다는 것을 알면서도 해냈을 때 도파민이 가장 많이 나온다. 배고플 때 요리를 해도 도파민이 많이 나온다. 이렇게 도파민이 많이 나오는 체험을 해야 창의력이 좋아진다. 엄마는 어리다는 이유로, 또는 본능적으로 위험하다고 생각되면 아이가 체험에 다가가는 것을 막는다. 이렇게 "위험해!", "안 돼!" 등의 부정적 메시지를 전달하거나, 배가 고프지 않은데 시간에 맞춰 식사를 강요하는 것은 창의성에 좋지 않다. 창의성은 금지보다는 시도를 허락하는 비율이 더 높을 때 발달된다.

매슬로우와 특허의 탄생

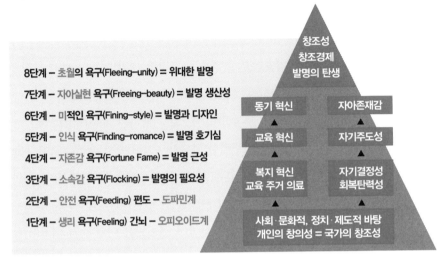

매슬로우가 주장한 인간 발달의 8단계를 창의성과 발명의 탄생에 대입한 그림. 4단계까지는 창의
성이 발현되는 기초이며 5단계부터 발명이 시작된다. 4단계를 발명 1단으로 본다면, 8단계의 초
월적 발명은 발명 5단이 된다. 5단계 인식 욕구는 생각할 수 있는 생각의 재료를 모으는 단계이
고, 6단계부터는 새로운 디자인이 나오며 지식재산권에 접근이 가능하다. 8단계에 이르면 위대한
특허가 나온다. 오른쪽 삼각형을 보면 한 개인에게 생기는 발명의 탄생은 창조적 사회의 탄생과
연결된다. 개인도 여러 시스템의 합이고 집단도 더 작은 집단의 합이다. 개인이든 집단이든 창조
성에 이르는 과정은 비슷하다.

개개인의 창조성을 확장시킴으로써 사회 전체를 아름답게 만들 수 있
다고 주장한 독일의 예술가 요셉 보이스(Joseph Beuys)는 예술, 교육, 정
치, 환경운동을 함께 하며 살았다. 특히 그는 나무를 심다 생을 마감했는
데, 그가 채우지 못한 목표치 7,000그루를 아들이 다 심었다고 한다. 자
신의 신념에 대한 실천력이 강했던 그는 마르셀 뒤샹(Marcel Duchamp), 피

카소(Pablo Picasso)와 함께 20세기를 대표하는 현대미술의 거장이다. 그는 "모든 사람은 예술가이다"라고 말했는데, 모든 인간의 창조력을 인정하면서 교육과 정치, 예술을 통해 '사회조각(Social Sculpture)'이라는 개념을 이루려고 했다. '사회조각'은 사회 전체를 아름다운 예술품으로 만든다는 개념이지만 개인으로서 시민의 가슴에 예술적인 창조성과 역동성을 주는 것이 기본이다. 그래서 그는 "교육이야말로 최상의 예술이다"라며 불합격생도 학교 수업을 듣게 했다. 이 문제로 그는 대학과의 갈등 끝에 교수직에서 물러났다.

그의 사회조각 개념은 언제 완성될지 모른다. 어쩌면 단지 꿈에 불과한 외침일 수도 있다. 왜냐하면 집단의 사회·문화적, 정치·경제적 바탕이 개인의 창조성에 미치는 영향이 너무나 크므로 복지와 평생교육과 정치가 분리되지 않는 구조 속에서만 사회조각이 가능하기 때문이다. 요셉 보이스의 사회조각은 심리학자 아브라함 매슬로우(Abraham Maslow)가 주장한 인간 욕구의 발달과 연결된다. 매슬로우는 5단계 욕구를 말년에 다시 8단계로 확대했다.

사회조각은 매슬로우가 제시한 인간의 욕구 단계에서 모든 사람이 7단계 이상에 이르러야 가능하다. 사회 환경과 개인의 창조성 발달을 공든 탑 피라미드로 정리하면, 기저에는 자기결정성과 회복탄력성이 가장 중요하다. 회복탄력성은 자신의 생존이 위협받지 않도록 하는 생리적 안전과 사회적 안전이 보장된 후에 생겨난다. 사회적 신뢰감이 주는 소속감과 자신의 역할을 인정받고 자기결정성을 존중받아 자존감까지 갖춰질 때 성장하는 것이 회복탄력성이다. 회복탄력성이 없는 사람은 소극적일 경우 우울해지고, 적극적일 경우 작은 좌절에도 자살을 시도하기도 한다.

이 회복탄력성은 국가의 복지수준과 비례하여 생긴다. 실업 위기와 주거 불안정, 건강의 위협을 얼마나 해소할 수 있는가와 정신적 풍요를 주는 교육복지가 국가의 회복탄력성이다. 도표에서 회복탄력성이 자기결정성과 같은 칸에 있는 이유는 개인이 미래를 위해 자기 스스로 선택할 수 있는 다양성이 많을 때는 안도감이 들기 때문이다. 사회복지 수준이 낮아서 공무원이 되지 못하거나 대기업에 들어가지 못하면 먹고사는 것이 불안한 사회에서는 개인적 선택의 여지가 줄어든다. 그래서 교육도, 사업도 경쟁이 심한 좁은 길임에도 고지식한 선택을 해야 하는 분위기가 형성된다. 그것은 곧 국가의 복지수준이 낮을수록 창의성도 낮아지는 결과로 이어진다.

자기결정적 선택권이 있다는 말은 서로 가치는 비슷하지만 성격이 다른 것을 고를 때 쓸 수 있다. 예를 들면, 옷가게에서 비슷한 가격대에 다양한 색과 디자인의 옷이 많다면 자기결정성이 발현된다. 또한 명문대와 대기업에 가지 않아도 비슷한 가치의 색다른 삶을 생존과 자존의 위협 없이 누릴 수 있을 때, 직업 선택에서의 자기결정성이 있다고 할 수 있다.

아이디어의 성공은 솔로몬의 심판과 관계있다. 솔로몬 왕에게 두 여인이 한 아기를 안고 와 서로 자기 아이라고 우겼다. 그러자 왕은 두 여인에게 아기를 반으로 나눠 가지라고 했다. 그때 아기의 진짜 엄마는 그 아기를 포기했다. 아기의 목숨을 지키기 위해서였다. 아이디어 자체를 더 사랑하는 사람도 마찬가지다. 어렵게 탄생시킨 아이디어가 자기 손을 떠나서라도 성공하길 바란다. 어디라도 날아가서 꽃을 피우고, 열매 맺길 바란다. 기업과 정치인, 공무원이 특혜와 이윤을 국민과 나누지 않는 사회는 아이디어의 가짜 엄마가 되는 것이다. 복지가 부족한 사회의 구성원이 갖게 되는 소유욕과 이기심은 아이디어의 성장에 매우 해롭다. 21세기에 가장 중요한 자본인 신뢰자본이 약하기 때문이다.

회복탄력성이 갖춰진 후에는 자기주도성과 자존감을 갖고 자아실현을 할 수 있어야 그 다음 단계의 창조와 혁신으로 갈 수 있다. 자기주도성은 스스로 자기 삶을 이끌어가는 것이다. 교육에서의 자기주도성은 각각의 학생에게 개별 맞춤교육이 이뤄질 때 가능하며 사회에서는 일자리가 많아야 가능하다. 교실에서 교사의 수업을 10%의 학생만 따라간다면 90%는 그 교실에 있는 이유가 자기주도적일 수 없다. 무학년제로 자신의 수준과 적성에 따라 교실을 찾아다니는 대학교식 수업이 초·중·고에도 정착되어야 하는 우선적 이유가 여기에 있다. 도파민은 자기주도적으로 뭔가를 해볼 때 맛보는 성취감과 효능감에 의해 성장하는데, 난이도가 맞지 않고 흥미 없는 수업은 학생들의 도파민신경망을 약하게 만든다. 성장기에 자기주도적이지 않은 생활이 버릇이 되면 성인이 되어서도 그대로 살아가려는 기질이 생겨 정신적·육체적 건강에 해로울 뿐 아니라 사회 전체의 활력을 저하시킨다.

자기주도성이 약하면 면역력도 약해진다. 영국 공무원들을 조사 연구한 결과, 결정권이 있는 상급자보다 지시를 따라야 하는 아랫사람의 암 발병률이 3배나 높았다. 직업이 적성과 맞지 않아도 암 발병률이 10배 이상 껑충 뛰었다. 또, 의사들의 직업만족도와 암 발생을 조사한 연구에서도 자신의 일에 흥미나 자부심을 갖는 것이 건강과 깊은 관련이 있었다. 의사나 공무원뿐만 아니라 학생도 마찬가지다. 자기주도성을 발휘하지 못하는 학교는 학생들의 창의성과 면역력을 동시에 떨어뜨린다. 단지 10대, 20대에는 면역력이 강해서 질병으로 연결되지 않을 뿐이다. 특히

10대의 두뇌는 자기주도성을 잃게 되면 시냅스 연결이 급속도로 끊어지므로 지능과 창의성이 약해진다. 그런데 현재 우리나라의 공교육은 창의성과 지능, 건강을 방해하고 있다. 이런 학교 시스템을 바꿔야 한국의 원천특허와 표준특허 경쟁력도 좋아질 것이다.

자기주도성과 자존감을 위해서는 여럿이 협동하여 토론식으로 공부하고 공동 과제를 해결해보는 프로젝트 수업이 좋다. 교사 중심의 경쟁교육이 학생 중심의 협력교육으로 전환돼야 한다. 왜냐하면 자기주도적인 협업 없이는 창조적 수준이 높아질 수 없기 때문이다. 요즘의 창조성은 이기적이고, 소유적인 동기에서 애타적이고, 공유적인 동기로 혁신돼야 수준이 높아진다. 지식의 양이 많아진 시대에는 기존 지식을 능가하기가 점점 어려워지기 때문에 나라 전체가 창의성 수준이 높은 문화를 가꿔야 한다.

03

특허와 창업의 관계

예술과 기술 사이

과학기술과 예술은 원래 '기술'이라는 하나의 뜻이었다. 의학의 아버지 히포크라테스(Hippocrates)의 말 "인생은 짧고 예술은 길다(Life is short, art is long)"에서도 Art는 예술이 아닌 의학적 기술을 의미한다. 고대 그리스에서는 '기술(Techne)'이 예술과 기술 모두를 의미했기 때문에 원래 뜻은 "인생은 짧고, 의학기술은 길게 발전한다"라고 해석하면 맞다. 예술과 기술의 구분 없이 지내다가 일상생활에서 용도가 분명해지면서 수학과 과학기술로 나뉘었고, 나머지는 인문예술이 됐다. 그전까지 'Art'는 수학, 과학, 예술 어느 쪽이든 상관없이 단지 뭔가 알고 있는 모든 것에 관한 것을 의미했다. 즉 Art는 거의 모든 지식이었다가 일부 유용한 기술과 수학, 과학으로 구분됐다.

혁신가로 잘 알려진 스티브 잡스는 "아이폰은 과학기술과 인문학의 교차점에서 탄생했다"고 말한 적이 있다. 즉 혁신이 인문학(Liberal Art)과 기술(Technic) 사이에서 나온다는 뜻이다. 그도 인류 문화에서 지식이 예술과 기술로 분리되지 않던 시절이 훨씬 더 길었다는 사실을 알았기 때문에 이런 말을 했을 것이다. 그리고 그의 말처럼 서로 관계없어 보이는 아이디어를 묶어 남들이 생각하지 못한 새로운 개념을 창조해내는 것, 창의적 사고를 연결하여 융합하는 능력이 발명과 특허의 기본이다.

Art의 어원을 추적한 이유는 기술과 특허의 바탕이 거의 모든 지식을 배경으로 놓고 예술적 행위와 시행착오를 통해 나온다는 점을 강조하기 위해서다. 예술과 기술은 분리되지 않으며 발명과 특허는 과학적 지식과 예술, 기술 사이에서 등장한다.

예술과 기업의 관계

예술과 지식, 문화는 수면 아래의 빙산이고 기술은 수면 위의 빙산의 일각이라고 표현할 수 있다. 한마디로 문화는 아직 드러나지 않은 내면적 부분이라면, 기술문명은 실제로 눈에 보이고 실체가 있는 외형적 결과물이다.

세계 최대의 검색 서비스 기업 구글에서도 기술과 예술을 융합시키려는 흐름을 발견할 수 있다. 구글에서는 사원들이 주5일 중 하루에 해당하는 20%의 시간을 각자 원하는 프로젝트를 위해 사용하게 했다. 그 결과, 20%의 자율시간에 나온 아이디어가 나머지 80%의 업무시간에 얻은 것보다 더 많은 혁신을 이뤄냈다. 즉 구글은 대부분의 기술적 시간에 20%의 예술적 시간을 줘서 큰 발전을 이룬 것이다. 예술과 디자인, 기술을 구분하는 가장 큰 분기점은 타인을 만족시켜야 하는 의무에 있다. 예술은 타인의 시선을 잊고 자신을 만족시키는 일에 집중하는 것이다. 그리고 디자인과 기술은 자신의 능력으로 고객이나 회사를 만족시켜야 하는 일이다. 그런데 이때 20%의 자율, 즉 예술적 시간을 주는 기업은 모든 직원을 장인이나 예술가로 만들 수 있는 반면, 틀에 짜인 업무 속에서 자율을 허락하지 않는 기업의 경우, 많은 직원을 퇴근 후의 애술가(애주가)로 만든다. 예술이냐 애술이냐는 개인의 발전과 회사의 발전에 영향을 미친다. 개인의 두뇌가 예술로 채워지는 것과 그냥 술로 채워지는 것의 차이는 기업 전체의 결과로 나타나기 때문이다.

초월이나 추월은 몰입에서 나오며 몰입은 자신을 위한 시간에서 나온다. 동물학자 데즈먼드 모리스(Desmond Morris)는 콩고라는 침팬지에게 붓을 주고 그림을 그리게 했다. 그러던 어느 날 콩고는 누군가 그 붓을 빼앗으면 매우 화를 내는 영장류가 됐다. 예술이란 그렇게 원숭이도 몰입을 시킨다. 예술은 영감과 즐거움에서 시작하여 몰입과 초월을 지나 아름다움이 된 후, 공유와 소통을 통해서 완성된다. 이처럼 좋은 상품도 영감과 즐거움으로 시작하여 몰입과 초월(혁신)을 지나 아름다움(유용성)을 이뤄 공유(대여)와 소통(판매)으로 마무리된다. 예술과 기술이 분리되기 전에는 예술적 아름다움(美)과 기술적 유용성(善)이 구분되지 않았다. 미와 선이 구분되지 않았듯 재미와 일이 구분되지 않는 것은 원초적 힘을 갖고 있다.

그 힘을 보여주는 대표적인 사례로 조립식 블록 완구회사 레고(Lego)

를 들 수 있다. 레고는 2012년부터 쿠소(CUUSOO)라는 시리즈로 소비자들이 장난감을 직접 만들어 사게 하는 서비스를 시작했다. 공상(空想)을 돈으로 만드는 쿠소의 방식은, 사람들에게 재미있는 상상을 하면서 장난감을 만들게 한 후 그들에게 살 의향이 있는지 묻는다. 이런 방식을 '프로슈머(Producer + Consumer)'나 '크리슈머(Creation + Consumer)'라고 하는데, 제작하는 사람과 소비자가 같은 사람이라는 뜻이다. 미래학자들이 미래의 소비자들은 프로슈머가 된다고 한 지 얼마 지나지 않아 정말 그런 방식으로 돈을 버는 기업이 생기고 있다. 게다가 1인 기업까지 늘고 있다. 어떤 미래학자는 모든 사람이 1인 기업을 가진 후 다른 직업을 가질 것이라고 예측하기도 한다. 이는 기술이 다시 예술과 합쳐지는 흐름을 보여준다.

기업이 예술가들에게 주는 돈을 후원금이라고 하는데, 레고가 쿠소에 참여하는 고객들에게 주는 돈은 예술가들에게 주는 후원금 성격으로 변했다. 월급이 점점 후원금이 되어가는 것이다. 이제 학교는 학생들에게, 기업은 직원과 고객들에게 상상과 공상을 할 자유시간과 기회를 줘야 한다. 그래야 사람들은 이상적인 장인이 되거나 현실적인 예술가가 되어 혁신을 선물할 것이다.

특허가 곧 창업이다

특허가 기업가치의 가장 중요한 잣대가 되면서 요즘의 창업은 특허를 선점할 수 있느냐가 관건이 됐다. 기업의 이윤보다는 사회적 공유가치를 추구하는 기업도 특허를 내면서 사회적으로 혜택을 주는 활동을 한다. 기후변화로 인한 재앙에 대비하거나 환경오염에 대비하는 일에 있어 악덕기업이 특허를 낸다면 인류에게는 불행이 될 것이다. 사회적으로 기술을 통해서 뭔가 베푸는 일도 그 기술에 대한 특허가 없을 경우에는 먼저 등록한 기업에게 배상금을 지불해야 한다. 그렇기 때문에 지속가능한 경영이 될 수 없다. 예를 들어 자선단체라 해도 고장 난 자전거를 고치는 기술이나 우물 파는 기술, 구정물을 정수하는 기술을 이용해도 된다는 허락을 받거나 그에 따른 독특한 공법이나 기술을 개발해서 특허를 내야 한다. 그래야 아프리카 오지에 마음껏 좋은 기술을 펼칠 수 있다. 새로운 약의 경우, 비싸게 팔기 때문에 치료를 받지 못하고 죽는 사람도 많다. 자선사업의 일환으로 새로 개발된 약의 제조법특허를 사서 복제 약을 싸게 만들어 가난한 사람들에게 기부하는 단체도 있다. 이런 현실을 볼 때 기업이 이익을 추구하든 자선을 추구하든 특허는 필요하다.

"없는 걸 상상하지 못하면 새로운 걸 만들 수 없다"는 말로 유명한 사회적 기업가 폴 호건(Paul Hogan)은 자신의 친할머니를 12년간 돌보면서 느낀 점을 토대로 노인을 돌보는 프랜차이즈 회사를 창업했다. 또한 그는 기업이 자선을 경쟁하는 시대가 올 것이라고 예측했다. 사랑받고 존경받는 기업이 되지 못하면 살아남기 힘든 요즘의 기업 경영에서는 자선사업의 영역이 점점 부각되고 있다. 최근 언론을 보면 큰 기업일수록 봉사도 하고 중소기업에 기술이전도 해주며 서로 착한 기술을 개발했다고 광고하고 있다. 폴 호건의 예측대로라면 앞으로는 상표나 디자인이 아닌 기술특허가 기업의 좋은 이미지를 광고하는 용도로 쓰일 가능성이 높다. 자선사업에도 특허가 필요한데 다른 사업에서는 오죽하겠는가?

세상에는 특허가 없는 창업이 훨씬 많다. 그래서 많은 기업이 흥망성쇠를 반복한다. 특허를 갖고 있어도 경쟁력이 약하면 무용지물이다. 지금 한국은 다수의 FTA 때문에 마진도 가격도 낮춰야 하는 것이 너무나 많다. 이런 시기에는 마케팅과 영업에 의존한 경영을 하면 오히려 큰 손해를 입고 망할 수 있다. 그래서 특허를 확보하면서 제품과 서비스의 가격 결정력을 갖고 경영해야 한다. 그렇지 못하면 어느 바람에 가지와 줄기가 부러지고 뿌리마저 뽑힐지 알 수가 없다. 특허를 갖는다고 그 권리 위에서 낮잠을 잘 수도 없다. 몇몇 원천특허를 제외하면 세상의 상당수 특허는 회피하는 법을 찾아낼 수 있다. 그리고 특허는 다수가 모일수록 시너지 효과가 있다. 따라서 이 시대의 기업은 특허를 위한 R & D가 마케팅이나 영업력보다 중요해지고 있다. 인터넷과 SNS의 시대에는 발 없는 말이 천 리 만 리를 순식간에 날아간다. 따라서 어설픈 제품의 완벽한 마케팅보다 특장점이 확실한 제품을 어느 한 사람이 체험하고 감동받는 것이 더 중요하다. 다른 제품과 차별되는 특장점이 있는 상품이나 서비스는 인간적인 친절이나 노력과 상관없이 빠르게 소문난다. 그러나 특장점이 없는 상품과 서비스는 인간적으로 아무리 친절하게 제공해도 더 낮은 가격 앞에서 무력하게 무너진다. 그래서 지금은 특허가 곧 창업인 것이다.

지식재산을 경영하라

특허의 탄생에 대한 명언이 있다. 바로 아인슈타인(Albert Einstein)의 말이다.

"문제를 발생시킨 사고방식과 똑같은 방식으로는 결코 문제를 해결할 수 없다."

사람들은 문제가 생겼을 때 그 문제가 생긴 역사에 대해 공부한다. 그러나 이런 방법으로는 아인슈타인의 충고를 받아들였다고 하기 어렵다. 어떤 문제가 이미 해결된 미래를 상상하는 것이 오히려 해결책을 찾는 데 도움이 된다. 특허의 신은 이미 발생한 문제를 걱정하기보다는 걱정이 해결된 미래를 상상하는 사람에게 영감을 준다.

문제를 해결하는 과정이 없었다면 인류도 존재할 수 없다. 문제를 해결하지 못한 문명은 이미 망했다. 우리는 지진과 빙하기를 이겨냈고 전쟁과 기근, 가뭄과 해일, 맹수와 독충의 공격, 전염병 중 여러 재앙을 이겨낸 사람들의 후손이다. 어느 시대나 당시의 문제를 해결하려는 집단이 있었다. 그 집단은 전사나 종교집단, 기술자들이 모인 장인들이었다. 오늘날 어떤 문제를 해결하는 집단은 정부나 기업이다. 정부는 시민의 지지로 공권력을 갖고 세금을 걷는다. 기업은 아이디어의 결집으로 특허를 갖고 이윤을 취한다. 현대에는 그냥 문제를 해결해주는 집단 말고 더 친절하게, 더 빨리, 더 오랫동안 보살핀다고 광고하는 기업이 더 큰 이윤을 남긴다. 정부는 투표권을 모아 힘을 얻고, 기업은 특허권이나 지식재산을 모아 힘을 얻는다. 특히 기업은 소비자들의 문제를 해결하기 위해 다수의 완화책을 모은다. 그 완화책은 비즈니스 모델이나 지식재산, 도구이다. 기업은 보유한 모든 완화책을 한꺼번에 실행한다. 많은 해결책이 뭉치다보면 누적적 효과와 효율이 생기는데, 이 시너지로 볼 수 있는 효과와 효율이 곧 기업의 이윤이 된다. 그래서 연구하며 개발하는 R & D 이후, 연결하여 개발하는 C & D(Connect & Development, 내부의 지적재산과 외부의 지적재산을 결합해서 더욱 뛰어난 제품을 개발하는 개방형 연구개발 방식)가 등장했고, C & D의 가장 대표적 산물이 스마트폰이다. 지금은 상상한 것을 바로 개발해보는 I & D(Imagination & Development)가 발달하고 있다.

팥빙수를 만드는 법도, 콜라나 총을 만드는 법도, 휴대폰 디자인도 모두 개인이나 기업이 가진 지식재산에 속한다. 누구든 실물자산을 경영하거나 지식자산을 경영한다. 그런데 실물자산의 경영에서는 의외의 효율과 효과를 내기가 어렵다. 일반적으로 실물자산이 가져올 이윤을 예측할 수 있기 때문에 힘과 자본이 부족한 약자는 실물자산에 접근해서 더 높은 효율을 이끌어내기 어려운 것이다.

일부 1차 산업을 제외한 한국의 자영업자나 중소기업, 대기업이 거의 모두 지식재산으로 이윤을 얻으려는 이유는 대한민국이 땅이 좁은 중진국이기 때문이다. 우리는 농지와 지하자원이 부족하다. 우리나라에서는 지식재산의 집약으로 효과를 올리는 경영 외에는 뾰족한 수가 없다. 그렇기 때문에 우리는 지식재산을 경영한다는 생각을 하며 기업을 꾸려나가야 한다.

특허전쟁은 기술과 설비가 가장 중요한 자본이던 시대가 끝나고 특허와 창의성이 가장 중요한 시대가 오면서 더욱 불붙기 시작했다. 왜냐하면 시간이 흐를수록 더 많은 완화책이 합쳐지고 융합해야만 효과가 나타나고 이윤이 생기기 때문이다. 이런 이유로 특허를 보유한 기업인 구글과 삼성이 손을 잡고, 애플과 마이크로소프트가 손을 잡아 이윤을 만들어내려는 것이다.

04

특허의 불씨를 살리는 불황

불황기와 특허

'차세대 스티브 잡스'에 대해 예술과 디자인을 잘 아는 사람이 될 것이라고 말한 사람이 있다. 그는 MIT 미디어랩에 있다가 로드아일랜드 디자인스쿨 책임자로 자리를 옮긴 디자인계의 구루로 인정받는 존 마에다(John Maeda)이다. 그가 있었던 디자인스쿨을 졸업한 디자이너 브라이언 체스키(Brian Chesky)의 일화를 통해 불황기와 특허에 대해 알아보자.

브라이언 체스키는 매우 가난했다. 하지만 그저 그런 디자인 회사에서 일하고 싶지는 않았다. 또한 예술을 접한 사람이라면 시간적으로 자유롭기를 원하기 마련인데, 그도 마찬가지였다. 샌프란시스코에서 동창생의 월세 방에 머물던 어느 날, 그에게 남은 생계비가 바닥나고 있었다. 개인적인 불황을 맞은 것이다. 그런데 바로 그 무렵, 샌프란시스코에서 미국 산업디자인협회가 열린다는 소식이 들려왔다. 때마침 그는 그 행사에 참석했다가 새로운 비즈니스 모델을 떠올렸다. 당시 그 지역에는 큰 행사를 치르기에는 호텔이나 여관이 부족했다. 그는 비교적 넓은 월세 방에 에어 매트리스를 깔고 손님을 재운 뒤, 아침식사까지 제공하는 서비스를 했다. 인터넷 광고를 본 손님이 찾아왔고, 임시로 했던 숙박업은 이후 본격적인 사업이 됐다. 그는 첫날의 경험에서 회사 이름을 정했다. 에어비엔비(Air Bed and Breakfast)는 전 세계에서 가장 큰 숙박업체로 성장했다. 190여 개 국가에 35만여 개의 방을 공유하는 네트워크를 형성한 에어비엔비는 뉴욕과 파리에만 각각 약 2만 5,000개의 방을 연결하고 있다. 한국에서 24시간 찜질방이 생기면서 숙박업이 타격을 받았듯 전통적인 숙박업체들은 매출감소에 당황했다. 여행자들이 여관에서 잔다는 생각이 바뀌어 가정집 빈방이 임시 여관이 된다는 생각을 보통 호텔 사장들이 어떻게 했겠는가. 자유로운 직업을 원했던 한 디자이너가 생계비를 벌기 위해 시작한 회사는 이제 지구상에서 가장 큰 숙박업체로 성장했다. 브라이언 체스키는 자신이 맞은 불황을 탈출하기 위해 고민하다가 새로운 아이디어로 성공을 이뤄냈다. 존 마에다의 말처럼 그는 예술과 디자인을 공부했지만 전혀 다른 분야에서 자신의 장점을 살리고 있다. 비록 제2의 스티브 잡스는 아니지만 새로운 개념을 도입해 융합적 결과물을 만들어낸 것은 스티브 잡스의 창의력만큼 대단하다.

겨울이 돼야 청송이 더욱 푸르러 보인다는 말처럼, 불황이 오면 경쟁력 좋은 기업이 무채색 평원에 피어난 난초처럼 브랜드 이미지를 더욱 강하게 만든다. 가는 길이 험하면 돌멩이 하나도 벼랑으로 떨어지는 원인이 된다. 평지와 달리 벼랑길을 지나갈 때는 사고의 확장이 거시적이면서도 미세한 부분까지 미쳐야 한다. 산악인들이 처음 산을 오를 때는 가던 길을 되돌아오는 경우가 많다. 산 너머에서 길이 끊기는 지 알 수 없기 때문이다. 불황과 위기는 예측하지 못하는 사이에 오기 때문에 처음 오르는 산의 벼랑길과 같다. 이런 불황에서 더 빛나는 기업의 공통점은 미리부터 멀리 보며 특허와 디자인, 브랜딩에서 R & D를 꾸준히 하여 작은 부분까지 고려한 특허를 확보해놓는다는 점이다. 불황에 맞서는 특허가 아직 없더라도 R & D를 하던 역량으로 돌파구를 찾는다. 보다 과감한 디자인을 실험해보거나 가능성이 없다고 생각했던 특허를 창고에서 꺼내 시장에 선보이는데, 그러다 우연한 행운을 만나기도 한다. 불황기가 되면 무형자산의 가치가 특히 더 빛난다. 돈으로 살 수 없는 것이나 기존에는 보이지 않던 영역에서 중요한 경쟁력이 발휘되기 때문이다.

이런 상황을 놓고 모바일 원천기술의 절대강자인 글로벌 기업 퀄컴(Qualcomm)의 한 경영자는 첨단화되는 시장에서는 원재료나 시설 같은 유형자산의 가치 비중은 줄어들고 아이디어, 지식, 디자인, 특허 같은 무형자산의 가치 비중이 커지고 있다고 말했다.

위기탈출과 특허

영국의 닉 달로이시오(Nick D'Aloisio)는 15세 때 '섬리(Summly)'라는 이름의 앱(어플리케이션)을 만들어서 100만 달러의 큰 투자금을 받았으며, 2012년 애플스토어 최고의 앱으로 선정됐다. 이 앱은 학교 숙제를 금방 해놓고 나서 더 놀고 싶은 학생의 마음에서 시작됐다. 닉은 현대사 숙제를 하기 위해 인물을 검색했다. 그런데 검색되는 글의 양이 너무 많았다. 인터넷이 없던 시절, 책을 다 읽을 시간이 부족할 때 어떤 문집에서 서평이라도 발견하면 요약 내용을 조금 바꿔서 숙제로 내곤 하지 않았는가. 닉도 그와 비슷한 생각을 했다. '왜 저 긴 글을 짧게 요약해준 건 없지?' 하고 생각했던 닉은 아무리 긴 글도 400자 이내로 자동 요약되는 앱을 만들었다. 이 앱은 숙제가 밀리거나 읽을 기사가 많은 사람들이 좋아했고, 정보의 홍수시대에 정말 필요한 것이었다. 그리고 닉을 17세의 나이에 백만장자로 만들어줬다.

'위기'란 '위험'과 '기회'가 합쳐진 말이다. 위기를 맞이하면 기회를 살려 발명이나 특허가 대박 나는 경우도 있지만 실패하는 경우도 있다. 대표적으로 일반 운전자들이 참여하는 내비게이션 '웨이즈(Waze)'는 주목받지 못했다. 보통 때는 운전자들이 직접 참여할 필요성도, 왜 필요한지도 느끼기 어려웠다. 미래 사회의 큰 흐름인 프로슈머 개념의 이 앱은 운전자가 정보를 주고, 다시 운전자가 그 정보를 공유했다. 운전자라면 GPS를 쓰다가 업그레이드가 안 된 내비게이션 때문에 당황한 경험이 한 번쯤 있을 것이다. 그러다 지진으로 다리가 무너지고, 폭풍으로 큰 나무가 쓰러져 길이 막히면 피해를 보게 된다. 먼 길을 돌아가거나 차가 추락을 하게 되는 것이다. 이런 일이 생겼을 때 웨이즈를 사용하던 사람들은 우회로를 바로 찾았고, 추락사도 일어나지 않았다. 앞서 가던 운전자가 그 길로 오지 말라고 정보를 줬기 때문이다. 이렇게 자연재해나 큰 교통사고가 날 때마다 웨이즈 서비스는 강화되고 인수가는 치솟기 시작했다. 웨이즈를 인수하기 위해 애플은 5억 달러, 페이스북이 10억 달러를 제안했지만, 결국 13억 달러를 제안한 구글이 인수했다.

특허가 주는 회복탄력성

식품 포장에 쓰이는 생분해성 보호용 필름을 개발하여 위기의 회사를 살린 한서마이크론 함창수 대표는 제조법특허를 내면서 회사를 구했다. 그는 인터뷰에서 20세에 아버지의 사업 실패로 직접 돈을 벌면서 생존을 모색해온 경험이 미래를 내다보는 능력이 됐다고 말했다. 이처럼 미래예측 능력은 작은 실수를 많이 해봐야 생기는 것이다.

이와 비슷한 예로 이라크전에서 미군 군함으로 날아오는 실크웜(Silk Worm) 미사일을 요격하도록 한 레이더 담당 마이클 라일리(Michael Riley)가 있다. 그는 이 사건으로 수백 명의 목숨을 구한 영웅이 됐다. 그런데 그가 단지 기분이 나빠서 레이더 상의 물체를 미사일로 생각했다는 말을 듣고 사람들은 놀랄 수밖에 없었다. 당시 기계로는 레이더로 미사일과 미군 전투기를 구분하기 힘들었기 때문이다.

수많은 목숨을 구한 그의 판단에 대해 학문적인 연구가 시작됐다. 인지심리학자 게리 클라인(Gary Klein)은 라일리의 어떤 지능이 그 비행물을 보며 공포심을 유발했는지 연구했다. 그리고 다른 뇌과학자들의 연구와 마찬가지로, 실수를 통해 발달하는 예측 담당 신경세포가 도파민을 이용한다는 걸 알아냈다. 당시 비행기는 레이더가 한 번 회전한 후에 보였고, 고도가 보다 낮게 발사되는 미사일은 세 번 회전 후에 보였다. 라일리는 이 사실을 무의식적으로 인지했고, 순간 도파민이 줄어들면서 기분이 나빠졌던 것이다. 도파민이 줄어들면 인간은 '아차!' 하는 느낌이 들며 이후의 상황에 따라 짜증이나 공포감이 생긴다. 도파민 대신 코르티솔이나 아드레날린이 두뇌를 지배하기 때문이다. 문제는 작은 실수를 거듭하면서 '아차!' 하는 순간을 자주 겪어야 이 예측신경세포가 발달해서 배짱지능이 생긴다는 것이다. 배짱지능 GQ(Gut-feeling Quotient)는 판단과 결정을 제때에 하도록 지원하는 능력인데, 순간적으로 생기는 기회를 놓치지 않게 돕는다. 앞의 선견지명과 배짱지능을 담당하는 도파민과 예측신경세포에 대한 연구는 현대인이 '학력은 높은데 실행력은 부족한 사회적 바보들이 왜 많아지는지'에 대한 설명으로 충분하다. 시행착오를 통해 배우지 않고, 정답 맞추기 식으로 공부하면 선견지명과 배짱지능이 발달하지 못한다. 학습을 통해 선견지명을 갖게 되더라도 배짱이 없어서 실행의 기회를 놓친다. 기업은 예측을 잘하며 선택과 결단에 빠른 인재를 절실히 필요로 한다. R & D와 C & D, I & D 능력, 순발력을 동시에 갖춘 인재들이 기업을 생존시키기 때문이다. 물리학자 닐스 보어(Niels Bohr)는 전문가는 특정 영역에서 온갖 실수를 저지르는 사람이라고 말했다. 자신이 세계적인 물리학자가 된 비결을 말한 셈이다. 많은 실수와 실패를 통해서 새로운 걸 만들어낼 수 있게 되고, 그로 인해 회복탄력성을 키울 수 있게 된다.

이처럼 함 대표는 생분해성 필름을 개발하기까지 물질 합성을 위해 다양한 융합을 해보며 시행착오와 실패를 겪었다. 결국 그가 개발한 생분해성 필름은 국제 환경규제가 강화되면서 전자제품 포장재에도 쓰이게 됐다. 이후 대기업에 독점으로 납품을 하게 됐다. 과거의 중소기업은 특허 개발에 돈을 쓰면 그 특허를 빼앗기면서 도산하는 경우도 있었다. 그러나 지금은 특허전쟁이 치열해지면서 돈이나 배경으로 어찌할 수 없도록 특허권이 보다 강하게 인정받게 됐다. 따라서 중소기업의 생존력과 회복탄력성은 미래를 고려하는 특허의 개발에 달려 있다. 하루에도 수백 건의 특허가 나오는 미국의 실리콘 밸리처럼 한국도 새로운 기술력만 있으면 그것을 담보로 돈을 빌려주는 서비스가 생겼다. 무형의 지식재산을 담보로 고려하는 금융 서비스는 자금난으로 무너지는 중소기업에게 큰 힘이 되고 있다.

특허청이 시작한 사업 중 특허만 있으면 보증을 해주는 서비스는 지금까지 1,300개가 넘는 중소기업이 혜택을 받았다고 한다. 금융기관은 지식재산권을 매입해서 새로운 수익원으로 이용하려는 연구를 확대하고 있다. 앞으로는 특허만 있으면 자금을 얻어서 기업을 시작할 수 있을 것이다.

실패자가 역전하는 이유

지구상 생명의 역사에는 전염병이나 자연재해에서 강자가 죽고 약자가 살아남는 경우가 항상 있었다. 그리고 인간 사회에서 특정 방식으로 성공한 자들의 자만심은 환경이 바뀔 때 위기를 알아차리지 못하고 큰 실패를 하게 만든다. 세상에는 영원한 승자도 패자도 없으니, 그 근본적인 이유 중에는 앞에서 언급한 DNA 돌연변이가 있다. 별빛과 DNA의 상호작용, 성장환경에 의해 생기는 돌연변이는 가난한 집에서 천재를 배출하거나 권문세가에서 바보, 정신병자를 배출하게 한다. 자연계에는 전체 집단의 평균 16%의 변이 개체를 유지하려는 본능이 있고, 인간은 세대가 변하면서 12%의 변이가 일어난다고 한다. 이런 지속적 DNA 변이는 주변 환경의 자극에 반응하는데, 치명적 전염병으로부터 적어도 16%는 살아남게 하려는 자연의 본능에 의해 생기는 것이다. 이렇게 돌연변이를 통해 살아남은 생명체들은 진화의 역사를 암호화해서 간직하고 있다. 그것이 바로 DNA이다.

　DNA는 사람의 행동과 성격, 건강에 관여를 한다. 하지만 DNA는 음식을 먹는 습관과 생활습관, 독성 물질과 방사선, 의지력에 의해서도 발현이 달라진다. 이를 연구하는 학문이 '후성유전학(Epigenetics)'이다. 유전자 발현이 달라지는 과정은 여러 가지지만 대표적인 것이 DNA의 메틸화(4개의 DNA 염기서열 중 시토신(C) 염기에 메틸기(-CH3)가 붙거나 떨어지면서 일어나는 반응. 메틸기가 붙는 곳은 해당 DNA의 발현이 억제됨)이다. 과학자들은 메틸화를 연구하면서 인간 의지의 개입을 분명히 밝히지는 않고 있지만 필자는 기적을 믿는다. 드물게 암이 기적적으로 낫는 것은 변화된 습관이나 마인드에 의해 먼저 DNA의 암 발현 스위치가 꺼지는 현상이라 할 수 있다. 즉, 암 유전자 발현이 억제되는 것이다. 그리고 의지력을 발현하게 해주거나 스트레스에 강하게 해주는 DNA 발현도 있다. 약간의 간접흡연에도 폐암에 걸리는 사람이 있는 것은 사람마다 독성에 반응하는 DNA 스위치가 다르기 때문이다. 담배를 끊기만 해도 인간의 DNA 발현은 더 건강해지도록 배선이 달라진다. 이처럼 사람은 특정 자극과 계기가 오면 자신의 DNA를 바꿀 수 있는데, 이런 현상은 실패자가 동기부여와 의지력으로 습관을 바꿈으로써 결국 역전을 하는 가장 강력한 도구가 된다.

　2001년에 발생한 9.11 테러 피해자들의 심리치료를 위해 두뇌를 점검하던 뇌과학자들은 피해자들의 공통점을 발견했다. 그들의 대뇌피질은 보통사람보다 두꺼워져 있었는데, 그 이유는 새로운 시냅스를 만드는 물질이 과량 배출되었기 때문이다. 인간이든 동물이든 놀라거나, 혼이 나거나, 의지력이 강해지면 새로운 생각을 하도록 두뇌 구성 물질이 바뀌고, 신경세포를 성장시키는 성분이 많아진다. 그래서 호랑이에게 물려가도 의연하게 대처하거나 살려는 의지가 강하면 위기에서 벗어날 방법이 떠오르게 된다. 물론 위기 시에 공포를 느끼면 대뇌피질에 많아진 영양분은 낭비되고 만다. 이런 이유로 실패를 2~3번 경험한 사람이 포기만 하지 않으면 이후 성공할 확률은 점점 올라간다. 실패할 때마다 사고력을 대폭 확장하기 때문이다. 전쟁터에서 동료들의 죽음을 보면서 살아남은 베테랑이 잘 죽지 않는 이유는 총알이 스치는 상황에서도 창의적인 반응을 할 수 있는 배짱이 생겼기 때문이다. 과잉보호를 받는 환경과 안전지대에서는 위기에 대처하는 배짱과 창의성이 자랄 수 없다. 그래서 모든 성공에는 기본적으로 2번 이상의 실패가 기본인지 모른다. 사회가 한 번 실패한 사람을 실패자로 낙인찍는 문화만 아니라면, 같은 젊은 벤처 사업가라도 어려서부터 작은 실패를 많이 경험한 사람이 가장 크게 성공한다. 자수성가하는 사람은 겉으로는 그저 운이 좋은 것처럼 보이지만 어려서부터 경험한 실패가 배경에 깔려 있는 경우가 많다. 운을 잘 잡은 사업가들의 인터뷰에는 늘 어렸을 때 겪은 뼈아픈 경험담이 등장하곤 한다. 아버지나 가까운 친척, 형제의 실패를 지켜본 경험이 있는 것이다. 물론 자신이 직접 뼈아픈 실패를 경험해보는 것이 가장 큰 도움이 되긴 할 것이다. 그러니 한 번의 실패로 도전자를 낙인찍는 문화를 우선적으로 없애야 한다.

05

인생 역전의 특허를
아깝게 놓친 사람들

전화기 특허권 전쟁

1844년 전화기 아이디어를 처음 제안한 사람은 이노센조 만제티 (Inocenzo Manzetti)였다. 그리고 전화기의 원리를 벨보다 10년이나 먼저 발견하고 시연했던 사람은 샤를 부르셀(Charles Boursel)의 전화기 아이디어에 영향을 받은 필립 라이스(Johann Philipp Reis)였다. 그는 전류의 변화를 소리로 바꿔서 먼 곳에 보내는 일에 성공했다. 그러나 그는 전화기의 원리를 제품화하지 못하고 죽었다. 그의 비석에는 '전화기를 발명한 사람은 라이스다'라는 문구가 진하게 써 있다고 한다. 그 후 이탈리아의 안토니오 무치(Antonio Meucci)가 벨보다 2년 먼저 전화기를 개발했다. 무치는 간혹 사람의 병을 전기로 치료하는 실험을 하기도 했는데, 어느 날 편두통으로 전기치료를 받기 위해 찾아온 환자를 치료하면서 자신의 혀에 금속판을 올려놓고 전류를 흘려보냈다. 그런데 전류에 고통을 느낀 환자의 비명이 자신의 혀에 올려놓았던 철판을 진동시키면서 소리가 들리는 게 아닌가. 전류가 소리가 되는 경험을 한 무치는 중병에 걸려 누워 있는 아내와 통화하기 위해 수차례의 실험을 한 끝에 최초의 전화기를 발명했다. 이후 임시특허를 냈지만 약 200달러의 특허 취득비와 매년 10달러의 갱신료를 감당할 수 없었다. 그래서 웨스턴 유니언 전신회사(Western Union Corporation)에 함께 개발할 것을 제안했다. 그러나 그 회사는 안토니오 무치의 설계도와 모델을 잃어버리고 말았다. 무치의 공로는 아쉽게도 묻혀버렸다. 그 후 웨스턴 유니언 전신회사는 알렉산더 그레이엄 벨(Alexander Graham Bell)과 제품개발 논의를 하여 전화기를 만들었다. 이에 무치는 자신의 권리를 주장했다. 그러나 이탈리아 이민자였던 무치는 영어에 익숙하지 않았고, 경제 형편도 좋지 않았기 때문에 그들을 상대하기가 쉽지 않았다. 자신의 아이디어를 벨이 도용했다고 주장했으나 재판 직전 그는 사망하고 재판은 이뤄지지 못했다.

이후 전화기 특허를 두고 벨과 그레이의 경쟁이 시작됐다. 이 경쟁은 단 1~2시간 차이로 벨이 먼저 특허를 등록했기에 아주 유명한 일화가 됐다. 엘리사 그레이(Elisha Gray)는 벨과 같은 날 전화기 특허를 출원하러 특허청에 갔다. 그러나 벨의 특허출원이 1~2시간 빨랐다는 특허청 접수계의 증언에 따라 벨에게 특허권이 주어졌다. 접수계 직원은 벨 측 변호사 베일리와 남북전쟁 당시 전우였는데, 사실 그레이보다 벨의 편을 들어 증언했을 것이다. 게다가 특허 심사관도 벨에게 그레이의 문서를 보여주기까지 했다고 한다. 인적 네트워크에서 매우 불리했던 그레이가 특허청에 얼마나 늦었는지는 정확히 알 수 없다. 그러나 그레이가 특허출원 당일 입을 옷을 고르고, 머리를 다듬느라 늦게 도착했다고 하니 역사상 가장 비싼 대가를 지불한 것은 확실하다. 이후 그레이는 11년 동안 전화기 특허권소송 전쟁을 했지만 패했다. 특허권을 아깝게 놓친 그레이는 벨과 대항하기 위해 자신의 발명품을 큰 회사인 레스턴 유니언에 넘겼다. 거기에 에디슨(Thomas A. Edison)의 발명까지 결합하여 벨과의 경쟁에 나섰다. 에디슨은 벨과 달리 먼 거리 통화가 유리한 '탄소송화기' 기술을 결합시켰다.

강력한 경쟁자의 대응에 벨은 자신의 제품을 먼저 알릴 필요가 있었다. 벨은 2대째 청각장애인에 대한 봉사를 했는데, 그때 청각장애가 있는 아내를 만났다. 그리고 장인의 막강한 후원을 받을 수 있었다. 그의 장인 허버드는 필라델피아 박람회 조직위원회의 선정위원이었다. 우연히 큰 도움이 될 인물의 딸을 사랑하게 되었는지는 알 수 없지만, 그에게 장인이 강력한 후원자였던 것은 분명하다. 벨은 허버드의 도움으로 건국 100주년 기념 박람회를 통해 전화기를 널리 알렸다. 당시 박람회장 한구석에 전시되어 있던 전화기는 이미 지쳐버린 심사위원들의 주목을 끌기 어려웠다. 그런데 뜻밖에도 리우데자네이루에 청각장애인 학교를 설립하기 위해 보스턴 대학을 방문한 브라질 황제가 박람회장에 나타났다. 벨은 청각장애인들이 입술을 보고 말을 알아듣게 가르치는 시화법(視話法)에 탁월한 교사였다. 벨의 아버지도 시화법 교사였는데, 2대에 걸쳐서 보스턴 대학과 인연이 있었다. 그렇게 브라질 황제와 벨은 보스턴 대학에서 청각장애인을 위한 일을 하면서 알게 된 사이였다. 브라질 황제가 벨에게 관심을 보이자 갑자기 기자들의 관심도 쏠렸다. 브라질 황제 돔 페르도 2세가 전화기를 들자, 근처에 있던 심사위원단장 로드 캘빈 경이 함께 시연에 참여했다. 그리고 캘빈 경은 벨의 전화기를 칭찬하기 시작했다. 이렇게 알려지기 시작한 벨은 이후 장인의 도움으로 400km 전선을 빌려 통화 시연을 했고, 신문에 대서특필되면서 순회강연을 하게 됐다.

전화기는 혁신적인 제품이라서 당장 상용화되기 어려웠다. 그러나 그에게는 청각장애인 아내와 장인, 아버지, 브라질 황제, 실험 파트너인 토마스 왓슨이 있었다. 그들의 도움으로 유명해진 벨은 당시로서는 고액인 1,000달러를 10회의 순회 강연료로 받고 전화기 시연을 해보였다. 1877년 4월, 보스턴에 있는 벨의 작업장과 서머빌 근처 찰스 윌리엄스의 집 사이에 최초의 전화선이 개설됐다. 그리고 당시 얼리 어답터(Early Adopter)라 할 수 있는 사업가, 의사, 약사 등 200여 명을 위해 보스턴에 최초의 전화교환대가 설치됐다. 그들은 전화기를 활용하여 업무를 더 효율적으로 처리했고 소문이 이어졌다. 드디어 1879년 벨의 전화회사가 에디슨의 탄소 마이크로폰 특허권을 웨스턴 유니언으로부터 사들여 전화기를 개량함으로써 전화기 전쟁은 종결됐다.

이 이야기에서의 교훈은 혁신사업은 수많은 조력자가 있어야 시작할 수 있다는 점이다. 그리고 앞으로 전화기의 발명가가 누구냐고 물었을 때 벨이라고 하면 틀린 답이라는 것이다. 2002년 미국 의회에서는 전화기 발명에 얽힌 진실을 밝히고 안토니오 무치가 최초의 전화기 발명가로 인정됐다.

비행기 개발 전쟁

　라이트 형제(Wright Brothers)가 최초로 성공시킨 동력 비행의 역사 뒤에는 그리스 신화에서 다이달로스(Daedalos)가 밀랍으로 만든 날개, 레오나르도 다 빈치(Leonardo da Vinci)가 스케치한 나선형 기계, 프랑스 몽골피에(Joseph-Michel Montgolfier)의 기구를 이용한 비행, 독일 오토 릴리엔탈(Otto Lilienthal)이 성공한 무동력 비행이 있었다. 릴리엔탈은 직접 날개를 달고 비행 실험을 하며 조종기술을 개발하기도 했다. 그러나 글라이더로 비행 실험 중 사망하고 말았다. 그리고 미국의 라이트 형제가 등장했다. 라이트 형제에게도 라이벌은 있었다. 새뮤얼 랭글리(Samuel Pierpont Langley)라는 과학자였는데, 그는 미 국방부에서 5만 달러를 지원받고 많은 조수를 데리고 연구하면서 동력 비행을 시도했지만 결국 실패했다. 라이트 형제가 성공을 하자마자 그는 연구를 포기했다.

　그가 연구를 포기한 후, 후대 사람들은 명예를 위한 연구와 꿈을 위한 연구에서 꿈을 위한 연구가 승리했다고 평가했다. 세계은행 총재 김용은 인터뷰에서 'to be'가 아닌 'to do'의 느낌으로 살아야 한다고 말했다. 그것은 뭔가 되기 위해 살지 말고 뭔가 하기 위해 살아야 한다는 뜻이다. 즉 하늘을 날기 위해 비행기를 만들어야지, 최초의 동력 비행에 성공한 사람이 되기 위해 비행기를 만들지 말라는 것이다. 막강한 지원을 받았던 랭글리와 자전거 수리점을 운영하던 라이트 형제 팀, 두 라이벌의 얘기는 발명하는 사람의 마음가짐이 발명 여건보다 훨씬 더 중요하다는 것을 보여준다.

　라이트 형제는 오토 릴리엔탈처럼 글라이더를 타는 실험부터 했다.

랭글리가 막강한 지원 속에서 비행기를 연구하는 동안 그들은 자전거 수리점으로 돈을 벌면서 하늘을 나는 꿈에 도전했다. 같은 시기에 비행에 도전한 오토바이 엔진 개발자이자 항공사진 개척자 글렌 커티스(Glenn Curtiss)도 비행기를 제작했다. 이 세 팀 중 라이트 형제가 동력 비행에서 첫 번째로 성공했고, 커티스가 두 번째로 성공했지만 라이트 형제의 비행 실험이 공식적이지 않았기에 미국 최초의 파일럿은 커티스가 됐다.

랭글리가 동력 비행의 역사에서 사라진 후 커티스와 라이트 형제의 특허전쟁이 시작됐다. 라이트 형제의 특허침해 경고에도 비행기 제작을 한 커티스는 1차 소송에서 패하고 회사 문을 닫았다. 이후 커티스는 랭글리의 기술을 합쳐서 다시 비행기를 제작했는데, 그때 1차 세계대전이 일어났다. 미국 정부는 항공기를 전쟁에 쓰기 위해서 항공사들을 통합, 관리하려 했다. 이후 커티스는 자신의 기술을 이용해 전쟁에 적합한 전투기를 만들어 회사를 더 확장시켰다. 1차 세계대전 종결 후 커티스는 라이트 형제와 합병하여 더 탄탄한 회사를 만들었다. 커티스와 라이트 형제도 세계대전 때문에 특허분쟁을 그만두고 손을 잡은 것이다.

새의 날개를 모방하면서 발달한 비행기는 현대에 들어서 새의 날개를 미세한 부분까지 모방하고 있다. 이렇게 자연을 모방하는 방식은 과학기술이 발전할수록 더 세밀하고 풍성하게 변하고 있다. 나비의 날개는 미세한 나노구조가 특정 색깔을 반사하는데, 이것은 평면 모니터 기술이 됐고 상어 피부는 전신수영복이 됐다. 연잎 표면을 따라 비에 젖지 않는 천이 나왔고, 천정을 기어가는 개코도마뱀의 발바닥을 모방한 로봇도 나왔다. 북한의 무인정찰 비행기도 결국 혼자 잘 날아가는 새의 모방에서 나왔으니, 현대과학은 자연을 모방하려는 노력의 산물이라 해도 과장이 아니다.

카메라 전쟁의 상처

《손자병법(孫子兵法)》에 의하면 최고의 전략은 싸우지 않고 이기는 것이다. 그래야만 상처가 없다. 일단 싸우면 상처는 생긴다. 그런데 조개와 황새가 서로 싸우다가 어부가 그 둘을 잡아먹었다는 '어부지리(漁父之利)'나, 이익을 보거든 의로움을 생각하라는 '견리사의(見利思義)'라는 격언이 생각나게 하는 일화가 있으니 카메라 특허전쟁이다.

1888년 조지 이스트먼(George Eastman)이 설립한 카메라 회사 코닥(Kodak)의 월터 폴론 회장은 에드윈 랜드(Edwin Land)가 만든 폴라로이드 즉석카메라가 잘 팔리자 그것을 모방하기로 마음먹었다. 견리사의를 못한 것이다. 반면 딸이 사진을 찍은 후에 바로 보고 싶다는 말에 영감을 받은 에드윈 랜드는 딸에 대한 애정과 삶에 대한 소신이 강했다. 그는 하버드 대학교를 자퇴한 경력이 있어서 '오래전의 빌 게이츠'라고 불리기도 했다. 그는 사람들의 가장 깊은 곳에 있는 욕구를 채워주면서 독특한 제품을 만든다고 말했고, 가장 기본적인 과학에서 가장 갖고 싶은 제품을 창조한다고 말했다. '예술과 과학의 교차점에서 폴라로이드가 나왔다'는 말은 훗날 스티브 잡스가 그대로 따라했는데, 어쩌면 에드윈 랜드는 마이크로소프트와 애플에게 동시에 영감을 준 스승이다.

폴라로이드 즉석카메라는 1948년 가을에 나왔다. 당시에는 1분 후에 흑백사진을 인화할 수 있었다. 이후 1분은 10초로 줄어들어서 명실상부한 즉석카메라로 진화했다. 코닥은 1976년 4월 즉석카메라를 출시했다. 그리고 에드윈 랜드는 말했다.

"그들에게는 어느 한 분야겠지만 즉석카메라는 우리의 순수한 영혼이다. 우리의 재능을 보호할 수단은 특허이다. 특허의 중요성을 직접 느끼게 될 것이다. 이 문제는 법원이 결정할 것이다."

랜드가 한 말은 결국 코닥이라는 회사를 망하게 했다. 앞에서 랜드가 한 말 중에서 '가장 기본적인 과학'을 생각해보자. 그것은 그만큼 기본적인 원리로 즉석카메라를 만들었다는 뜻이다. 복잡하지 않은 최소의 동작으로 만든 원리를 회피해서 같은 결과를 주도록 회피설계를 시도했던 코닥은 결국 그 기본적인 과학을 벗어날 수 없었다. 과학자와 특허변호사들의 오랜 연구를 통해서도 다른 회피경로를 찾지 못했다. 그리고 꼼짝없이 특허를 침해하게 됐다. 여기서 우리가 주목해야 할 점이 있다. 코닥은 견리사의를 하지 못해 연구 인력을 창조보다 모방에 힘쓰게 했다는 것이다. 이렇게 연구진에게 모방을 지시하면 양치기 소년처럼 나중에 창조가 필요한 시점이 와도 창조보다는 모방을 하려 한다.

코닥은 세계 최초로 디지털 카메라 기술을 갖고 있었다. 그런데 창조적 습관보다 모방에 익숙한 경영진과 연구자들은 디지털보다 아날로그 필름에 집착했다. 그리고 그 집착은 다음 성장 동력을 잃게 했고, 결국 2012년 파산 신청을 했다. 코닥의 파산은 1976년 폴라로이드의 특허를 침해하려던 때 이미 예견된 일이었다. 돈이 되면 일단 따라 해도 좋다는 것은 영혼을 버리는 일이기 때문이다.

영화 〈매트릭스〉에서 모피어스가 네오에게 한 말이 있다.

"영혼 없이 육체는 살 수 없다."

장기적 안목과 창조적 시도보다는 단기 수익에 눈이 멀었던 코닥은 장장 16년의 특허소송에 휘말렸고, 이 소송으로 1991년 9억 2,500만 달러의 배상금을 지불했다. 하지만 당시 막대한 돈을 지불한 것보다 더 큰 손해는 코닥의 창조적 에너지를 더욱 고갈시킨 것이다. 그리고 영혼이 순수했던 회사 폴라로이드는 2차 혁신을 못하고 2009년 문을 닫고 말았다. 얼마 후 코닥도 필름의 미로에서 날개를 찾지 못하고 특허를 매각한다는 발표를 하게 됐다.

아직도 폴라로이드 카메라는 개발자들에 의해 필름을 소량 생산하는 것으로 그 명맥을 유지하고 있다. 이 때문에 필름 생산량이 적고, 가격이 비싸진 것이다. 고장 나지 않은 폴라로이드 카메라를 쓰는 사람들은 점점 비싸지는 필름 값을 감당하기 어렵게 됐다. 결국 즉석카메라의 최후 생존자는 후발주자였던 인스탁스(Instax)가 됐다. 후지필름에서 생산되고 있는 인스탁스 폴라로이드 카메라는 디지털 시대에 깜찍한 아날로그 감성으로 살아남은 폴라로이드의 후예이다.

페이스북 창업 멤버는 5명이었다

페이스북 공동 창업자는 4명으로 알려져 있지만 원래는 5명이었다. 이 5명 중 조 그린(Joe Green)의 아버지는 하버드 대학교 교수였다. 그린은 마크 주커버그(Mark Zuckerberg)와 함께 페이스북의 원시적 버전인 페이스매시(Facemash)를 함께 만들었다. 그런데 그것은 하버드 대학교 홈페이지를 해킹하며 만들었기 때문에 마크는 퇴학까지 거론됐으나 논란 끝에 근신이라는 징계를 받았다. 예상과 달리 매우 완화된 처분이었다. 그린의 아버지는 교수로서 마크를 야단친 후에 아들인 그린에게 마크와 절교하라고 지시했다. 마크를 계속 만나면 아버지의 위치에서 여러 가지 불이익을 주겠다고 말했고, 그린은 그것을 거부하기 어려웠다.

그린이 주커버그와 결별한 후 약 3개월 만에 페이스북은 서비스를 시작했다. 그린의 아버지가 좀 더 마음의 여유를 갖고 마크 주커버그가 마차로 달리는 세상에서 자동차를 만들 수 있는 착한 괴짜일 가능성을 엿봤다면, 그린은 세계적으로 손에 꼽히는 부자가 되고 원하던 사업을 마음껏 했을 것이다. 그러나 성공한 아버지로서 인생의 정답을 알고 있다고 자신하며 권위를 세울 수 있는 위치가 결국 문제가 됐다. 부모로부터 정답을 많이 들을수록 면접시험의 돌발 질문에 대답하기 어려운 두뇌가 된다는 연구도 있다.

그린의 아버지가 아들의 친구에 대해, 미래 세대에 대해 자신이 더 잘 안다고 생각하면서 부정적 기대를 하게 된 원인은 어디에 있을까? 송충이는 솔잎을 먹어야 한다는 그린의 할아버지의 교육 때문일 수도 있다. 그린의 아버지가 누구로부터 그런 태도와 사고방식을 배웠는지는 확인할 수 없지만, 문제는 새로운 플랫폼이 열리는 것에 대한 체험의 부족과 열린 사고방식의 부족이다. 페이스북의 어마어마한 성공을 보면서 그린의 아버지는 그린에게 사업적 기회를 앗아간 점에 대해 사과했을까? 아마 대충 넘어갔을 것이다. 돈이 더 없어도 자존감을 지키며 살아갈 수 있는 집안이기에, 페이스북 지분에 미련을 갖지 않아도 될 것이기에, 더 넓은 세상에 대해 큰 미련이 없기에.

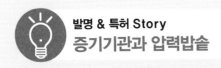

　요즘 전기압력밥솥이 없는 집은 거의 없다. 외국에 유학을 가거나 이사를 갈 때도 전기압력밥솥은 필수라 한다. 이렇게 흔한 압력밥솥의 발상은 스티븐슨(George Stephenson)의 증기기관으로 거슬러 올라간다. 높은 산에서는 섭씨 100도가 되기 전에 물이 끓기 때문에 밥이 잘 익지 않는다. 그래서 무거운 돌을 올리고 불을 때야 밥이 된다. 이런 현상을 고민하다 압력솥이 발명됐다고 생각할지 모른다. 그러나 압력솥은 증기기관에서 유래했다. 원래는 의사를 꿈꿨던 프랑스의 물리학자 드니 파팽(Denis Papin)은 한 과학자의 조수로 증기기관을 연구했다. 그는 증기기관을 연구하면서 자연스럽게 부엌을 떠올렸다. 평소에 요리에 관심이 많았기 때문이다. 증기기관의 원리를 찜통으로 만든다는 생각은 마치 포도즙을 짜는 압축기를 보면서 인쇄의 원리(Press)를 떠올린 구텐베르크(Johannes Gutenberg)의 아이디어처럼 기발한 것이었다. 증기기관이 밥솥이 되면서 달라진 점은 기적소리를 내던 곳이 김을 쉬쉭 빼는 안전핀이 된 것과, 통의 크기와 속에 음식이 들어가는 것뿐이다. 그렇게 증기찜통(Steam Digester)이 탄생했다. 당시에도 질긴 소고기를 부드럽게 하는 것이 요리사들의 고민거리였다. 파팽은 오래 끓이는 것과 고온고압으로 찌는 것이 비슷하다는 것을 경험으로 알고 있었다.

　한 시인은 모든 틈새와 틈새 사이에서 꽃이 핀다고 말했다. 발명도 그렇게 본업과 취미 사이에서 이뤄지는 경우가 많다. 1679년 압력밥솥의 발명으로 파팽은 프랑스 왕립학회의 실험 관리자가 되었으며, 폭발로 움직이는 동력을 연구하던 과학자 크리스티안 하위헌스(Christiaan Huygens)의 조수가 됐다. 이후 함께 연구했던 증기기관은 제임스 와트(James Watt)와 토머스 뉴커먼(Thomas Newcomen)에 의해 실용화됐다.

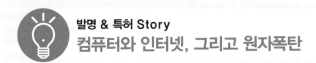

발명 & 특허 Story
컴퓨터와 인터넷, 그리고 원자폭탄

두뇌가 발달된 역사를 보면 생존을 위한 노력이 그 에너지가 되었음을 알 수 있다. 컴퓨터와 인터넷도 마찬가지다. 전쟁에서 이기려다, 전쟁에 대비하면서 컴퓨터와 인터넷이 개발됐다. 영국의 수학자 앨런 튜링(Alan Turing)은 제2차 세계대전 때 독일군의 암호를 해독하기 위해 현대 컴퓨터의 원리를 최초로 구현한 튜링 기계(Turing Machine)를 만들었다.

최초의 컴퓨터가 무엇이냐를 논할 때 주판이라고 말하는 사람도 있지만, 현대적 의미로 인간이 하기 힘든 계산을 하면서 인간에게 도움을 준 컴퓨터를 암호해독기로 보는 사람이 많다. 이후 미국의 프린스턴 고등연구소의 존 폰 노이만(John von Neumann)에 의해 현대의 컴퓨터로 발달했다. 그는 원자폭탄을 만드는 맨해튼 프로젝트에 참여했다가 암호를 해독하던 에니악(Eniac) 컴퓨터를 알게 됐다. 노이만은 당시의 컴퓨터가 계산은 하지만 논리와 기억이 없어서 더 발전시켜야 한다고 생각했다. 그리고 CPU라는 중앙처리장치와 기억장치 메모리를 추가했다. 이렇게 탄생한 '에드박(EDVAC)'의 노이만 방식은 요즘의 스마트폰에도 적용되고 있다.

이처럼 뛰어난 기능을 가진 기계는 전쟁 중에 매우 빨리 개발된다. 싸울 때 가장 좋은 것은 멀리서 적을 쓰러뜨리는 것이다. 창이 활이 되고, 활이 총이 되고, 요즘 거의 소리 없이 날아다니는 무인비행체에 달린 총은 사무실에서 발사한다. 계산할 양이 많아지면서 컴퓨터가 필요했고 그 원리는 오랫동안 일급기밀이었다. 계산기에서 시작된 컴퓨터는 체스 게임을 하더니 이제는 퀴즈 프로에서 인간 챔피언을 이긴다. 그리고 컴퓨터와 컴퓨터가 연결되어 인터넷이 됐다. 인터넷도 전쟁에 대비한 연구에서 출발했다. 인터넷은 1960~70년대 미국 국방부 산하의 연구용 네트워크에서 유래했다. 이후 군사용과 민간용 네트워크가 분리됐다. 인터넷과 전력망은 동서냉전이 한창이던 때 핵전쟁 속에서도 연락망이 살아남도록 연구됐다.

결과적으로 인터넷과 전력망은 인간의 두뇌를 점점 닮아갔다. 컴퓨터와 인터넷에는 너무나 많은 특허가 걸려 있다. 하지만 특허품의 가격은 점점 낮아져서 널리 보급됐다. 최근 확산된 스마트폰도 작은 컴퓨터에 해당한다. 미국보다 발명 환경이 나쁜 한국은 이미 퍼진 인터넷을 활용하여 오프라인과 연결하여 새로운 발명을 해야 한다.

아직도 인터넷과 기존의 사업 중 결합할 영역이 비즈니스 모델로 남아 있다. IT 미래학자들은 아직 80%가 연결되지 않고 남아 있다고 말한다. 인터넷으로 연결될 사물들이 무엇이고, 어떻게 연결될지 늘 생각해보자.

2

초보 아이디어,
특허가 되다

01
스치는 생각이 특허가 된다

생각은 힘이 든다

인간의 힘으로 통제가 불가능한 복잡계의 원리를 설명하는 '카오스 법칙(계속되는 혼돈 속에서 늘 새로운 질서가 나타나는 자연계의 원리)'을 다룬 영화 〈쥬라기 공원〉에서 가장 긴박한 장면은 무엇일까? 아마 티라노사우루스가 염소를 먹어치운 후 사람을 잡아먹는 장면일 것이다. 이 장면에서 공룡 전문가는 공룡은 빛의 변화로 인한 압력의 변화에 두뇌가 반응하기 때문에 뭔가 움직여야 그 사물을 보게 되므로, 안전을 위해 움직이지 말라고 사람들에게 경고한다. 공룡의 눈이 움직이는 물체에만 반응하는 것은 빛을 인식하는 일에 쓰는 에너지를 절약하려는 진화의 산물이다. 움직이는 것에만 반응하는 것은 움직임으로 적이나 먹잇감을 파악할 수 있기 때문이다. 그래서 정지한 물체의 빛에는 신경을 쓰지 않는다. 인간의 두뇌는 공룡의 눈과 비슷한 연비 절약형이다. 또한 인간의 두뇌는 공룡의 눈처럼 변화하지 않는 자극에는 관심을 두지 않는 효율성 원칙이 있다. 이런 본능은 경로 의존성과 선입견, 관념을 낳았다. 이 세 단어는 비슷한 의미를 가졌는데, '늘 하던 방식으로 생각하는 것을 편하게 느끼는 속성'을 뜻한다.

최근 노벨 경제학상을 휩쓴 행동경제학의 근거에는 선택과 판단의 에너지를 절약하기 위해 인간의 두뇌가 늘 활용하는 '휴리스틱(Heuristic, 나름대로 결론 내리기)'이 근저에 깔려 있다. 인간의 두뇌는 놀람, 새로움, 변화, 복잡, 모호 이 5가지를 생각할 거리로 취급하면서 나름대로 결론을 내린다. 그런데 놀랍거나 새롭고, 변화가 심하거나 복잡하고, 모호한 상황을 즐기는 사람은 매우 드물다. 힘이 들기 때문이다. 환경의 변화는 자신의 혁신을 요구하며, 혁신에는 그만큼 노력이 필요하다. 그래서 사람들은 생각을 안 하면서도 생존에 유리한 직업을 선호했다. 그러다 생존에 위협이 없는 직업들이 사라져갔다. 이제 우리는 힘들지만 복잡하면서도 모호하고, 새롭고 놀랍게 변화하는 것에 대비하며 생각해야 한다. 평소 생각하는 습관이 생겨야 살면서 생길 말썽과 위협을 잘 넘길 수 있기 때문이다. 힘들어도 생각해야 생존한다는 점을 명심하자.

현장의 말썽이 발명이 되다

내가 아는 공무원 출신 고인석 사장은 가로수가 자라면서 생기는 문제를 해결하는 공법특허(나무뿌리 성장 유도기)를 내고 왕성하게 사업을 하고 있다. 그는 토목을 전공하고, 10년 동안 관련 공무원 생활을 하면서 민원 해결 과정에서 특허를 내게 됐다. 이후 그는 사표를 내고 창업을 했다. 그가 특허를 낸 공법은 경험에서 나왔는데 우리나라 상황에 잘 맞는 것이었다. 그는 늘 특허는 실무현장에서 나온다는 지론을 펼쳤다. 그가 특허사업으로 성공한 배경은 다음과 같다.

모든 도시에서 가로수를 처음 심을 때는 별 문제가 없다. 그러나 세월은 문제를 만든다. 캄보디아 앙코르와트 유적을 둘러싼 커다란 나무뿌리처럼 세월이 지나면서 나무가 자라 주변 건물이나 바위를 파괴하고 감싸게 되는 것이다. 우리나라 대부분의 도시에서도 이런 초기 증상이 나타나기 시작했다. 가로수가 자라면서 벽이 갈라지거나 도로가 들리고, 심지어 반지하 방 벽을 뚫는 일이 생기고 있다. 튀어나온 보도블록에 걸려 넘어진 시민이 병원에 가고 보험회사를 통해 시청에 손해배상을 청구하기도 했다. 고 사장은 토목 공무원 시절 가로수와 보도블록에 관련된 민원을 해결하기 위해 뿌리를 베기도 하고, 나무 자체를 베기도 했다. 그런데 문제가 터질 때마다 시민들은 물론 관련 공무원도 나무가 자라는 현상을 어떻게 해결할지 고민이 이만저만이 아니었다. 고 사장은 사람이 만드는 모든 문제에는 해결책이 있다고 생각하고, 민원이 제기된 현장을 보수하고 관찰하며 해결책을 유심히 연구했다.

최소한 건물 수명이 다 되기 전에 나무가 벽을 무너뜨리거나 뚫으면 안 됐다. 태풍에 가로수가 넘어지면서 2차 피해를 주는 일도 막아야 했다. 보도가 올라와 사람이 넘어지는 일이 어디 한두 도시의 일이었을까. 그는 가로수 뿌리가 산소를 좋아하기 때문에 뿌리가 위로 올라온다는 것을 생물학을 통해 알아냈다. 뿌리는 약 30%의 호흡을 하기 때문에 땅속에 관을 박아서 산소가 잘 들어가면 뿌리가 그 관을 따라 깊은 땅으로 유도될 것이라는 생각을 해냈다. 뿌리가 아래로 유도되면 옆이나 위로 올라가는 뿌리가 줄어들고 동시에 폭풍에도 강한 나무가 되는 것이다. 그리고 혹시 옆으로 자라서 지하 방까지 들어가지 못하게 하기 위해 썩지 않는 튼튼한 보호막으로 지하 방 깊이만큼 통으로 감싸는 항아리 모양의 보호막을 만들었다. 작은 구멍을 내서 옆으로는 큰 뿌리가 생기지 않도록 했다. 그렇게 가로수 뿌리 주변에 산소를 공급하는 관을 심고 항아리형 보호막을 씌우는 간단한 공법이 탄생했다.

고 사장은 요즘 전국을 다니며 이 공사를 하느라 바쁘다. 투자자들도 더 많이 생기고 있다. 고 사장의 공무원 생활과 현장 민원처리 활동은 이후 다시 보도블록 특허로 이어졌다. 보도블록이 깨지는 것을 방지하고 빗물 흡수와 완충작용을 동시에 만족시키며 보도블록이 빛을 내면서 전광판으로 바뀌는 구조를 특허출원했다. 이 보도블록 구조가 어떨지 한번 상상해보기 바란다.

발명가와 사업가의 만남

중소기업 중에는 고인석 사장처럼 발명가이면서 사업을 하는 경우가 많다. 하지만 큰 사업은 발명을 잘 활용할 사업가가 나타나면서 시작된다. 증기기관의 경우에도 발명을 한 사람이 사업을 시작한 사람은 아니다. 제임스 와트(James Watt)가 1769년 1월 5일, 증기동력 방법으로 특허를 취득한 후 한 친구가 그를 찾아왔다. 버밍엄에서 금속 공장을 운영하던 매튜 볼턴(Matthew Boulton)은 증기기관의 사업성을 보는 안목이 있었다. 그는 와트의 발명을 지원하던 존 로벅(John Roebuck)이 경제적 어려움에 처하자, 로벅에게 빌려줬던 1,200파운드를 받는 대신 증기기관 특허 소유권을 얻었다. 와트에게 발명은 일종의 취미이자 학자적 본능이었지만, 볼턴에게 증기기관이란 발명물은 황금알을 낳는 거위였다. 당시 말과 사람이 옮기던 화물을 증기기관을 이용해 대량으로 옮기고 돈을 벌 생각을 한 것이다. 그렇게 마차를 이끌던 말은 외양간에 묶였고, 1890년대 거리는 엔진이 도는 자동차가 차지해갔다. 말이 하던 일을 빼앗은 자동차 이름은 '조랑말'이란 뜻의 '포니(Pony)'였다.

한 편의 드라마와 같이 지휘자를 꿈꾸다가 사업가가 된 사람도 있다. 그 주인공은 화장품을 생산하는 파니스 안젤리쿠스 사의 설립자 양진석 게비스 코리아(Gewiss Korea) 대표이다. 그는 해외에서 사업을 하다가 1998년 바이오 비료 및 사료 생산업체인 게비스 코리아를 세웠다. 그가 발명가와 연구자들을 만나서 사업을 하게 되기까지의 일화는 새옹지마라는 고사성어가 떠오를 정도다.

1972년 연세대 음대에 들어간 그는 지휘자를 꿈꿨다. 그러나 그는 민주화 시위에 참가했다가 해병대에 끌려갔다. 제대 이후 복학마저 어려웠던 그에게 기회가 찾아왔다. 군악대 시절에 만난 독일인 목사가 그의 재능을 높이 평가해 그를 오스트리아 빈 국립음대로 부른 것이다. 그는 그곳에서 다시 지휘자의 꿈을 키워나갔다. 그러나 유학을 위해서는 학비가 필요했다. 그는 스위스계의 생화학 및 의약품 관련 제스몬드 연구소에서 아르바이트를 하며 학비를 충당했다. 해병대에서 쌓은 '하면 된다' 정신으로 성실하게 일했던 그는 상사의 눈에 띄는 행운을 얻었다. 아르바이트

학생에서 연구소 마케팅센터의 기획실장으로 승진하게 된 것이다. 1983년 말, 그는 제스몬드 연구소의 한국지사장으로 발령받았고, 다음해에는 연세대 음대에 복학하여 1987년 졸업하면서 쌓인 한을 풀었다. 이후 빈으로 근무지를 옮겨 일하던 중, 의약품 연구소를 운영하던 오스트리아 친구가 건강이 나빠지면서 그에게 경영을 맡기게 됐다. 이것이 계기가 되어 지휘자를 꿈꾸던 그는 사업가의 길을 가기로 결심했다. 그는 이 연구소를 발판으로 게비스 비엔나를 만들었다. 이어서 파리, 서울에서 사업을 펼치는 다국적 경영자가 됐다. 그는 개발자나 연구자는 아니었지만 다양한 경험을 통해 뛰어난 경영자로 다시 태어났다.

양진석 사장은 성공의 비결에 대해 "스치는 기회를 잘 포착해야 한다"고 말했다. 그것은 그가 직접 경험한 것이기도 했다. 그는 유능한 발명가를 영입하면서 게비스 그룹을 일으키는 데 성공했다. 1990년대 초 구소련이 붕괴되면서 러시아에서 귀국한 동유럽의 생화학 전문가 8명을 영입하면서 회사의 연구역량을 강화시킨 것이다. 세계적인 고급두뇌를 큰 돈 들이지 않고 고용하면서 환경폐기물로 버려지는 대량의 포도주 찌꺼기에서 화장품과 비료, 응급화상치료제 등 3개의 특허를 냈다. 그리고 그 특허들은 회사를 키우는 효자가 됐다.

특허가 되는 창의성

창의성은 특허나 비즈니스 모델이 돼야 그 가치가 경제적으로 보장된다. 창의성에서 비롯되는 발명은 교육을 통해 역량을 키울 수 있다. 그런데 현재 한국은 검증된 교과서나 교재, 교사, 커리큘럼 등이 부족하다. 이렇게 창의성 교육의 실체가 모호하긴 하지만 특허를 중심에 놓고 역으로 그 과정을 공부한다면 창의성 교육의 좋은 소재가 될 수 있다.

특허청은 2008년부터 10년간 발명·특허 인재를 집중 양성하기 위해 특성화 고등학교를 선정하여 매년 약 2억 원씩 지원하고 있다. 선정된 학교는 서로 교류를 통해 보다 더 좋은 특허와 커리큘럼을 만들고 있다. 일반적인 과학기술을 배우다 발명·특허를 중심으로 배우면 취업률이 급상승한다고 한다. 특허는 현실적 감각 없이는 만들기 어렵기 때문에 학생들은 기업이 원하는 창의적 감각을 길러야 한다. 한국인의 발명 DNA의 우수성은 전자통신연구원(ETRI)이 미국특허 종합평가에서 3년 연속으로 세계 1위를 차지하면서 입증됐다. 우리가 세계 최고의 명문 대학과 정부기관, 연구소들을 이겼다는 것은 창의성이 점점 더 질 좋은 특허가 되고 있음을 보여준다. 국내 발명가들이 2014년 세계적 권위를 지닌 '제네바 국제발명품전시회' 42회에서 금상 18개를 포함해 총 40개의 상을 수상하기도 했다. 한국전력공사는 송전선로의 빙설 제거장치로 금상을, 전력선 통신 기반의 원격 검침용 계측장치로 금상과 러시아발명협회 특별상을 받았다. 또 박보영은 칫솔을 출품해 금상과 함께 러시아발명협회 특별상과 대만발명협회 특별상까지 받아 3관왕이 됐다.

현대자동차는 사내에서 '인벤시아드(Invensiad)'라는, '인벤션(Invention)'과 '올림피아드(Olympiad)'를 합친 이름의 아이디어 대회를 열어 직원들의 창의성을 키우고 있다. 인벤시아드에서 나온 아이디어 중 2010년부터 2014년 현재까지 총 772건의 특허가 출원 및 등록됐다. 이처럼 인벤시아드는 현대차그룹의 신기술 및 원천기술 확보 등 기술특허

경쟁력의 원천이 되고 있다.

남이 개발한 것을 다시 특허로 낼 수는 없다. 비슷한 발명의 경우 더 창의적인 사람에게 먼저 특허를 준다. 더 창의적인 부분을 심사한다는 것은 다소 인간적인 편견이 들어가기도 하지만 창의성에 대한 심사는 점점 공정해지고 있다.

코카콜라처럼 영업비밀 차원에서 특허를 거부하는 기업도 있다. 독일의 자동차용 기어 제조업체 IMS의 경우, 기어의 강도를 높이기 위한 열처리 방법을 3,000가지 이상 보유하고 있지만 제조법특허를 내지 않고 비밀로 간직하고 있다고 한다. 이렇게 기술 보호를 위해 특허를 신청하지 않고, 자체 노하우를 계속 개발하는 것도 강력한 브랜드를 지키는 중요한 방법이다.

아픔과 불편을 해소하라

아픔이 발명이 되다

가구를 파는 영업사원이었던 제임스 레너드 플림튼(James Leonard Plimpton)은 종일 돌아다니다가 신경통에 걸렸다. 의사는 스케이트를 타라는 처방을 내렸다. 약보다는 운동으로 극복하라는 그 처방은 효과가 있었다. 그런데 문제는 스케이트는 겨울 외에는 탈 수가 없었다는 것. 스케이트를 타지 않으면 신경통이 다시 되살아났다. 그는 아픔을 이겨내기 위해 사계절 내내 탈 수 있는 스케이트를 간절히 생각했다. 그러던 어느 날, 어린 아이가 바퀴 달린 장난감 위에 올라타서 빙빙 돌며 놀고 있는 것을 봤다. 그때 플림튼은 신발에 바퀴를 달면 사계절 내내 스케이트를 탈 수 있겠다는 생각을 했다. 그래서 1863년 최초로 탄생한 것이 롤러스케이트이다.

우리가 집 안에서도 사용하고 있는 십(十)자나사못 역시 아픔과 불편을 방지하기 위해 만들어졌다. 일(一)자나사못은 드라이버가 잘 미끄러져서 손이 다치거나 기계를 망치는 사람이 많았다. 나사 홈이 망가져서 돌릴 수 없는 나사도 자주 생겼다.

전파사에서 기술자로 일하던 소년 헨리 필립스(Henry F. Phillips)는 일자나사못 홈이 망가지고 헛돌기만 해서 답답해하다가 문득 좋은 생각을 떠올렸다. 나사못에 한 획을 더 그어 십자나사못을 만들고, 십자드라이버도 함께 만들어낸 것이다. 소년은 아버지의 죽음으로 소년가장이 되어 학교를 그만둔 채 기술자로 일하다가 발명을 했다. 가족의 죽음과 손의 아픔이 십자나사못 발명의 동기가 됐고, 그렇게 발명된 발명품은 특허출원을 했다. 그가 발명한 십자나사못은 오늘날 거대한 가전제품 회사 필립스의 시작이 됐다.

필자는 사람을 만나 발명과 특허에 대해 얘기할 때 이런 말을 자주 한다.

"아프면 위대한 발명이 나오고, 불편하면 쓸 만한 발명이 나온다."

발명가와 과학자들은 자신의 신념을 지키기 위해 아픔과 불편을 참기도 하고, 연구를 위해 자기 몸에 실험을 하다 죽기도 한다. 방사능에 노출돼 백혈병으로 사망한 마리 퀴리(Marie Curie)와 그녀의 딸 이렌 퀴리(Irene Joliot-Curie), 번개실험을 하다 번개에 맞아 즉사한 리히만(George W. Richmann), 성적 소수자로서 주변의 시선을 아프게 느꼈던 앨런 튜링(Alan Turing). 특히 그는 최초의 컴퓨터를 개발했으면서도 동성애자라는 죄목으로 화학적 거세를 당한 후, 사과에 독을 주사하고 먹었다. 튜링의 자살을 도운 사과의 모양이 애플의 로고가 됐다. 어쩌면 스티브 잡스도 젊은 날의 가난이라는 아픔이 있었기 때문에 그의 이야기에 깊은 공감을 했을지도 모른다. 가난한 어린 시절을 보낸 미켈란젤로(Michelangelo Buonarroti)도 그런 시절이 있었기 때문에 위대한 르네상스 예술가가 되었을지도 모른다.

문학작품을 창작하는 작가들의 55%, 과학자들의 27% 정도가 어려서 조실부모를 경험했다는 통계가 있다. 이런 통계를 봐도 아픔은 창의성을 위한 에너지가 된다는 것을 짐작할 수 있다. 보통사람의 조실부모 확률은 8%밖에 되지 않기 때문이다.

그렇다면, 모든 상처는 에너지로 비유할 수 있지 않을까? 억울함과 원망은 석탄에너지, 땀과 피를 많이 흘려본 경험은 석유에너지, 성취를 많이 경험하면 수력에너지, 실연을 당하면 풍력에너지, 사랑하는 이의 죽음은 천연가스, 죽을 고비를 넘기는 것은 원자력에너지… 그러나 여기서 중요한 사실은 에너지를 정제하는 시스템이 필요하고, 그 시스템은 학교와 국가여야 한다는 점이다.

미국에서 인종차별과 민족적 갈등이 심하던 시절 방독면과 신호등이 발명되었다. 아프리카에서 건너온 노예의 후손 개릿 오거스터스 모건 시니어(Garrett Augustus Morgan Sr.)가 그 주인공이다.

모건은 버번 위스키가 처음 주조된 켄터키 주 패리스에서 도시가 정착되던 시기에 인종차별을 당하며 어린 시절을 보냈다. 이후 클리블랜드라는 도시로 온 모건은 화재와 교통사고로 죽는 많은 사람을 보았다. 그는 불이 나면 질식사하는 사람과 차에 치여 죽는 사람들을 가까이에서 보면서 늘 안타까워했다. 그러던 1911년, 146명의 목숨을 앗아간 대형 의류공장 화재를 접했다. 죽어간 사람들에게 연민을 느꼈던 모건은 공기를 냉각시키면서 연기를 걸러내는 안전후드를 생각해냈다. 그리고 얼마 후 방독면이 탄생했다. 또 교통사고를 목격하면서 교통신호가 바뀔 것을 예고하는 중간 단계의 표시인 요즘의 황색등과 같은 삼색 신호기도 발명했다. 모건의 장치는 빨간, 노란, 초록색 불빛을 가지고 있었다.

1916년 모건의 방독면은 연기로 가득한 클리블랜드 터널에 갇힌 20명 이상의 근로자들을 구출하는 데 이용됐다. 그 후 방독면은 정부에 의해 채택되어 경찰과 소방관들에게 보급됐다. 이처럼 타인의 아픔을 자신의 아픔으로 생각하는 사랑은 늘 위대한 발명품과 발명가를 만든다.

불편이 발명이 되다

불편을 발견하고 그것을 해결할 수 있는 아이디어를 고안해내는 것이 곧 발명이다. 따라서 발명가는 일상생활에서 사람들의 불편을 파악해야 한다. 무엇보다 자신이 직접 불편을 느끼는 것이 가장 구체적인 발명의 길이다. 잘 드러나지 않고 잠재적으로 존재하는 불편을 발견하는 것은 기업의 R & D팀에서 늘 하는 일이다. 그래서 개인이나 소기업은 스스로의 불편에서 특허 아이디어를 얻는 것이 좋다. 세상의 모든 불편은 누군가가 불편하다고 표현을 하면서 느껴진다. 불편은 아픔과 달리 견딜 만하기 때문에 전통을 중시하면서 만족하는 습관이 강한 사회에서는 쉽게 발견되지 않는다. 그래서 전통과 권위를 내세우는 우리나라와 같은 국가에서는 발명가들이 이상한 사람으로 취급당하기 쉽다.

그냥 참으면 발명될 수 있는 것도 사라진다. 곳곳에 쌓인 쓰레기가 보기 싫어서 생긴 발명품이 쓰레기통이다. 그런데 지저분한 쓰레기가 여기저기 흩어져 있는 것을 참았다면, 쓰레기통은 생기지 않았을 것이다. 냄새나는 신발을 빨다가 칫솔로 깊숙한 곳을 문지른 기억이 있을 것이다. 그것을 보고 어떤 주부는 지퍼로 신발 윗부분을 떼어냈다. 그랬더니 세탁과 건조가 동시에 빨라졌고, 밑창보다 저렴한 윗부분 끈과 천 색깔을 바꿀 수 있는 신발이 발명됐다. 흘러내리는 수건이 불편해서 찜질방 전용 모자를 개발한 것도, 반찬통 잠금장치 하나를 조이면 나머지 면은 슬라이딩 방식으로 밀착되는 반찬통도 모두 주부가 발명한 것이다. 그중에서 반찬통 잠금장치를 발명한 주부 구현진 씨는 이미 홈쇼핑에서 반찬통을 판매하고 있으며, 향후 10년간 1조 원의 매출을 기대하고 있다. 이렇게 주부가 늘 반복하는 일에서 발명을 하게 된 것은 자신의 일상에서 불편을 해소하기 위해 연구했기 때문이다.

필자의 어린 시절만 해도 전화 교환원이 있었다. 당시 전화 교환원은 원하는 상대방과 통화할 수 있게 연결해주는 역할을 했었다. 그런데 전화 교환원에게 사업적인 피해를 본 외국의 한 장의사는 교환원이라는 직업을 모조리 없앨 방법을 생각하기 시작했다. 자신의 사업적 기밀을 빼낸 교환원은 그와 사업적 라이벌이었던 사람의 여자 친구였다. 교환원에게는 비밀을 노출할 수밖에 없다는 것을 깨달은 장의사 알몬 브라운 스트로저(Almon Brown Strowger)는 결국 최초의 다이얼 전화기를 만들었다. 그리고 광고 문구를 생각했다. 그 문구는 '교환원 필요 없음, 불평할 필요도 없음, 고장이 안 나며 기다릴 필요도 없는 전화기!'였다. 그는 한 교환원의 부도덕한 행위에 복수심을 느꼈지만 그 복수심을 창의적 에너지로 승화시켰다. 그리고 당시 전화 교환 시스템에서 비밀을 지키지 못하는 단점과 기다리는 불편을 해소시키면서, '헬로 걸'이라 불리던 교환원을 모두 사라지게 했다.

이밖에 가슴이 큰 젊은 여인이 심장이 아프다는 것을 알았지만 가슴에 귀를 대고 진찰하기 어려웠던 의사 르네 라에네크(Rene Laennec)는 종이를 말아서 가슴에 대고 소리를 들었다. 그 소리가 맨살에 귀를 댈 때보다 더 크게 들린다는 사실에 놀란 그는 최초의 청진기를 만들었다. 그리고 이름을 '가슴 진찰기'라는 의미를 지닌 'Stethoscope'로 지었다.

"특허 제도는 천재라는 불꽃에·이익이라는 기름을 붓는 것이다."

발명가이자 대통령이었던 에이브러햄 링컨(Abraham Lincoln)이 남긴 말이다.

그는 미시시피 강에서 뱃사공으로 일했다. 변호사로 바쁘게 살던 시절, 그는 강을 건너던 증기선이 물속 모래톱에 걸린 것을 보았다. 배를 위로 뜨게 해서 지나가려면 사람과 화물을 다른 배에 분산시키며 내려야 했는데, 그 때문에 지체되는 시간은 너무 길었다. 마음이 바쁜 그는 예전에 배를 몰던 추억 속에서 발명 아이디어를 찾아냈다. 물고기가 부레를 이용해서 물에 뜨듯 배에도 공기실을 만들어 모래톱에 걸릴 때 그 공기주머니를 아래로 내리면 배가 뜬다는 생각을 한 것이다. 그의 설계보다 더 실용적인 방법이 나와 그가 고안한 장치는 설치된 적은 없지만 그의 아이디어는 아주 독창적이었다.

사랑이 발명이 되다

흔히 힘센 자가 강자이지만 사랑에서는 더 사랑하는 자가 약자이다. 더 사랑하면 더 양보하게 되고 사소한 섭섭함도 아픔이 된다. 사랑하는 사람의 아픔이 자신의 아픔이 된 후, 그 아픔이 생긴 과정을 관찰하고 이유를 생각하는 자들은 발명가가 된다. 그리고 사랑하는 사람을 바라보다 발견하는 아픔을 해소하기 위한 발명은 비교적 오래 인기 있는 발명이 된다. 그렇게 가난한 아내와 아픈 딸, 다친 아들을 위해 발명은 시작된다. 영국 여왕을 대모로 모시던 존 해링턴 경(Sir John Harrington)이 만든 수세식 화장실처럼 때로는 충성심에서 발명품이 나오기도 한다.

■ 자전거를 타다 다친 아들을 보고 고무타이어를 만든 아빠

어느 날, 자전거를 타다 넘어져서 얼굴을 다친 아들을 본 아빠 존 보이드 던롭(John Boyd Dunlop)은 나무나 금속으로 된 바퀴를 부드러운 재질로 감싸면 아들이 다치지 않았을 것이라고 생각했다. 당시 딱딱하던 자전거 바퀴는 타이어가 없어서 작은 돌에 걸려도 몸이 심한 충격을 받았고, 바퀴가 미끄러지고 튀어서 자주 넘어졌다. 수의사였던 던롭은 쉽게 구할 수 있는 동물 창자로 자전거 바퀴를 감싸보았지만 쉽게 찢어지고 터져버렸다. 그러다가 낡은 축구공에 바람을 넣는 장면을 보게 됐다. 거기에서 영감을 얻은 그는 질긴 고무호스로 바퀴를 감싼 후 바람을 넣어보았다. 그렇게 1888년 고무타이어가 발명되어, 자동차도 보다 안전하고 편안하게 탈 수 있게 됐다. 순종황제가 탔던 자동차 역시 '던롭 타이어'를 장착했었다.

■ **빨대 사용에 서툰 어린 딸을 위한 아빠의 발명**

부동산 중개업을 하던 조셉 프리드먼(Joseph Friedman)은 어린 딸이 곧은 빨대로 음료수를 마시다가 자꾸 바닥에 엎지르는 것을 봤다. 딸의 서툰 손짓에 빨대가 목을 찔렀고 결국 딸은 울음을 터트렸다. 아빠는 물을 엎지르지 않고 목을 찌르지도 않는 빨대를 고민하다 최초로 '주름빨대'를 고안했다.

■ **아내에 대한 절실한 사랑이 이뤄낸 발명품, 재봉틀**

어느 날 갑자기 장애를 얻은 남편 일라이어스 하우(Elias Howe)는 직장을 그만두게 됐다. 그의 아내는 생계를 위해 밤낮으로 삯바느질을 했다. 그것을 안타깝게 여긴 하우는 1846년 아내의 아픔을 덜어줄 발명품을 만들었다. 손으로 하는 것보다 바느질을 6배나 빨리 하는 기계가 무엇이었을까? 그것은 바로 재봉틀이었다.

하지만 발명 과정이 순조롭지 않았다. 아내를 너무나 사랑했지만 생계의 위협으로 궁지에 몰린 그는 발명에 몰두했다. 그는 창가에 앉아서 생각에 빠져 있다 잠이 들었다. 그러다 꿈속에서 재봉틀의 핵심 부품의 구조를 보았다. 자동으로 바느질이 되는 기계를 생각하던 하우가 어떻게 식인종의 창이 나오는 꿈을 꾸었을까? 그만큼 삶이 힘들고 사랑도 애절했을 것이다. 꿈속에서 아프리카 식인종에게 납치된 하우는 몸이 묶인 채 물이 끓는 솥 안으로 들어가게 됐다. 꽁꽁 묶인 채 물 밖으로 나오려 하면 식인종이 창을 들고 다가와 위협하며 다시 밀어 넣었다. 너무나 무서웠던 그 장면에서 그는 문득 식인종들의 창끝마다 구멍이 뚫려 있는 것을 보았다. 끝에 구멍을 낸 창은 동물의 체내에 공기를 주입하므로 보다 더 치명적이었다. 그리고 고대로부터 움막을 칠 때 가죽을 굵은 끈으로 묶기 위해 창에 구멍을 내 큰 바늘처럼 사용했었다. 그가 그런 유물에 대한 고고학적 지식을 어디에서 알게 됐는지는 모른다. 결국 하우는 꿈속에서 재봉틀을 만드는 원리를 깨달은 것이다.

실을 끼울 구멍을 보통 바늘과 반대로 뾰족한 부분에 뚫었고, 다른 실과 연결하는 방법이 떠올랐다. 그렇게 재봉틀이 완성됐고, 이 재봉틀은 아내의 노동을 대신해줬다. 그런데 그 후 사람들이 재봉틀의 원리를 모방하기 시작했고 그의 재봉틀은 특허로 보호받지 못했다. 영국에서 복제되어 판매되기도 했고, 미국에서는 아이작 싱어(Isaac M. Singer)가 페달과 핸들을 더해 다른 디자인으로 만들어 팔기도 했다. 하우는 특허권 침해소송을 시작했고, 죽기 4년 전인 1863년에야 그 대가를 받을 수 있었다. 세상의 발명이 대부분 그렇듯 재봉틀도 1755년 독일에서, 1829년에는 프랑스에서 개발되어 군복을 제작하기도 했다. 하지만 학자들은 하우의 재봉틀을 현대적 재봉틀의 시작으로 보고 있다.

등잔 밑 특허

물에 탄 분말을 막대로 저어 녹여 먹는 주스를 만든 11세 소년이 있었다. 그 소년은 어느 추운 날 밖에다 주스가 담긴 컵을 두었다. 막대를 꺼내려던 소년은 아이스 바를 처음으로 발견했다. 또, 필통을 집에 두고 학교에 가곤 했던 10세 소년은 필통 챙기는 것이 귀찮아서 가방이나 몸에 붙이는 필통을 발명했다. 그 소년은 18세에 바다에 놀러갔다가 파도에 의해 움직이는 추를 자석으로 만들어 흔들리게 했다. 흔들리는 추 자석으로 움직이는 축이 발전기를 돌리는 등부표를 만들었는데, 그 발명으로 명문 공대에 입학했다. 그 후에도 그는 두 명이 함께 해야 하는 배드민턴을 셔틀콕에 낚시 줄을 달아서 혼자서도 운동을 할 수 있게 했다. 이 발명품은 해외에 수출도 했다.

이처럼 우리는 아주 가까운 일상에서 얻을 수 있는 특허 아이디어를 놓치는 경우가 많다. 단팥이 들어간 빵도 처음엔 발명품이었다. 이런 '등잔 밑 특허'의 사례를 찾아보면 다음과 같다.

- 알람이 울리면 도망가는 바퀴 달린 알람시계
- 똥오줌을 정해진 곳에 잘 싸면 간식이 자동으로 나오는 애견 배변 훈련기
- 겨울철 썰매를 더 오래 타게 해주는 귀마개
- 신호등에 눈금이나 숫자가 보여서 몇 초 남았는지 알 수 있는 표시등
- 톱날을 조금 바꾼 얼음 자르는 톱
- 가시나무 울타리를 꺼리는 양을 보고 만든, 가시 달린 철사
- 누워서 일어나기 싫을 때 휴대폰으로 천정 불을 끌 수 있는 앱

등잔 밑 특허의 특성은 너무 게을러서 개발된 것이 많다는 것이다. 귀찮아서 더 편해지려고 하는 생각은 발견이 되지만, 성격이 부지런하면 등잔 밑 특허를 발견하기 어렵다. 신용카드도 돈을 꺼내 센 후 다시 거스름돈을 받는 것을 귀찮게 생각한 프랭크 맥나마가 생각한 것이다. 돈을 세는 일도 귀찮았던 것이다. 화장품의 물질특허도 여러 번 바를 것을 한 번에 바르고 싶어 하는 사람들의 심리를 생각한 것이다. 오줌이 자주 묻는

손자의 사각팬티를 삼각형으로 자르면 쉽게 볼일을 보고 빨래도 간편해서 나온 것이 삼각팬티다. 나중에 이 팬티에 세로나 가로로 구멍을 낸 제품도 특허가 났다.

두세 번 할 일을 한 번에 해치울 생각을 하다보면 등잔 밑 특허가 잘 보인다. 그렇다면 혹시 사진기도 그림 그리기를 귀찮아 하던 사람이 발명해낸 것은 아닐까?

03
체험과 실패로 배워라

실수와 특허의 탄생

비즈니스 모델이 효과를 발휘하려면 3D를 갖춰야 한다. 즉 생존과 경영방식의 차별점이 바람직(Desirable)하고, 지속가능(Durable)하며, 독특(Distinctive)해야 한다. 직무발명은 3D를 갖추게 하는 훈련이 된다는 점에서 중요하다. 어떤 업무에 종사하면서 발명을 하면 일단 바람직한 방향으로 발전시켜 보다 오래 팔릴 제품을 만든다. 그런데 세 번째 특성인 독특함은 직무발명 중 실수에서 나올 확률이 높다. 직무라는 게 일정한 계획이 있고, 그 계획에는 어떤 틀이 있다. 그러나 페니실린과 전자레인지, 튼튼한 합성고무의 탄생은 직무나 연구 중 실수로 만들어졌다. 2002년 노벨 화학상을 받은 일본의 평범한 회사원 다나카 고이치(田中耕一)는 레이저를 이용해 생물체 내 고분자 단백질을 정밀하게 분석하는 방법을 개발했는데, 실험 중에 우연한 실수를 한 것이 중요한 계기가 됐다. 노벨상으로 더 유명한 알프레드 노벨(Alfred B. Nobel)도, 어느 날 화약의 원료인 니트로글리세린으로 실험을 하던 중 실수로 손가락을 베었다. 그는 당시 액체 반창고로 널리 쓰이던 콜로디온 용액을 상처 부위에 바르고 실험을 계속했는데, 니트로글리세린이 콜로디온 용액에 묻으면서 갑자기 모양이 변하는 것을 봤다. 여기서 힌트를 얻은 노벨은 니트로글리세린과 콜로디온을 섞고 가열해서 투명한 젤리 상태의 물질을 얻었는데, 이것이 바로 다이너마이트보다 3배 이상의 위력을 지닌 폭파 젤라틴이다. 이를 바탕으로 군사용 폭약에 관한 연구를 계속한 그는 획기적인 성능을 지닌 무연화약(無煙火藥, 연기가 나지 않는 화약) '바리스타이트(Ballistite)'를 발명해 소총, 대포, 기뢰, 폭탄 등에 널리 쓰이게 했다.

발명자가 안타깝게도 자살을 했던 화학섬유 나일론(Nylon) 역시 우연한 실수가 계기가 되어 나중에 큰 성공을 거두게 된 사례 중 하나다. 하버드 대학교 유기화학 강사에서 뒤퐁(Du Pont) 중앙연구소 기초과학연구부장으로 스카우트된 윌리스 캐러더스(Wallace Hume Carothers)는 처음부터 인공섬유 개발을 목표로 연구한 것은 아니었다.

캐러더스는 어느 날 팀원 줄리언 힐(Julian Hill)이 실험에서 나온 부산물 찌꺼기를 씻어내려다 그것이 굳어서 불을 쬐며 씻어내려 했는데, 뜻밖에도 이 찌꺼기가 계속 늘어나 실과 같은 물질이 되는 것을 발견했다. 그것을 본 순간, 캐러더스는 누에나 거미가 실을 뽑는 것을 떠올리고 곧 인공섬유 개발을 추진하여 나일론을 발명했다. 그 후 뒤퐁은 나일론을 공식적으로 세상에 내놓으며 '거미줄보다 가늘고 강철보다 질긴 기적의 실'이라고 광고했다. 나일론은 질겨서 여성용 스타킹으로 선풍적 인기를 끌었고 옷, 밧줄, 양말, 낙하산 등에 널리 쓰였다.

도쿄 공업대학 조교수로 재직하던 시라카와 히데키(白川英樹) 교수도 자신의 제자가 저지른 실수로 발명을 한 경우다. 1970년대 초반, 유기고 분자 합성실험을 하던 중 한 대학원생이 촉매를 1,000배나 더 첨가하는 실수를 저질렀다. 이 실수로 은색 광택을 내는 박막이 만들어졌다. 이 박막은 나중에 전도성 고분자(플라스틱)의 발명으로 이어졌고, 2000년 노벨 화학상으로 이어졌다. 합성고무의 발명도 실수에 의한 것이었다. 19세기 중엽까지 고무를 쓰던 사람들은 지금의 고무보다 훨씬 약한 생고무의 결점을 보완하려고 노력했다. 생고무는 여름엔 녹아버리고 겨울엔 얼고 갈라져서 오래 쓸 수 없었다. 합성고무는 더 튼튼한 우체국 가방을 만들던 연구 중에 실수에 의해 발명됐다. 미국의 화학자 찰스 굿이어(Charles Goodyear)는 거의 10년 이상 고무 연구를 하고 있었다. 어느 날, 그는 냄비에 유황(Sulfur)을 녹이다가 실수를 하는 바람에 생고무 위에 엎지르고 말았다. 그 결과, 가열된 고무와 유황이 섞였다. 나중에 연구실을 청소하려다 이 고무를 사용해본 그는 뛰어난 탄력성과 내열성을 확인하게 됐다. 유황을 고무에 섞어 스토브에 가열해보고 차가운 곳에서도 테스트해봤다. 우연히 천연고무에 유황을 결합하여 얻은 뜻밖의 발견은 고무 혁명을 낳았다. 이 가황고무는 영국의 토머스 핸콕(Thomas Hancock)이 먼저 특허를 취득했고 굿이어는 평생 특허권을 위해 싸워야 했다.

역사적으로 볼 때 실수가 가져다준 발명 발견은 화학 분야에서 더 많았다. 그중에는 다이옥신 같은 나쁜 인공 화합물도 있다. 모든 실수는 예기치 못한 결과를 가져온다. 중요한 것은 긍정적인 가능성을 살려내는 관찰의 힘이다.

실수와 독창성의 탄생

굳이어는 실수로 만들게 된 가황고무에 이어서 빵을 만들 때처럼 고무에 발포제를 넣어보았다. 스펀지 고무가 탄생하는 순간이었다. 스펀지에서 영감을 얻은 사람들은 발포 비누, 발포 시멘트까지 생산하게 됐다. 영국의 발명가이자 경제학자였던 윌리엄 스탠리 제번스(William Stanley Jevons)는 《과학 원론》이란 책에서 다음과 같이 말했다.

"위대한 사람은 덜 열정적인 사람보다 실수를 많이 한다."

이처럼 '실수'와 '좋은 아이디어'는 거의 동의어라고 볼 수 있다. 그래서 아이의 실수에 너그러워지면 아이는 미래에 발명할 가능성이 커지고, 틈새시장을 찾는 눈을 갖게 된다. 즉 창의성이 좋아진다.

예상치 못한 일이 벌어지는 것이 혼돈이고, 그 혼돈에서 질서가 생기면 우주가 되고 지구가 된다. 따라서 실수를 먼저 한 후에 질서가 생기는 것은 당연한 법칙이다. 실수에 너그러울수록 생각지 않은 우연한 행운인 세렌디피티(Serendipity)를 더 자주 만나게 된다. 한마디로 길을 잃어버려야 만날 수 있는 것이 우연한 행운이다. 그리고 우연한 행운은 정해진 틀 속에서 만나기 어렵다. 우리에게 잘 알려진 구글과 3M의 경우를 보자. 구글은 G메일과 새로운 서비스의 20%를, 3M은 포스트잇을 비롯한 새 아이디어 제품의 20%를 직원들에게 주어진 주 20%의 자유시간에서 찾았다. 구글과 3M에서 직원들에게 20%의 자유시간을 주는 것도 우연한 행운을 잡기 위해서라고 설명할 수 있다.

실리콘 밸리에서는 '빨리 실패하는 것이 싸게 실패하는 것'이라는 유행어가 있다. 혁신적인 기업은 실패를 권장하되 그 값을 싸게 치른다는 공통점이 있다. 이는 비행 시뮬레이션을 통해 비행기 사고를 줄이는 것과 비슷하다. 1990년대에 이르러 비행기 조종사의 실수로 인한 사고율이 70% 정도 감소했다. 그 이유는 비행 시뮬레이터로 다양한 실수를 현장감 있게 체험했기 때문이다. 절박한 순간에는 실수를 통해 배운 탁월한 결정력이 중요하게 작용한다. 안전한 실수 경험을 제공한 시뮬레이터는 조종사의 사고를 줄이는 최고의 멘토가 됐다.

듀폰의 전투적 전략팀 지식 집약 대학(Knowledge Intensive University)의 리더 로버트 쿠퍼(Robert Cooper)는 "실패의 기회를 관리하지 말고 실패의 비용을 관리하라"고 말했다. 실패하지 않으려고 하면 혁신도 독창성도 사라지게 되므로 자신과 타인의 실패를 허용하되, 어떻게 하면 더 싸게 실패할지를 관리하라는 말이다. 심리학자이자 의사인 윌리엄 제임스(William James)는 실수의 필요성에 대해 "진실을 드러나게 하기 위해서는 실수가 필요하다"고 말했다. 그리고 피뢰침을 만들어 특허를 내지 않고 사람들이 사용하게 했던 벤자민 프랭클린(Benjamin Franklin) 역시 "실수의 역사가 발견의 역사보다 더 가치 있고 흥미롭다"고 했으며, "실수는 끝없이 다양화된다"고 했다.

브리콜라주와 블루 오션

경쟁 없이 독점이 가능한 시장을 '블루 오션(Blue Ocean)'이라고 하는데, 요즘 블루 오션은 틈새시장이다. 그리고 틈새시장을 누군가가 개척하면 곧 경쟁자가 생기는데, 비교적 경쟁자가 적은 곳을 '퍼플 오션(Purple

Ocean)'이라고 한다. 틈새시장을 발견하는 사람들은 다양한 현장에서 그 틈새를 발견한다. 틈새는 보통 고리와 고리가 연결되는 교집합 영역에서 생긴다. 의사가 병아리 부화기를 보고 인큐베이터를 생각해낸 것에 따라, 초기 인큐베이터는 '아기 부화장'이라고 불렸다. 결과적으로 인큐베이터는 병아리와 아기의 공통부분, 즉 교집합이 있었기 때문에 생긴 것이다. 이와 같이 교집합 영역에서 생긴 발명품을 알아보자.

먼저 지구상의 생명체는 탄소가 고리를 만드는 성질로 원자들을 연결하면서 생겼다. 그리고 탄소와 같은 사람들은 브리콜라주(Bricolage)를 하면서 다양성을 결합하여 생명을 만들어낸다. 오늘날 우리가 사용하는 컴퓨터는 산업혁명 때 나온 직조기에서 영감을 받아 만든 것이다. GPS는 러시아가 쏘아올린 스푸트니크(Sputnik) 호의 위치를 정확히 알기 위해, 100여 년 전에 정립된 빛의 도플러 효과(Doppler Effect, 파동을 발생시키는 파원과 그 파동을 관측하는 관측자 중 하나 이상이 운동하고 있을 때 발생하는 효과. 파원과 관측자 사이의 거리가 좁아질 때는 파동의 주파수가 더 높게, 멀어질 때는 더 낮게 관측됨)를 전파음 소리에 대비해 연구하다 만들어졌다. 이처럼 여러 가지 기술이 합쳐지는 브리콜라주는 블루 오션을 만든다.

산호를 연구하던 생물학자 브렌트 콘스탄츠(Brent Constantz)는 산호의 본능을 이용해서 바다 속에 건물을 짓는 상상을 통해, 산호가 집을 짓는 원리로 골다공증을 치료하는 골 시멘트를 만들었다. 그는 산호처럼 이산화탄소로 시멘트를 만드는 기술을 발견했는데, 이 기술로 '그린 시멘트'가 탄생했다. 이 기술은 이산화탄소를 많이 내뿜는 공장에서 기체를 모아 바닷물과 합쳐서 시멘트를 만드는 것으로, 재료를 거의 공짜로 구할 수 있으니 진정한 블루 오션이라 할 만하다. 결국 그는 혁신적인 시멘트

제조업체 칼레라(Calera)의 창업자가 됐다.

그뿐만이 아니다. 에디슨이 발명한 백열전구도 브리콜라주에 의해 만들어졌다. 에디슨 이전에 백열전구 아이디어를 가진 사람은 20명 정도나 있었는데, 그중에서도 조세프 스완(Joseph Swan)과 윌리엄 소여(William E. Sawyer)는 에디슨이 완성도 높은 백열전구를 만들어내는 데 크게 기여했다. 에디슨은 이들이 이미 개발한 백열전구에 상업성과 실용성을 구체화시켜 발명했다. 백열전구를 최초로 발명한 사람은 에디슨이 아니지만, 위대한 발명품으로 만든 것은 그였다. 그의 브리콜라주는 활동사진 영화기법에서도 계속됐다. 그는 영국의 사진작가 에드워드 마이브리지(Eadweard Muybridge)의 연구와 다른 실험을 참고하여 활동사진을 완성시켰다.

그밖에 TV, 라디오, 전화기, 컨베이어 방식, 다윈의 진화론 등도 다수의 누군가의 노력과 연구 자료를 통해서 특허권을 취득했다. 세상의 맨처음 발명은 경쟁자들 중 브리콜라주를 가장 잘한 사람이나 특허 쪽에 친숙하거나 인맥이 가장 좋았던 사람이 역사에 이름을 남겼다. 그렇게 예나 지금이나 창조의 네트워크는 매우 중요하며 아이디어는 서로 연결돼야 한다.

브로드웨이와 실리콘 밸리, 그들만의 문화

실리콘 밸리의 문화적 특징은 느슨한 연대와 수시로 일어나는 아이디어의 공유에 있다. 그것은 사회학자 브라이언 우지(Brian Uzzi)의 연구에 따르면 브로드웨이에서 흥행한 뮤지컬을 만든 팀들의 특성이기도 하다. 사람들의 연대가 느슨하기 때문에, 기업이든 학교든 조직 구성원이 다양할수록 창조력이 커진다. 우지는 이런 구성원의 창조력과 이질성의 관계를 알아내기 위해 5년 동안 2,258개 팀의 뮤지컬 공연 성공과 구성원 간의 친밀도, 즉 Q지수를 연구했다. Q지수란, 구성원 간의 친밀도 지수를 말한다. 그는 연구 결과, 구성원끼리 너무 친해도 너무 몰라도 창의성이 떨어진다는 것을 발견했다. 즉 Q지수가 너무 높거나 낮으면 창의성은 잘 나오지 않았던 것이다. 너무 친하면 이질적인 생각을 하지 못했고, 너무 소원하면 서로 협력이 어려웠다. 그리고 팀 구성원이 복잡할수록 뮤지컬의 상업적 성공률이 3배까지 높았다. 여기서 복잡하다는 것은 팀 인원이 최대 10명일 때를 말한다. 심리학적 실험 결과, 아이디어를 교환하면서 창의성의 질을 높이기 좋은 인원은 4~10명이라고 한다. 평균 6~7명이다. 로마군이 승승장구했던 이유를 이와 같이 10명 단위로 이뤄진 전투조직에서 찾기도 한다. 일에 따라 다르지만 구성원이 10명을 넘기 시작하면 의사소통과 의사결정 과정에서 효율성이 떨어진다. 우지는 Q지수를 연구하기 위해 뮤지컬을 선택한 이유에 대해서, 뮤지컬은 여러 팀이 협업해야 하는 창조적 작업이기에 Q지수와 창조성을 연구하는 데 좋은 소재였다고 말했다.

학교에서도 4~10명으로 팀을 짜서 아이디어를 공유하고, 더 높은 창조성에 이르기까지 그 창조와 혁신의 열매를 함께 공유하는 훈련을 해야 한다. 그 결과, 아이들이 자라서 사회적 공감과 협력 자본인 신뢰자본을 더 풍부하게 할 것이다. 쉽게 말해, 토론을 할 때는 3~4개의 팀이 좋으며, 한 팀은 6명이 적당하다. 이렇게 토론식 교실 운영을 하려면 최소

18~24명이 있어야 교실이 잘 돌아간다는 결론이 나온다. 말콤 글래드웰(Malcolm Gladwell)은 저서《다윗과 골리앗》에서 Q지수 연구에 대해 '4~10명으로 이뤄진 팀은 관계가 긴밀해야 하고 그 팀들이 뭉친 전체 팀은 상호 견제와 존중이 가능한 느슨한 협력관계여야 결과물이 가장 창의적이고 강한 에너지를 갖는다'고 설명했다.

브로드웨이의 성공적인 뮤지컬 팀에서 찾은 특성은 실리콘 밸리에서도 발견된다. 실리콘 밸리 문화에서도 창조와 혁신의 열매를 느슨한 연대 속에서 공유하는 것을 발견할 수 있다. 실리콘 밸리의 많은 인재들이 참여한다는 '버닝맨 축제(Burning Man Festival)'는 '오픈 이노베이션(Open Innovation)'과 '크라우드 소싱'이 오프라인에서 펼쳐지는 아이디어 축제이다. 이렇게 젊은이들이 창조적 박애주의를 즐기면서 발명을 하고, 그 혜택을 공유하는 문화를 만드는 분위기가 집단지성의 창조성에 불을 지핀다.

이처럼 미국이 여전히 세계 문명을 주도하는 이유는 개인의 발명을 존중하는 문화와 아이디어를 공유하여 더 좋은 기술을 세상에 보급하려는 홍익인간 문화가 있기 때문이다. 미국은 군사기술은 물론 노벨상도 자신들의 연구를 오픈하여 여럿이 함께 머리를 맞댄다. 예전과 달리 발명속도가 빨라지고, 연구하고 분석할 양이 많아진 탓이다. 여기서 중요한 것은 이들이 앞서 설명한 창조와 혁신의 열매를 함께 공유한다는 점이다.

에디슨의 경우를 살펴보자. 그의 협력자에서 결국 경쟁자가 된 니콜라 테슬라(Nikola Tesla)는 에디슨이 고집하는 직류전기보다 자신의 교류전기가 인류에게 훨씬 더 이롭다는 것을 알고 있었다. 그는 에디슨의 막강한 자금력과 로비에 대항하여 자신의 교류 시스템을 전 세계에 보급하려고 했다. 그러나 자신이 취득한 특허인 교류 시스템을 쓰던 웨스팅하우스 회사가 어려워지자 특허권을 포기했다. 그는 단지 교류 시스템이 전 세계에 퍼지길 바랐다. 그는 특허가 공익성이 있다면 특허권을 포기하고 공익에 협력하는 진정한 천재의 모습을 보여줬다. '검은 레오나르도 다 빈치'라는 별명을 지닌 조지 카버(George W. Carver)도 땅콩 가공법 특허를 모든 가난한 농부들이 쓰도록 특허권을 포기했다. 피뢰침을 발명한 벤자민 프랭클린도 보다 많은 사람들이 번개로부터 안전을 지키는 방법을 두루 알리되 특허를 내지 않았다. 이처럼 자신의 아이디어가 세상을 이롭게 한다면 기꺼이 공개하고 협력하는 사람이 급속도로 많아지고 있다. 누구나 자유롭게 글을 올리고 정보를 사용할 수 있도록 한 위키피디아처럼 실리콘 밸리 문화도 서로 협력하고, 정보를 공유하고 있는 것이다.

04

꿈을 현실로, 드림캐처를 만나라

꿈을 기록하면 발명이 된다

아인슈타인은 평소 고민하던 문제에 대한 정보를 꿈에서 얻으면 그
것을 기록하려고 침대 옆에 늘 펜과 노트를 두고 잠드는 습관이 있었다.
이렇게 아침에 꿈에서 깬 직후에 기록을 하는 것을 '모닝 페이퍼(Morning
Paper)'라고 한다. 잠결일 때는 스마트폰에 저장하기가 더 어렵다. 연필로
종이에 메모하는 것이 더 낫다. 이처럼 주로 아침에 일어날 무렵, 모닝페
이퍼에 꿈과 아이디어를 적기 시작하면 그 꿈과 아이디어는 발명이 되면
서 꿈을 이루게 된다.

《몰입》의 저자 서울대 황농문 교수는 어떤 문제가 풀리지 않으면 고
민을 한 후 잠을 잔다고 한다. 잠에서 깰 무렵 즉, 뇌가 세타파가 될 때 그
해답이 확 떠오르기 때문이다. 그래서 학자들은 세타파를 '영감의 뇌파'

라고 부른다.

꿈의 기록을 통해서 노벨상을 받거나 발명을 한 이야기는 많다. 그중 노벨 생리의학상을 받은 오토 뢰비(Otto Loewi)의 경우를 보자. 그는 꿈속에서 신경전달물질을 발견할 수 있는 실험설비를 봤다. 세타파 상태의 영감이었을 것이다. 비몽사몽 메모를 남긴 그는 다시 잠이 들었다. 그러나 다음 날 아침 그 메모를 본 그는 절망했다. 알아볼 수 없는 글이었다. 그런데 분명 그 해법을 찾았다는 느낌은 지울 수 없었던 그는 기억을 명확히 하려는 몸부림으로 하루를 보냈고, 다시 그 꿈을 꾸었다. 이번에는 메모를 하는 대신 바로 일어나 실험설비를 재정비하고 꿈에서 본 그대로 실험에 들어갔다. 다음 날 아침에 출근한 동료들은 그 모든 사실에 깜짝 놀랐다. 그 결과 그는 노벨상을 받았고, 오늘날 약물로 마음을 다스리는 모든 약 역시 그의 발견이 있었기에 가능했다.

재봉틀 바늘의 발명이나 벤젠고리와 DNA 이중나선 고리의 발견도 꿈에서 힌트를 얻었다. 아이작 뉴턴(Isaac Newton)은 풀리지 않는 수학 문제의 답을 잠들었을 때 알아낸 적이 있고, 멘델레예프(Dmitri Ivanovich Mendeleev)는 유명한 원소주기율표 전체를 꿈에서 보았다. 닐스 보어(Niels Bohr)는 꿈에서 태양계 모습을 가까이 보았는데, 그 모습은 이후 태양계 모습과 비슷한 원자구조에 대한 이론이 됐다. 이렇게 꿈에서 영감을 받아 평소 해결하지 못했던 문제의 힌트를 얻은 예는 예지몽만 있는 것이 아니다. 누군가의 말대로 우주의 지혜는 무한하지만 사람들이 고민을 하지 않기 때문에 꿈에 나타나지 않을지도 모른다.

자수성가의 공통분모

얼마 전 미국에서 자수성가한 기업가들의 공통점으로 '신문배달을 했다'는 얘기를 들었다. 그 말을 듣는 순간, 필자의 대학시절이 떠올랐다. 친구들과 술을 마시고 새벽에 하숙집으로 들어가는데, 갑자기 맹수가 공격하듯 회색 트레이닝복을 입은 소년이 골목에서 튀어나왔다. 어렴풋이 보니 그의 옆구리에는 두툼한 신문 뭉치가 있었다. 중2에서 고1쯤 되어 보였다. 등에서는 김이 나고 얼굴에는 땀이 맺혔는데 집과 집 사이를 전력질주하고 있었다. 새벽에 돈을 벌면서 운동을 하고, 밥을 지어먹고 학교에 갔다가 방과 후에는 부모님 일을 돕는 아이였을 것이다. 분명 그런 아이들이 자수성가할 확률이 높다.

나는 특허로 성공한 사람들을 만나면서 그들의 학력이 매우 다양하다는 걸 알게 됐다. 학력이 꼭 성공의 조건이 아니란 것을 경험으로 느낄 수 있었다. 그리고 그들에게는 학력 대신 공통적으로 느껴지는 것이 있는데, 그것은 자신의 사전에 실패가 없는 듯 행동한다는 것이다. 속으로는 몰라도 겉으로는 매우 활기차고 자신감 있으며, 무엇보다 부지런하다. 대학시절 어느 골목에서 만났던 신문배달 소년의 활기찬 모습이 그들에게도 있다. 그들에게는 부지런함과 함께 용기와 긍정성도 보인다. 장애인이어도, 중졸이어도 당당하다. 주어진 조건에서 최선을 다했다는 자신감이 있다. 흔히 죽음을 앞에 두고 해보지 못한 것을 후회한다고 하지만, 자수성가한 이들은 죽는 날 후회할 일이 없을 것이다.

그리고 그들에게는 누군가의 긍정적인 자극이 있다. 보지도, 듣지도, 말하지도 못했던 헬렌 켈러(Helen Keller)에게 "너에게는 무한한 가능성이 있단다!"라고 한 앤 설리반(Anne Sullivan)의 말처럼, IQ 43인 라이언 카샤에게 "친구들의 말을 무시해. 왜냐하면 너도 노력하면 그들 못지않은 사람이 될 수 있기 때문이야" 하는 아버지의 격려처럼…. 라이언은 고등학교를 수석 졸업하고 미국의 명문 플로리다 애틀랜틱 대학 최우수 졸업생이 됐는데, 결실을 맺기까지 남보다 2배 이상 노력해야 했다. 이처럼 결핍 속에서의 긍정성과 노력은 자수성가의 기반이 된다.

자수성가한 사람들은 주말에도 쉬지 않고 부지런하다. 그런데 그들이 주말과 휴가기간에 하는 일은 조금 다르다. 때로는 밀린 일도 하지만 그들은 시간을 더 효율적이고, 생산적으로 바꿀 방법을 구상하는 데 보통사람들보다 훨씬 오랜 시간을 보낸다. 쉽게 말해서 일하는 시간 외에 일 자체의 시스템과 변화, 미래를 공부하는 데 많은 시간을 보내는 것이다. 이렇게 생각을 위한 생각의 시간을 갖는다면 아무리 바보라도 결국에는 천재가 된다.

죽는 날까지 새로운 뇌세포가 생긴다는 주장은 이제 정설이 되어 치매환자 치료가 보다 적극적으로 변했다. 나이에 가장 덜 영향 받는 신체 부위는 바로 두뇌이다. 10살이 되어서야 글을 깨우칠 정도로 우둔한 아이도 나중에 천재라는 말을 들을 수 있다. 백곡 김득신을 조선 최고의 천재시인으로 변화시킨 한마디는 "나는 네가 둔하면서도 공부를 포기하지 않는 것이 대견하다. 더 노력해라! 공부란 꼭 과거를 보기 위해서 하는 것이 아니다"였다.

정해진 결과가 없어도 생각과 노력을 멈추지 않는 사람이 결국에는 대박이 되는 비즈니스를 만나고 특허를 낸다. 대나무 뿌리가 뻗다보면 어느 날 갑자기 죽순이 튀어나오듯, 성공하는 창의성이 나와야 진짜 자수성가라고 볼 수 있다. 땅속을 오래 기어본 일도 없는 사람의 성공은 그냥 성공이지 자수성가가 될 수 없다.

자수성가는 발명 더하기 안목

역사상 발명과 자수성가는 매우 밀접한 관계를 갖고 있다.《장자》에는 발명으로 땅을 산 사람과 그 발명을 사서 장군이 된 두 인물의 이야기가 나온다.

춘추전국 시대 송(宋)나라에 대대로 빨래를 하며 생계를 꾸리는, 요즘의 세탁소 집안이 있었다. 한겨울에도 빨래를 해야 했던 이 집안은 아무리 손과 발을 찬물에 담가도 손발이 트지 않는 약을 만들어 손님들을 더많이 끌어 모았다. 일종의 물질특허를 이용해서 다른 세탁소보다 경쟁력을 지녔던 것이다. 그러던 어느 날, 지나가던 과객이 백금(百金)을 주면서 그 약을 사겠다고 했다. 그것은 넉넉한 농토를 살 만큼의 돈이었다. 추운겨울날, 오랫동안 물에 손을 담가도 피부가 트지 않는 불균수지(不龜手之)의 약(藥)을 판 그 집안은 농토를 사서 그 지역에서 내로라하는 농사꾼으로 변신했다. 나름 성공한 셈이었다.

그런데 그 과객의 성공은 더욱 놀라웠다. 과객은 그 약을 가지고 오(吳)나라 왕에게 가서 자신을 장군으로 등용해주면 군사력을 강하게 키울수 있다고 말했다.

때마침 월(越)나라가 군대를 일으켜 오나라를 공격했다. 오나라 왕은그를 장수로 파견했다. 그리고 그 과객은 손 안 트는 물질특허를 써서 월나라에 큰 패배를 안겨줬다. 어쩌면 패전한 월나라 왕이 장작더미 위에서 자고 혀에 쓸개를 대면서 '와신상담(臥薪嘗膽)'이란 고사성어를 탄생시킨 데에는 그 약도 한몫한 것 아닐까? 오나라 장수가 된 과객은 찬바람 쌩쌩 부는 겨울날, 양자강 수전(水戰)에서 손 안 트는 약을 대량으로 만들어 병사들에게 바르게 한 뒤, 대승을 거뒀다. 창과 활, 노를 다루는데 손발이 트지 않으니 지구력과 정확도가 올라가고 스트레스가 줄어들었다. 곧 큰 승리를 거두고 돌아온 장군에게 오나라 왕은 그 약에 투자했던 돈으로는 살 수 없는 어마어마한 땅을 주면서 그를 오나라 제후로 봉했다.

사실 이 이야기는 오늘날에도 계속되고 있다. 연구자와 발명가가 따로 있고, 특허를 내는 자와 그 특허로 돈을 버는 자가 따로 있다. 그러나 공통적으로 발명과 특허가 자수성가를 이루는 기본적인 공식임에는 예나 지금이나 변함이 없다. 손이 안 트는 똑같은 비법으로 누구는 제후가 되고, 누구는 평생 빨래를 하다가 농사를 지었다.

같은 발견, 발명이라도 용도를 생각하는 것이 더 중요하다는 것은 이처럼 오랜 고사에서도 배울 수 있다. 발명과 특허로 자수성가한 사람들에게 발명은 기본이고, 그 가치를 알아보는 안목은 더욱 중요하다.

선견지명과 휴브리스

누군가의 위대함은 길이 끝나는 곳에서 증명되고, 리더십은 위기에서 더욱 빛난다. 인류 역사에서 가장 오래 권력을 쥔 자들은 신탁을 받아 미래를 예고하는 영매들이었다. 선견지명은 변함없는 리더의 자질이다. 지금은 그 영매들이 보다 현실적인 정치·경제적 전망을 하고 공약하는 사람이 되었을 뿐이다. 미래 경제를 알기 위해서는 최근 등록되고 있는 특허 분석이 가장 유리하다. 어떤 기술이 쓰이게 될지를 가장 구체적으로 먼저 알 수 있기 때문이다.

필자는 선견지명에 대한 명언 중 으뜸은 앨런 케이(Alan C. Kay)의 "미래를 예측하는 최선의 방법은 미래를 만드는 것이다"라고 생각한다. 그 이유는 한 개인의 미래를 만드는 사소한 행동을 예측하는 영매는 없기 때문이다. 반면 개인은 자신의 행동으로 미래를 만들어갈 수 있다. 예지몽이나 영매의 예언은 오직 어떻게 해몽하고 해석하느냐에 따라 그 정확성이 달려 있다. 예언은 개인이 미래를 만들도록 자극할 뿐이다.

사회생활에서 한 인간의 미래를 바꾸는 가장 큰 요인은 어떤 사람을 만나느냐이다. 명문대에 가는 게 좋은 단 한 가지 이유는 영향력 있는 인맥을 풍부하게 맺을 수 있다는 점 때문이다. 명문대를 자퇴하고 자수성가한 사람들도 1학년 때 중요한 누군가를 만난 후에 자퇴를 했다. 즉, 줄을 잘 서는 기본적인 능력은 예나 지금이나 중요하다.

'세력에 의지하면 화를 당한다'는 글이 있다. 그래서 우리는 세력이 아닌 사람을 보는 눈을 길러야 한다. 이와 같이 인견지명에 중요한 이론이 두뇌의 라디오 가설이다. 두뇌에 지식과 정보가 저장되는 것이 아니라 온 우주가 정보로 가득 차 있는데, 두뇌는 단지 우주의 어떤 지식과 지혜에 채널을 맞추면서 지적인 활동을 한다는 가설이다. 채널을 맞추는 것을 '튜닝(Tuning)'이라고 하는데, 여기서 말하는 튜닝은 자동차 튜닝과는 다른 개념이다.

인견지명은 타인의 마음에 튜닝하는 일이라고 생각해야 한다. 누구든

반경 150m까지 그의 심장박동이 만드는 자기장이 존재한다. 예로부터 고수들은 그것을 느껴왔다. 《홍길동전》에서 홍길동은 자신을 죽이러 오는 자객이 꽤 멀리 있지만 살기를 느낀다. 물론 고수가 아닌 보통 사람이 사람을 잘 알아본다는 것은 어려서부터 길러온 감각적, 직관적, 암묵적 지식에 의해 관상이나 표정, 태도를 보고 인간성을 느끼는 것을 말한다.

우리는 사람을 잘 알아보지 못하도록 하는 요인만 잘 알아도 성공에 가까워진다. 사람을 보는 눈을 가리는 요인은 '세로토닌 휴브리스'이다. 역사학자 아놀드 토인비(Arnold J. Toynbee)는 성공한 자가 성공으로 인해 교만해져서 남의 말을 듣지 않고 판단력을 잃어 어리석음에 빠지게 되는 것을 '휴브리스(Hubris)'라고 했다. 폴라로이드 카메라를 개발한 에드윈 랜드(Edwin Land)는 창의성에 대해 '어리석음의 일시적 정지'라고 말했다. 세로토닌은 도파민 체험 이후에 만족감과 자신감을 주지만, 자신에게만 만족하게 되므로 타인의 아픔과 어려움을 느끼지 못하게 할 수 있다. 또한 다른 사람의 의견을 존중하지 못하고 비하하게 될 가능성이 많아진다. 쉽게 흔들리지 않는 행복감, 만족감, 자존감을 주지만 자존감이 자만심과 우월감으로 변해 오만한 어리석음에 빠지게 하기도 한다. 세로토닌의 양이 너무 많아지면 현상에 대한 만족감이 지나쳐 새로운 환경에 도전하거나 변화하는 원동력을 잃게 된다. 또, 페이스북 창업자가 될 기회를 놓친 조 그린의 아버지처럼 새로운 가능성을 지닌 인재를 알아보는 눈이 사라져 리더십을 상실하고 조직을 망친다.

변하지 않는 선견지명의 리더십은 미래를 만들어가려는 진인사대천명(盡人事待天命)의 무한한 노력이다. 선견지명을 유지하는 방법은 세로토닌 휴브리스에 빠지지 않기 위해 지평을 넓히고 혁신을 수용하며, 자기 그릇을 키워서 진정한 부족함을 느끼는 것이다. 바보처럼 한 발 한 발 꾸준히 전진하는 진인사의 노력은 'Stay foolish'이며, 자기 그릇을 키워서 만족감이 들기 전에 다시 배고픔을 느끼는 것이 'Stay hungry'이다. 스티브 잡스가 인용해서 유명해진 말 "Stay hungry, stay foolish"는 바로 그런 뜻이다.

특허의 지름길, 아이디어 튜닝

아이디어 보안

아이디어가 사업화될 확률은 0.7%라고 한다. 모든 사업에 꼭 특허가 있는 것은 아니지만, 0.7% 중 특허가 있는 사업은 0.1% 미만일 것이다. 성공 확률이 매우 낮다고 하지만 사람이 태어나기 위해 정자와 난자가 결합할 확률이 3억 분의 1인 것을 생각해보면, 아이디어가 창업자를 만나서 사업이 되는 확률이 오히려 꽤 높다. 세상에는 특허가 될 수 없는 아이디어로만 이뤄진 사업이 더 많다. 특허는 등록하기도 어렵지만 사업화하는 것도 어렵다. 특허의 사업화 비율은 국가마다 다르지만, 한국에서 등록된 특허의 사업화 비율은 40% 정도이고, 성공률은 4%밖에 안 된다. 절반은 특허가 있어도 사업을 시작하지 못하며 시작해도 열의 하나만 성공한다. 그러나 대학의 특허는 성공률이 더 높다. 중국의 경우, 대학에서 특허를 낸 이후 사업화되는 비율은 5%에 불과하지만, 미국 등 선진국에서 대학 보유 특허의 사업화 비율은 70% 이상이며, 한국 대학은 20%가 넘는다. 이렇게 비율에서 차이가 나는 원인은 개인의 경우 자본금 등 여건의 문제가 있고, 대학의 경우 산업 현장과의 협력이 얼마나 잘 이뤄지느냐에 따라 달라지기 때문이다. 달리 말해서 대학이 현장을 이해하는 정도가 다르다고 말할 수 있다. 한국은 개인이든 대학이든 지식재산권에 대해 아이디어의 시작 단계부터 인식전환과 홍보가 더 필요하다. 특히 아이디어 제안이 지식재산권 확보와 현실적인 사업화로 연결될 수 있는 산학협력과 지식융합의 체계를 더욱 튼튼하게 구축해야 한다.

아이디어의 사업화는 특허의 사업화보다 낮은 0.7% 정도라고 한다. 이 비율을 반올림하여 1%라고 본다면 로또 1등에 당첨될 확률보다 약 8만 배가 더 높다. 로또 2등에 당첨될 확률보다 약 1만 배가 높고, 3등에 당첨될 확률보다 400배가 높으며, 4등에 당첨될 확률보다 10배가 높다. 사실 로또 2등에 당첨되어도 1억을 받기 어려우므로 1등과 2등 사이 어디쯤과 아이디어 사업을 비교해보면 아이디어 사업이 몇 만 배 높은 성공률을 갖고 있다. 사업에 들어가는 초기비용에 대한 리스크가 있으므로 로또 대박보다는 아이디어 사업의 대박 확률이 넉넉잡아 2만 배 정도 높다고 볼 수 있다. 따라서 매일 로또를 사느니 아이디어로 사업을 해볼 것을 권한다.

그러나 대부분의 아이디어는 특허 받기 어렵다. 그래서 자본금과 선점효과가 중요하다. 자본이 부족하면 사업을 선점해도 주도권을 빼앗긴다. 상표나 디자인특허로 진입장벽을 만들면 자본의 힘을 차단할 수도 있다. 그리고 요즘은 SNS가 있어서 자본보다는 선점효과가 더 큰 힘을 갖는다. 이런 상황에서는 아이디어를 잘 유지하면서 사업을 준비하는 것이 좋다. 자본이 많은 사람이 아이디어를 알게 되면 선점하는 시간이 짧아지기 때문에 영영 그 자본가에게 선점을 놓치고 만다. 만약 당신의 아이디어가 아이디어 경진대회 같은 곳에 노출이 됐고 특허가 없다면, 그 아이디어로 취직을 하거나 헐값에라도 파는 게 유리하다. 먼저 실행한 회사에 가서 원래 그 아이디어가 자기 것이었다고 우겨도 특허가 없다면 보상받기 어렵다. 그렇기 때문에 아이디어가 좋다면 어떤 지식재산권을 가질 수 있는지를 비밀리에 조사해야 한다. 변리사에게 의뢰하는 것이 가장 좋으며, 혹시라도 의뢰할 곳이 없다면 필자를 찾아오기 바란다. 은밀하게, 위대하게 그 아이디어를 키워줄 만한 시스템을 가진 특허사무소는 드물다.

은밀하고 위대한 튜닝

좋은 아이디어를 만나면 우선 비밀협약을 한 후 그 아이디어를 더 좋게 만들 팀과 함께 튜닝에 들어간다. 경험이 많은 시제품 제작자와 현직 디자이너, 화가, 조각가, 마케팅 전문가, 브랜드 전문가로 이뤄진 튜닝팀에서는 좋지만 애매모호한 아이디어를 시장에서 경쟁력 있는 아이디어로 만들어 의뢰인에게 제안한다. 이 방식으로 성공한 기업이 세계 최고의 디자인 기업 IDEO이다. '튜닝(Tuning)'이란 말은 채널을 맞춘다는 뜻이다. 듣고 싶은 음악과 뉴스 채널에 주파수를 맞추는 것은 자기 취향을 찾는 일이다. 그런 의미가 확장되어 자동차를 주인의 취향에 맞게 개조하는 일도 튜닝이라고 부른다.

예전에 필자의 친구는 스포츠형 소형차를 600만 원에 사서 1,200만 원을 투자해 튜닝을 했다. 자동차는 튜닝을 통해 더 좋아지지만 훨씬 더 비싸진다. 취향에 맞추다보면 차 값의 5배가 들기도 한다.

그렇다면 아이디어 튜닝은 어떨까? 아이디어 튜닝은 자동차 튜닝보다 그 값어치가 무한대로 상승한다. 작은 아이디어의 차이가 시장에서의 승부를 결정하기 때문이다. 전 세계적으로 자동차 튜닝 시장은 100조 원에 이른다. 트럭이 푸드 카가 되기도 하고, 자동차를 탱크로도 만들기도 하며, 오토바이를 좁은 길을 가는 트럭으로 개조하기도 한다. 이렇게 자동차 튜닝 시장은 널리 알려져 있다. 하지만 아이디어 튜닝 시장은 알려지기도, 활성화되기도 어렵다. 자동차 튜닝은 자신만의 멋진 차를 만드는 것이 목적이라면, 아이디어는 가치를 올리는 과정을 통해 공개되자마자 널리 퍼지는 것이 목적이다. 여기서 중요한 것은 아이디어의 가치를 올리는 과정은 비공개여야 한다는 점이다.

또한 아이디어는 지식재산까지 인정을 받아야 개인의 재산이 되기 때문에 아이디어를 가진 사람은 그것을 누군가가 도용할지도 모를 위험에 놓인다. 중소기업이 대기업에 아이디어를 특허화해서 팔려는데, 대기업이 잠시 기다리라고 한 지 3개월 만에 유사 특허가 먼저 출원되기도 한다. 게다가 아이디어와 특허를 도용당한 개인과 중소기업이 소송을 걸어도 한국은 특허권자의 승소율이 매우 낮다. 국가지식재산위원회에 따르면 국내 특허권자가 국내외 통합 승소 비율은 25%에 불과했다. 미국 59%, 프랑스 55%, 스위스 85%, 캐나다 35.4%, 네덜란드 51% 등 선진국은 우리나라보다 훨씬 높으며, 하물며 중국도 33%로 우리나라보다 높다. 국내에서 중소기업과 개인이 대기업을 상대로 한 특허권 소송 승소율은 40% 미만이다. LG와 소송을 한 서오텔레콤 김성수 대표는 80억 원을 날렸다. 특허침해는 인정하는데 손해배상은 인정하지 않았기 때문이다. 특허권자가 특허분쟁 소송에서 완전히 이겼다 해도 배상액이 터무니없이 적다. 또한 자본력이 약한 개인과 중소기업은 이런 특허소송 비용을 감당하기 어렵다. 그래서 개인과 중소기업, 벤처기업의 아이디어 튜닝은 매우 은밀하고 위대하게 성과를 내야 한다. 자본과 힘이 약한 사람들의 아이디어는 은밀하고 위대하게 진화한 이후에 시장에 "짠!"하며 나서야 한다.

더 좋게, 더 싸게, 더 널리 브랜딩

위대한 특허에 대한 정의를 내려보자. 위대한 특허란 더 좋고, 더 싸며, 더 널리 이용될 수 있는 것이다. 그래서 필자는 특허 의뢰를 하는 발명가의 아이디어를 더 좋게 하는 것에 집중한다. 더 널리, 더 싸게 공급하는 것은 재료의 문제와 마케팅, 시장조사 문제가 결합되어야 해서 그 관점에 쉽게 다가가기 어렵다. 하지만 소비자들은 제품마다 지갑을 여는 한계 가격이 정해져 있다. 따라서 재료의 단가를 낮추거나 새 재료를 발굴해야 하는 경우도 생긴다. 전력이 필요한 제품을 전력 없이 보급하면 인증절차가 간단하고 제품을 싸게 만들 수 있다. 그러나 최종 결과물의 멋진 동작에 몰입하다보면 제작비가 많이 들어가고 제품은 널리 퍼지기가 어려워진다. 물론 아주 좋은 특허감이면 단가가 올라가도 널리 퍼질 수 있지만 그런 확률은 낮다. 아이디어 튜닝은 자동차 튜닝처럼 제품의 외양을 다듬거나 보완하는 것에 그치지 않는다. 가장 중요한 제작비를 줄이는 것뿐만 아니라 널리 보급한다는 목적지에 다가갈 다양한 경로를 찾아준다. 시장에는 이미 널리 알려졌지만 보완할 점이 많은 제품들이 있다. 그런데 보완을 하여 더 싸게 공급한다고 널리 보급되는 것은 아니다. 여기에 브랜드와 마케팅이 더해져야 더 좋은 제품이 더 널리 보급될 수 있다.

더 비싸고, 더 나쁜데 더 널리 팔리는 제품의 공통점은 스토리와 브랜드가 있다는 것이다. 브랜드는 어쩌면 특허가 없어도 강한 힘을 갖는 유일한 방법이다. 우리나라는 경제 규모에 비해 브랜드에 도전하는 기업이 적다. 그래서 튜닝팀은 브랜드를 생각하도록 튜닝을 해준다. 대기업도 아닌데 당장 브랜드를 만들기에는 힘이 부치는 것이 당연하다. 그렇다고 고객과의 관계 속에서 저절로 풍기는 이미지를 브랜드로 만들 생각을 하지 않으면 특허로 잡은 기회를 다른 브랜드에게 넘겨줄 수도 있다. 특허와 브랜드는 어느 것이 더 힘이 세다고 말하기 어렵다. 둘 다 갖는 것이 가장 이상적이니 둘 다 목표로 삼아야 한다. 그래서 튜닝팀은 브랜드를 만들어주기보다는 향후 사업을 하면서 어떻게 브랜드 이미지를 떠올리며, 그 이미지를 어떻게 기록하여 잡을지를 생각하도록 힌트를 준다.

세상에 브랜드 아닌 것은 없다. 단지 유명 브랜드와 모르는 브랜드들이 시장을 돌아다닐 뿐이다.

"마케팅은 결국 브랜드를 구축하는 것이다."

피터 드러커(Peter F. Drucker)가 한 말이다. 특허도 어쩌면 브랜드를 구축하는 출발점이며 특허출원과 브랜딩의 공통점은 차별화를 위한 필수 과정이란 것이다. 어찌 보면 특허보다 브랜드가 더 안전하고 쾌적한 기업의 터전일 수 있다. 특허는 그 터전을 만드는 벽돌이나 암반에 해당된다.

튜닝팀을 찾는 발명가와 사업가들은 제품의 기능적 경쟁력에 여념이 없다보니 브랜딩까지 생각할 여력이 없는 경우가 많다. 브랜딩이 대기업도 어려워하는 부분이니 충분히 이해가 된다. 하지만 개인이든 중소기업이든 제품 이름은 정해야 한다. 그리고 그 이름을 정할 때 먼 미래의 브랜드 가치를 생각해보는 일은 그 제품의 기능보다 더 가치 있는 투자이다. 브랜드를 구축하는 가장 큰 힘은 스토리이고, 스토리는 만들어내기까지 시간이 걸린다. 그래서 중소기업과 개인사업자일수록 브랜드를 염두에 두고 스토리를 축적할 필요가 있다.

■ **21세기 브랜드 이름으로 유행할 알파벳 F 스토리라인**

21세기에 가장 유행할 알파벳은 F이다. 상호나 브랜드 명을 지을 때 참고하면 좋을 단어들이다.

분야	F로 시작하는 단어							
Fast(속도)	Flee	Foam	Flux	Fugitive	Feel	Frail	Fork	
Fusion(통섭)	Former	Form	Field	Fashion	Family	Fellow	Fortune	
First(시작)	Few	Foremost	Faculty	Flash Flair	Found	Founder	Forecast	
Flat(수평적 욕망)	Folk	Forum	Fall	Flinch	Favor	Floor	Facility	
Fun(놀이)	Fain	Favorite	Faction	Fiction	Fable	Fancy	Fantasy	Film
Free(DIY)	Fool	Futile	Forsake	Fool Foundation	Frugal	Furnish		
Female(여성성)	Familiar	Fractal	Fog	Fuzzy	Fertile	Fair	Figure	
Fan(열광)	Fanatic	Fame	Fond	Fetish	Follow	Friend	Factious	Fever
Fact(진정성)	Forge	Faith	Fidelity	Fulfill Function	Fair	Face to face		
Fire(에너지)	Fail	Flirt	Factory	Fossil Fuel Fade	Force			
Filter (선택편향)	Fatigue	False	Fraud	Forget	File	Fragile Fact		
Food(식량)	Feud	Friction	Flour	Ferment	Farm	Forest	Fruit	

Flow (몰입의 문화)	Focus	Flock	Full	Foot	Fiber			
Figure (외모의 중시)	Fine	Fit	Fat	Fair	Face	Fascinate	Feature	Form
Flip(빠른 격변)	Fad	Flexible	Feeble	Flirt				
Foreign(다문화)	Frontier	Fusion						
Freight (탄소발자국)	Fare	Fee	Fly	Fetch (재활용, 순환)				
Funeral (장례문화의 다양성)	Final	Fatal	Finish					
Festival(이벤트)	Fuss	Feast						
Flood(기상이변)	Furnace	Frost	Freeze					
Forever (지속가능성)	Fresh	Foster						

발명의 팁 TRIZ

애플 창업자 스티브 잡스는 "창의성은 연결시키는 것"이라는 말을 했다. 하지만 연결은 '트리즈(TRIZ)'가 제시한 40가지 발명 기법 중 하나일 뿐이다. TRIZ는 러시아 어로 Teoriya Reshniya Izobretatelskikh Zadatch의 이니셜이다. 이것을 영어로 번역하면 TIPS(Theory of Inventive Problem Solving)가 되는데, 이것을 해석해보면 '창의적 문제해결을 위한 이론'이다. TRIZ를 영어 이니셜로 바꾸기도 하는데, 이때 T는 Task(과제), R은 Reason Analysis(원인 분석), I는 Imagination(해결책 상상), Z는 Zap(재빠르게 해결하기)이다. 지금까지 얘기했듯 발명과 특허는 문제를 해결하거나 위기탈출 과정에서 생긴다. 동물도 인간도 생존을 위해 도구와 언어를 쓴다. 따라서 발명의 방법을 정리한 트리즈는 위기탈출과 문제해결의 족보라고 할 수 있다. 늘 나오는 시험문제가 있듯 모든 문제는 해결 방법에 유사성이 있다.

트리즈는 러시아의 겐리히 알츠슐러(Genrich Altshuller) 박사가 러시아 해군에서 특허심사를 하면서 특허 20만 건을 분석해 찾아낸 문제해결의 원리를 40가지로 정리한 것이다. 이후 특허 분석은 300만 가지로 더 늘어나기도 했지만 40가지면 충분하다. 40가지를 20가지로 요약하면 다음과 같다.

1. 분할과 분리, 추출(과부족 조치)

발명가는 단순화보다는 더 좋게 만들려고 한다. 그래서 분할과 분리로 기능을 단순화시키거나 2가지 다른 작동을 하는 제품으로 분리하는 단순화가 필요하다. 컨베이어 벨트는 분할과 결합을 적용하여 생긴 것이다. 분할이나 결합도 크게 보면 과부족 조치에 해당한다. 과부족 조치는 열과 에너지의 강도를 조절하는 것까지 포함한다.

2. 결합과 포개기(과부족 조치)

분할과 분리의 반대 개념으로 상황에 따라 조금 더 기능을 추가해본다. 약한 레이저 여러 개를 다른 각도로 암세포에 모이도록 쏘는 레이저 치료는 분할과 포개기가 합쳐서 개발된 치료법이다. 조선시대 제22대 왕 정조가 수원 화성에 갈 때 배를 묶은 다리를 만들어 한강을 건넜던 것도 결합 방법을 쓴 것이다. 러시아 인형이나 양파 같이 포개는 것은 로켓을 우주로 날려 보낼 때도 필요하다. 포개진 추진 장치는 단계별로 바깥쪽부터 사용한다.

3. 선행(반대)조치와 사전예방, 조기 진화

미래를 예측하여 준비하는 것으로, 1초 후에 있을 동작에 대비하여 응집력을 모으는 장치를 만드는 방식이 선행(반대)조치이다. 즉 악조건을 미리 상상해서 대비하는 개념이다. 비탈길에 미끄럼 방지 도로를 만드는 것과 도난 경보장치도 여기에 해당한다.

4. 국소적 성질과 다공성 재료

일부의 성질을 바꿔 큰 부분의 작동을 달라지게 한다. 안개 낀 날 안개등이 따로 있는 것도 이런 성질을 적용한 사례다. 다공성이란 물질 내부 또는 표면에 작은 빈틈과 같은 구멍이 많이 있는 성질을 말하는데, 이를 이용해 물에 뜨는 강한 구조를 만들 수 있다. 공기를 담은 기포가 여러 개 있으면 일부 주머니가 터져도 상관없다. 다수의 LED로 신호등을 만들면 3~4개의 전구가 망가져도 교통 혼란을 초래하지는 않는 것과 유사한 효과이다.

5. 압력과 구조물, 열팽창과 재료

온도 변화나 각종 물질의 압력과 열을 조절하면 기능과 성질도 바뀐다. 공기를 압축하여 총도 만들 수 있다. 에어백도 이 방식으로 만들어졌다.

6. 강화된 산화와 불활성 환경

화학적 반응의 강도를 세게 바꿔보고, 아예 산화를 막아본다.

7. 복합재료와 매개체

재료를 다양하게 사용하며 매개체를 찾아서 그 반응을 살핀다. 열을 물로 전달하는 것이 보일러이고, 돌로 전달하는 것이 온돌이다. 합금이나 자기장, 각종 유도제를 사용하면 에너지 효율이 좋아진다.

8. 상전이(相轉移)와 색 변형

물질의 상태와 색을 바꾸며 전이되는 속성을 바꿔본다. 잠시 고체인 얼음에 다른 물질을 넣어서 이용하면 된다. 물질이 투명하면 빛을 이용할 수 있으며, 열 흡수가 좋은 검정색을 이용하는 것도 좋은 방법이다. 염색체, 야광과 형광도 이와 같은 개념이다.

9. 유연한 막과 필름

경계의 성질을 바꾸면 소통이 달라지며 필터링이 바뀐다. 열에 강한 플라스틱으로 전구를 만들 수도 있다.

10. 동질성과 복제, 이질성

동질성을 조금씩 변화시키면서 복제된 것을 써본다. 약간의 차이에서 뭔가 얻게 된다. 복제된 것이 쌓이면 다른 성질이 되기도 한다. 세포막은 한쪽은 친수성, 또 한쪽은 소수성인데 동질성을 따르면서 막을 형성하여 생명체가 됐다.

11. 기계적 진동과 주기적 동작

스프링클러가 대표적 발명품이다. 소리와 진동은 주파수에 따라서 다양한 반응이 나오는데, 진동은 딱딱한 혼합물에 액체처럼 유동성을 준다. 석탄을 채굴할 때 물을 채우고 진동을 주면 석탄이 액체화되면서 채취가 쉬워지는 것과 같은 이치다. 진동이 초음파 극초단파로 주파수와 주기가 짧아질 수도 있다.

12. 차원과 속도 바꾸기, 역동성과 지속성

움직임을 2차원에서 3차원으로 바꾸거나 관절과 베어링을 이용하여 더 역동적으로 만든다. 베어링에 윤활유가 들어가면 회전의 지속성이 생긴다. 회전운동의 지속성을 이용하여 상하운동을 만드는 것은 지속성을 이용한 차원 바꾸기에 해당한다. 속도가 달라지면 관성의 법칙을 이용하거나 노출시간을 줄인다.

13. 다른 길 찾기와 위치 바꾸기, 반대로 해보기, 다용도

작동을 반대로 해본다. 미리 반대 상황을 상상한다. 움직이던 것을 고정시키고, 고정된 것을 움직여보거나 미리 유해한 반작용을 계산한다. 높이나 길이, 지름을 바꿔본다. 나쁜 방향성이 오히려 전화위복이 될 수 있다. 이 방식을 이용한 진공청소기는 선풍기를 반대로 해본 것이다. 진화에서 쏨뱅이와 짱뚱어가 지느러미를 발로도 사용하는 것은 다용도이다.

14. 셀프서비스와 피드백

좁은 영역과 넓은 영역의 상호작용을 감안한다. 움직이면서 청소를 동시에 한다거나 작동과 수리가 동시에 되는 방식이다.

15. 전화위복, 해로움을 이롭게
같은 파이프에 산성과 알칼리성 물질을 교대로 통과시키면 관이 막히지 않는다. 이런 일은 사람의 혈관에서도 일어난다.

16. 파라미터(매개변수, 인자) 변경, 비율 변화, 속성 변화
농도와 경도, 질적인 변화를 주거나 비율을 바꾼다. 매개가 되는 인자의 속성과 규모를 바꿔본다.

17. 폐기와 재생 그리고 일회용품
값싼 일회용품을 쓰거나 해체하고 녹여서 써본다. 전체 중 일부분만 일회용품을 써서 전체를 보호한다.

18. 기계적 상호작용 대체
작동 시스템을 바꾸거나 작동의 방향과 원동력의 위치를 바꾼다. 마찰열을 이용하거나 진동 에너지를 소리로 바꿔서 음악을 만들 수 있다.

19. 곡률의 변화, 구형화
직선을 곡선화하거나 반지름을 바꿔 원심력을 바꿔본다. 큰 원형 순환로로 비행장을 만드는 것도 곡률의 변화이다. 직경이 100m인 바퀴라면 보통의 직선 쇠파이프로도 전선처럼 감을 수 있다.

20. 비대칭과 균형 추

대칭을 비대칭으로, 비대칭을 대칭으로 바꾸며 추를 통해 무게를 바꿔본다. 추의 이동은 비대칭을 만드는 원리이다. 파도에 흔들리면서 스스로 발전하는 등부표도 평형추를 이용한 기술이다. 곡률의 변화도 비대칭과 유사하다. 직선 파이프를 곡률이 다른 롤러를 이용하여 아치형 곡선 파이프로 만들 수 있다.

이렇게 20가지로 줄여서 살펴봤지만, 이것도 결국 4가지 영역에 들어간다. 시간, 공간, 물질, 인간. 이 4가지 요소가 서로 섞여서 변화를 추구하는 것이 우주와 진화, 창의적 특허의 기본이다. 이 4가지가 섞이는 비율이 달라지면 20가지가 되고, 20가지를 더 나누면 40가지가 된다.

얼마 전 암세포를 좋아하는 박테리아를 이용한 표적 항암제가 개발됐다. 이제는 발명의 지평에 앞의 4가지에 미생물이라는 새 변수가 큰 영역을 차지하게 될 것이다. '나노(Nano) + 바이오(Bio) + 인포(Info) + 코그노(Cogno)'의 NBIC 융합에서 나노와 바이오는 미생물의 시대가 올 것을 예고하고 있다. 나노기술은 미생물의 크기에 맞는 보조적 기구를 만들 것이므로 미생물을 활용하는 법이 특허가 될 가능성이 활짝 열리게 된다.

　페니실린(Penicillin)을 발견한 알렉산더 플레밍(Alexander Fleming)은 연구실 창문이 깨져 있을 정도로 열악한 환경에서 연구했다. 어느 날, 그는 피곤해서 실험실 뒷정리를 평소처럼 하지 못하고 실험 용기 뚜껑을 열고 퇴근했다. 분명 열심히 연구하다가 피곤해서 생긴 일이었을 것이다. 뚜껑이 열린 틈으로 푸른곰팡이가 보였고 그 옆에는 세균이 없는 게 보였다. 그것을 본 그는 푸른곰팡이 속에서 페니실린이라는 위대한 항생제를 탄생시켰다. 플레밍보다 앞서서 안드레 그라티아와 사라 대스가 곰팡이에서 포도상구균을 죽이는 물질을 발견했다. 그리고 존 틴달도 플레밍보다 거의 40년이나 일찍 페니실린의 원리를 발견했다. 그들은 그것을 발견한 후, 논문으로 발표했지만 약품으로 만들어 사람을 질병에서 구할 생각은 하지 못했다. 그러나 플레밍은 그들이 하지 않았던 특허를 냈고 이기적이든 이타적이든 세상에 기여하면서 명예도 얻었다.

　전자레인지의 발명도 연구 중에 예상치 못한 결과로 탄생했다. 전쟁의 위협 속에서 레이더를 연구하던 퍼시 스펜서(Percy Spencer)는 보통 날씨에 녹아버린 주머니 속 초콜릿을 본 후 연구를 시작했다. 스펜서는 초콜릿 말고 다른 것도 녹거나 익을까 하는 생각에 옥수수를 가져와서 마그네트론(Magnetron) 앞에 두었다. 그러자 옥수수는 팝콘이 됐다. 이후 그는 계란찜도 만들었다. 음식물에 마이크로웨이브(Microwave)를 쬐어주면 음식물 안의 물이 활발하게 움직이면서 물 분자가 회전하고, 서로 충돌하여 생긴 마찰로 열이 발생하여 음식이 익는 것이다. 이렇게 완성된 계란찜은 바닥이 누룽지처럼 눌러 붙거나 타지도 않았다.

그는 전자레인지로 팝콘과 계란찜을 만든 최초의 인물이 되었다. 1950년에 특허가 난 전자레인지는 1975년에 가스 조리기구의 매출액을 뛰어넘었다. 초기와 달리 크기를 줄인 전자레인지는 엄청난 인기를 누렸다. 전자레인지를 발명한 스펜서는 공교육을 받지 못했지만 열정으로 연구원이 된 사람이었다. 연구소 교수는 그가 공교육을 받지 못한 것이 오히려 뛰어난 연구를 하게 했다고 말했다.

발명 & 특허 Story
MSG와 사카린

MSG(Monosodium Glutamate)는 도쿄 대학 화학과 조교수였던 이케다 기쿠나에(池田菊苗)의 노력으로 탄생했다. 당시 일본은 가다랑어포와 다시마로 맛을 내는 전통이 있었다. 이케다는 다시마 맛을 내는 물질을 만들겠다는 의지를 갖고 연구에 임했다. 처음에는 밀 속 단백질을 염산으로 분해해서 만들다가 이후에는 사탕수수를 발효시켜 오직 글루탐산만 빼내서 나트륨과 결합시켜 만들었다. 2014년 MSG를 많이 먹어도 인체에 해가 없다는 보도가 나오면서 MSG를 넣은 조미료는 다시 전성기를 노리고 있다. 그러나 두뇌에 다량의 글루탐산이 녹아 있으면 뉴런 (Neuron)이 과다 활성화되어 견디지 못한다. 따라서 정신적 장애나 치매 같은 인지장애 인자가 될 수 있다. 뉴런이 너무 강한 자극과 산소 부족으로 죽어버리기 때문이다. 모든 성분이 다 그렇듯 얼마나 먹느냐가 중요하다. 근육에 잘 저장되는 비타민 B6가 두뇌에서 신경전달물질 글루타메이트(Glutamate)의 부작용을 완화한다고 하니 운동을 해서 근육을 유지하는 것이 MSG로부터 두뇌를 보호하는 길이다.

만일 운동 부족이나 혈당과다로 혈관이 막혀서 산소 공급이 줄어들면 글루타메이트의 양이 많아져 뉴런이 괴사한다. 이런 국소빈혈(Ischemia) 현상을 예방하는 것 역시 운동이다.

사카린의 경우, 당뇨병 증상을 예방하거나 비만을 치료하면서 단맛을 느낄 수 있기에 유익한 측면도 많다. 사카린은 1879년 미국의 팔베르크(Constantine Fahlberg)가 처음 발견했으며, 이름은 '설탕'을 의미하는 라틴어 '사카룸(Saccharum)'에서 유래했다. 설탕보다 300배 강한 단맛을 지녔기에 소량으로 단맛을 낼 수 있다. 이 성분을 물에 잘 녹도록 수용성 사카린나트륨으로 만들어 상용화했다.

1970년대 캐나다에서 발암물질로 알려져 우리나라에서도 점점 사라졌다. 그러나 2000년 미국의 독성연구프로그램(NTP)은 사카린이 발암물질이 아니라고 발표했다. 사카린은 누명을 벗기는 했지만 유행이 지나버려서 다시 널리 보급될지는 미지수다.

사카린도 페니실린처럼 우연히 발견됐다. 팔베르크는 실험실에 걸려온 전화를 급히 받으려다 손가락이 입술에 닿았다. 단맛을 느낀 그는 어떤 합성물이 단맛을 나게 했는지 기존의 화합물을 확인해보았다. 뭔가 다른 물질을 만들려다 발견된 사카린의 근원은 톨루엔이었다. 그는 이 톨루엔을 이용해 사카린이라는 물질을 합성하는 데 성공했고, 한때 엄청난 히트상품이 됐다.

3
시장을 사로잡는
특허의 조건

01
장점을 만들어 경험하게 하라

입소문과 SNS

모든 제품과 음식, 서비스는 그 자체가 뛰어난 장점을 지녔을 때는 저절로 입소문이 난다. 입소문이 나면서 세월이 흐르면 브랜드가 된다. 브랜드가 되려면 이름을 정하는 것과 홍보에서 약간의 계획이 필요하다. 그러나 히트상품이든 전설이든 가장 중요한 것은 몸으로 느낄 수 있는 진정성이나 확실한 장점이다. 제품 디자이너나 발명가가 가장 기분 좋을 때는 자기 제품을 샀다며 자랑스러워하는 소비자를 볼 때다. 소비자들이 나서서 정말 좋은 제품이라고 인정해주니 얼마나 기쁜 일이겠는가.

요즘에는 좋은 제품에 대한 믿을 만한 평가를 인터넷과 SNS 상에 퍼뜨린다. 그것은 진실한 사업가의 제품이 브랜드화되는 기간을 상상하기 힘들 정도로 단축시켰다. 반면, 이미 형성된 브랜드가 자칫 실수를 하거

132

나 거짓을 말했을 때는 그 브랜드를 파괴하는 힘과 속도도 엄청 빨라졌다. 문제는 단 한 사람의 힘이 너무 강해졌다는 사실이다.

SNS가 얼마나 강한 효과가 있는지 확인할 수 있는 사례가 있다. 거대한 항공사를 웃음거리로 만든 한 작곡가의 이야기다. 미국의 유나이티드 항공사의 수하물 담당 직원이 부주의로 고객의 기타를 부쉈다. 고객은 다름 아닌 작곡가 데이브 캐롤(Dave Carroll)이었다. 그는 배상을 요구했고 항공사는 그것을 거부했다. 그러자 그는 〈유나이티드는 기타를 부순다(United Breaks Guitars)〉라는 노래를 만들어 뮤직비디오 시리즈를 유튜브에 올렸다. 조회 수가 늘면서 노래를 따라하는 사람들이 생겼고, 그는 언론에 인터뷰를 하기 시작했다. 한 사람의 작곡가로 인해 항공사는 주가가 급락하는 등 심각한 타격을 입었다.

SNS로 입소문이 나는 것은 누군가가 직접 경험을 했기에 가능하다. 요즘은 사용자가 자신의 경험을 자랑하듯 찍어서 유튜브에 동영상을 올린다. 그러면 사람들이 그 장면을 또 따라한다. 이렇게 원자폭탄처럼 폭발적으로 경험이 확산되므로 매력적인 제품이 나오면 홍보와 마케팅이 생략되면서 장점의 경험자가 많아진다. 이후에는 사용자들이 해당 기업을 좋아하게 되면서 더 좋아진 제품을 요구하는 등 고객의 충성도가 높은 브랜드가 된다. 이 과정의 속도가 매우 빠른 요즘에는 개인과 중소기업이라면 돈을 벌겠다는 마음보다는 인간의 욕구나 불편에 대해 깊은 공감대를 가진 후에 그 제품을 함께 즐기면서 개발, 발명, 특허출원을 해야 입소문의 위력을 누릴 수 있다.

선점효과로 만든 특허, 브랜드, 마케팅

특허가 필요 없는 사업도 선점효과로 브랜드를 만들면 같은 효과가 있다. 과일 스무디를 파는 카페 비스켓(Beesket)은 판매 방식을 독특하게 하여 고객들에게 색다른 체험을 선사했다. 비스켓에서는 다른 카페처럼 메뉴판을 보면서 주문하지 않고 작게 아이콘화된 6각형 과일 캡슐조각을 3개의 벌집이 합쳐진 모양의 컵에 3가지를 골라 넣고 점원에게 건네면 주문이 끝난다. 점원은 고객이 고른 3가지 과일을 섞어서 스무디 또는 요거트를 만들어준다. 사람들은 왜 비스켓에 열광하는 걸까? 그것은 과일을 직접 고른다는 자기결정성에 매력을 느끼기 때문이다. 또, 3가지 과일이 섞인 맛이 어떨지 설레는 마음으로 주문한 것을 기다린다. 과일 종류가 많아지면 조합수가 점점 더 많아진다. 여러 번 맛을 실험하던 사람들은 자기 체질과 입맛에 맞는 조합을 좋아하게 된다. 그리고 그 선호도는 충성도로 이어진다. 이처럼 고객의 주문 행동을 바꾸며 자기가 고른 맛에 기대감을 갖게 하는 방식은 특허가 탄생하는 스토리와 비슷하다. 단지 어떤 사업은 바로 브랜드가 되고, 어떤 사업은 특허를 가진 채 브랜드화된다.

게임을 하면 녹색지구를 만든다는 스토리로 '글로벌 소셜 벤처 대회'에서 3등을 한 트리플래닛도 이와 마찬가지다. 트리플래닛은 나무를 심는 게임에 기업 광고를 유치하고, 그 게임대로 실제 나무를 심는 사업모델로 국제적인 사회적 기업이 되고 있다. 트리플래닛은 군대에서 만난 두 젊은이가 기획하여 만든 기업이다. 김형수 대표는 고등학교 때부터 환경 다큐멘터리를 제작한 환경운동가이고, 정민철은 예술대에서 애니메이션을 공부했다. 그렇게 환경운동을 내용으로 한 애니메이션 게임이 만들어졌다. 스토리가 있는 브랜드는 그 스토리 자체가 지식재산권, 저작권 역할을 하면서 창의적 선점효과를 갖는다.

비스켓과 트리플래닛 사례를 통해 선점효과에 있어서 마케팅과 특허는 비슷한 면이 있음을 알 수 있다. 하나는 새로운 비즈니스 모델은 스토리 탄생 자체가 마케팅이 된다는 것이고, 또 다른 하나는 특허를 등록하는 것은 현장에서의 사업성에 쓸모가 있다는 점이다. 따라서 독창적 스토리는 특허와 유사하며, 스토리와 특허는 마케팅을 대신해주면서 브랜드 구축에 큰 힘을 실어준다.

이처럼 특허도, 마케팅도, 브랜드도 인간의 결핍과 필요, 공감에 호소한다. 단지 특허는 뼈가 있는 몸이라면 브랜드는 영혼이고, 마케팅은 호르몬이나 혈액이 만드는 정서, 감정이 만드는 문화이다. 우리 몸의 세포는 대부분 2달~2년이라는 시한부의 삶을 살고, 문화와 정서는 계속 변해간다. 그러나 영혼은 곧 희미해지거나 영원히 남는다.

신포도와 여우의 털

특허에 장점이 있더라도 사람들에게 너무 비싸게 굴면 '여우의 신포도'가 되어버린다. 아무도 그 특허를 사지 않고 오랜 시간이 흘러갈 수 있다. 요즘에는 특허의 값어치를 감정해주는 곳이 많아서 점점 신포도가 되는 특허는 줄어들고 있다. 그리고 특허의 경제적 가치보다는 특허의 혜택이 세상에 적용되게 하는 것이 진정한 가치가 될 것이다. 대부분의 특허는 20년의 효용성을 갖지 못하지만 어떤 제품이나 사업에 결정적인 영향을 주기도 한다.

　기업의 환경이 변하면 이름 없이 서류파일에 잠들어 있던 특허가 구세주로 등장하기도 한다. 특허의 속성은 '계명구도(鷄鳴狗盜)'라는 고사성어에 얽힌 일화와 비슷한 면이 있다.

　전국 시대 중엽, 제(齊)나라 맹상군(孟嘗君)은 설(薛) 땅의 영주가 되어 널리 인재를 모아 나라의 경영에 도움을 받았다. 인재마다 각각 다른 재능을 모아 특허경영을 한 셈이다. 수천 명에 이르는 그의 식객 중에 재주라고 말하기에는 부끄러운 '구도(狗盜)'라는 별명을 가진 사람이 있었다. 이름이 계명(鷄鳴)인 그는 개가죽을 둘러쓰고 좀도둑질을 잘 했으며, 닭 울음소리를 곧잘 흉내 냈다. 그는 문무에 뛰어난 식객들 속에서 별다른 존재감이 없었다. 파일에 잠들어 있는 특허와도 같은 처지였던 것이다.

　어느 날 맹상군은 왕의 요청으로 재상이 되기 위해 황궁에 가야 했다. 그때 맹상군은 식객들을 데리고 갔는데, 그것은 특허를 갖고 해외에 가는 것과 비슷하다. 그런데 왕은 신하들의 반대로 맹상군을 재상으로 임명하지 못한 채 돌려보내야 했다. 왕은 맹상군을 죽이면서 그 해프닝을 끝내려 했다. 그런 일을 예상한 맹상군은 왕의 애첩에게 무사히 돌아갈 방법을 물었다. 그녀는 여우의 겨드랑이 털로 만든 '호백구(狐白裘)'를 가져오면 알려주겠다고 했다. 그러나 호백구는 이미 왕에게 선물로 바쳤고 귀한 물건이라서 다시 구할 수도 없었다. 그런데 마침 도둑질을 잘하는 구도가 떠올랐다. 구도는 왕에게 바쳤던 호백구를 훔쳐서 왕의 애첩에게 주었고, 그녀는 맹상군을 무사히 돌려보낼 것을 왕에게 간청했다. 곧 맹상군은 궁 중을 빠져나왔다. 그러나 왕은 추격대를 보내 원래 계획대로 맹상군을 죽이려 했다. 한밤중에 맹상군 일행은 관문에 막혀 더 나아갈 수 없었다. 첫 닭이 울 때까지 관문은 열리지 않기 때문이다. 일행이 낙심하고 있는데 구도가 인가(人家)로 달려가 닭 울음소리를 내자 동네 닭들이 따라 울기 시작했다. 그러자 잠이 덜 깬 졸병들은 눈을 비비며 관문을 열었고, 맹상군 일행은 잽싸게 그 문을 지나 고향으로 달려갔다.

특허는 이야기에 나오는 계명구도와 같은 속성을 갖고 있다. 기업들이 망한 기업의 특허를 사 모으는 이유는 맹상군이 큰돈을 쓰면서 하찮게 보이는 식객까지 보살피는 것과 같다. 그의 식객들 중 누가, 어디에서 위기의 순간에 도움을 줄지 몰랐듯, 미래에는 어떤 특허가 회사를 위기에서 구할지 명확히 알 수 없다.

너의 장점을 시제품으로 보여줘

다양한 인재가 모인 대기업이 아닌 중소기업이나 개인은 아이디어가 좋아도 돈이 없고, 돈을 벌다보면 아이디어가 고갈되는 문제를 안고 살아간다. 기반이 없는 상태에서 돈을 벌다보면 자유롭게 생각할 시간이 제한된다. 직장인은 책 읽을 시간이 좀처럼 나지 않는다. 반면 아이디어를 떠올리기를 좋아하며 도서관에서 책만 읽는 발명가 후보는 꾸준히 돈을 벌수 없어서 가난하다. 그런데 이 가난한 사람들은 특허 아이디어를 떠올려도 당장 변리사에게 특허등록을 맡길 돈이 없다. 우여곡절을 겪고 착한 변리사를 만나 특허를 낸다 해도 등록까지 1년 이상이 걸린다. 등록 신청을 해두었다면 권리가 인정되므로 일단 특허품을 제품화하는 작업을 해야 한다. 시제품이 나오지 않은 단계에서는 제품을 종이로 보게 되는데, 종이 위의 도면만 있는 발명은 투자자들에게 여우의 입이 닿지 않는 신포도로 보인다. 시제품 제작은 제품을 만져보게 하는 스킨십 전략이다. 정치인 후보들이 끊임없이 악수를 하는 이유는 손으로 촉감을 느끼면 친밀도가 급격히 올라가기 때문이다. 정치인 후보들이 유권자의 마음을 사기 위해 악수를 하듯, 발명가들은 투자자나 기업이 제품을 쓰면서 만질 수 있도록 시제품을 만들 필요가 있다. 시제품이 나오지 않으면 앞에서 말한 사용자의 경험(UX, User Experience)이 생기지 않는다. 경험이 없으면 공감도가 떨어지고 특허가 성공할 거란 느낌도 강하게 받지 않는다. 따라서 발명대회나 시연, 기술평가는 시제품을 직접 보여주면서 한다. 특허는 시제품까지 만들어야 절반의 성공이라고 볼 수 있다.

잡지에 기고하기 위해 지구의 풍경이나 연예인을 찍는 사진가들은 자기 사진을 잘 이해하며 인화, 편집하는 잡지사 직원과 파트너가 된다. 디지털 사진이든, 필름 사진이든 특정 사진작가의 촬영 의도를 잘 살리는 직원이 따로 있다. 필름을 그대로 인화하는 것에서도 작가의 의도를 읽어야 좋은 사진이 나오듯, 시제품 업자들도 발명가의 의도를 잘 이해하는 사람을 만나야 사업화에 유리하다. 그러므로 문앤파트너스처럼 특허등록을 담당하는 변리사와, 경험이 풍부한 시제품 업자가 함께 일해야 시제품 제작이 발명가의 의도대로 나올 수 있다. 또는 더 멋지게 발전하여 이후 시연과 경험을 통해 투자자나 기업들도 투자와 특허매입에 더 쉽게 공감한다. 발명에서는 아이디어와 구조설계, 시제품 각 단계마다 경험자의 의견을 받아들이면서 진화하는 것이 확실한 장점을 갖추는 길이다.

자기가 개발할 제품이나 디자인, 사업 방식이 명확할 경우에는 경기지방중소기업청의 시제품제작터나 창조경제타운의 무료로 이용할 수 있는 셀프제작소(DIY)를 활용해도 된다. 그곳의 제작 전문가들이 도와줄 것이다. 최근 시제품 제작에 활용되기 시작한 3D 프린터의 보급으로 개인은 목업(Mock-up, 실물 크기의 모형)이나 금형 만드는 모델링 비용이 더욱 저렴해질 전망이다. 그러나 아직까지는 3D 프린터의 크기나 사용 재료에 제약이 있다는 것이 안타깝다.

02
성공하는 특허 전략은 따로 있다

실용적 발명과 비즈니스 모델 특허

페니실린을 플레밍보다 먼저 발견한 사람이 3명 있었지만 플레밍만이 그 실용성에 주목해 특허를 냈다. 이렇게 발견이나 발명에 실용성이 결합된 것이 특허이다. 어느 한곳에서 실용성이 있다 해도 장소를 옮기면 실용성이 사라지기도 한다. 특허의 이런 성격은 국제특허를 낼 때 매우 중요하다.

우리나라 발명가가 1,000만 원을 들여 미국특허등록을 했는데, 미국에서는 전혀 실용적이지 않았다. 그 특허는 공무원들이 건물과 간판의 이미지를 3차원으로 화면에 띄워보면서 옥외 광고물을 온라인상에서 관리할 수 있게 해주는 관리 시스템이었다. 우리나라에서 신도시를 중심으로 간판 디자인을 지나치게 튀지 않도록 규제가 시작됐을 때, 기존 도시에서는 난잡한 간판을 보조금을 주면서 바꾸는 정책이 생겼다. 이 과정에 참여했던 발명가는 세계 어느 도시라도 그런 문제가 있을 거라고 생각했다. 그런데 그는 미국과 유럽은 도시의 건설부터 건물 색깔이나 옥외광고물에 대해 철저한 가이드라인이 있다는 것을 간과했다. 미국은 서울이나 홍콩, 동경, 북경과는 상황이 달랐다. 공무원이 보조금을 주면서 직접 출장을 갈 인력이 부족한 것은 우리나라 수도권 인근에서나 있는 일이었다. 그러니까 옥외 광고물 관리 시스템은 우리나라의 수도권에서 한시적으로 통용된 후에는 효용이 사라질 지식재산이었다. 이 경우에서 보듯 특허는 그 실용성이 지역별로 달라진다는 것을 명심해야 한다. 다른 나라도 우리와 상황이 비슷할 것이라 생각하고 해외 특허등록을 하면 등록비만 날릴 수 있다. 이런 문제는 현장 경험이 부족해서 생기곤 한다.

실용적인 발명을 통해 특허등록을 하는 방법도 있지만, 인터넷이 실용화되면서 새롭게 등장한 비즈니스 모델 특허를 활용하는 것도 좋다. 일명 e-비즈 특허로 알려진 BM(Business Model)특허는 인터넷의 실용성이 높아지면서 생긴 것이다. 사회에서는 기술적 특허가 아닌 어떤 사업모델이 특허가 되기 어렵지만 온라인은 이미 전 세계가 하나인 상황이므로 특허가 꼭 필요하다. 그러나 온라인은 복제가 쉬운 공간이라는 단점이 있다. 그래서 새 온라인 비즈니스 아이디어를 아무나 따라하면 먼저 생각한 사람은 자기 이익을 전혀 챙기지 못할 수 있다. 이런 단점을 극복하기 위해 BM특허는 영업방법이 기술적 창작은 아니지만 인터넷, 통신, 컴퓨터 기술을 기초로 영업을 한다면 산업상 유용한 기술이기 때문에 특허 대상이 된다는 취지로 로열티(Royalty)를 도입했다. IBM의 경우 하루에 10건 정도의 BM특허를 내고 있다. 보통의 시장에서는 BM특허를 받은 영업 방법을 따라해도 되지만 인터넷에서는 따라하려면 로열티를 내야 한다. 이 점을 이용해 BM특허만 가지고 사업을 하는 벤처기업도 생겼다. 장사하는 방법은 따라할 수 없는 무서운 특허이므로 선점효과가 막강한 분야이다. 그런 점에서 아이폰이 우리나라에 들어오지 못하게 모바일 쇄국정책을 썼던 기업과 정부의 실책은 두고두고 원망의 대상이 될 것이다. 국내 통신사들의 이득에만 도움이 되었을 뿐 장기적으로 우리나라에서 나올 수 있었던 모바일 BM특허의 선점을 놓쳤기 때문이다. 인터넷 업계에서 2년 반은 다른 업계에서의 20년이란 시간과 비슷하다. 따라서 스마트폰의 국내 상용화가 늦어지게 한 정부의 정책은 흥선대원군이 쇄국정책을 썼던 시간이 나라에 준 피해에 맞먹는 손해를 남길 것이다. 인터넷 업계에서의 BM특허는 사막의 오아시스와 같다. 컴퓨터와 스마트폰이 아무리 진화를 해도 장사 방식은 매우 천천히 변하기 때문이다.

흥선대원군은 당시 조선이 외국 세력에 착취만 당하게 될 처지가 되자 외국 문물을 막았다. 하지만 정부가 스마트폰의 국내 유입을 막은 이유는 소수의 이익을 위해서 경제적 활용 준비가 잘 되어 있던 시간을 소모적으로 날려버린 조치였다. 그러므로 쇄국정책을 들어 비유하긴 했지만 두 사안은 근본적으로 큰 차이가 있긴 하다.

특허분석 후에 R&D하라

특허를 분석하면 기업의 주가가 성장할지 망할지를 전망할 수 있다. 로열티를 많이 받고, 유효기간이 충분히 남은 특허를 가진 기업은 성장 가능성이 크다. 기업을 시작하려는 사람도 사업하려는 방향에 필요한 특허를 분석하면 아무리 보기 좋고 먹기 좋은 음식이라도 자신이 그 사업을 잡았을 때 소화가 가능한지, 벅찬 일인지를 생각해볼 수 있다. 지금은 특허청이 제공하는 특허정보분석시스템(Patent Information Analysis System)이나 특허분석평가시스템(SMART3), 특허지도(Patent Map)를 봐도 특허분석이 가능하다. 그리고 원하는 분야의 특허를 분석해주는 전문가들도 많다.

전망이 좋은 분야인지 아닌지에 대해서는 관련 분야에서 등록되는 특허 수를 보면 알 수 있다. 등록되는 특허 수가 늘어난다면 그 시장은 확대되는 중이며, 아직 큰 가치가 있는 원천기술이 남아 있을 수 있다. 반대로 특허 등록 수가 점점 줄어든다면 돈이 되는 특허 확률도 낮아지기 때문에 진입할 만한 시장이 아니라는 증거다. 특히 어떤 기업이 특허괴물 회사에 의한 소송이 늘어난다면 그 회사는 성장의 정점을 찍고 기울어지는 시점으로 볼 수 있다. 특허괴물은 늘 공격하려는 기업이 잘나가고 있을 때 특허침해 보상금을 받으려 한다. 특허괴물과 소송이 일어난다는 것은 해당 제품의 시장이 커지다보니 곧 포화상태에 이르러 사양길로 들어선다는 힌트이다. 특허괴물은 경제적 성과가 정점에 이른 제품의 특허침해를 찾아서 공격한다. 그래야 기업이 적극적으로 대항을 하면서 소송비와 특허침해 손해배상금을 충분히 받을 수 있기 때문이다.

요즘에는 어느 분야든 이미 등록된 특허가 너무 많고 성장하는 분야일수록 매일 새로운 특허가 기업의 앞길을 가로막는다. 그래서 특허도 분석해야 할 양이 너무나 많은 빅 데이터(Big Data)가 되어버렸다. 온라인으로 분석할 수 있는 서비스가 있더라도 관련 특허 전부를 둘러본다는 것은 시간적으로 마이너스이며, 초보자는 특허정보의 필터링(Filtering)을 어떻게 해야 하는지 막막해진다. 따라서 특허분석에서도 샘플을 잘 골라 미래로 가는 길목에 전시하는 큐레이션(Curation) 능력이 점점 중요해지고 있다.

대기업이든 중소기업이든 역량을 집중할 분야를 선택하기 전에 자신이 그 분야의 특허를 확보하며 특허경영을 할 수 있는지를 진단해본 후에 R & D와 투자를 결정해야 한다. 자체적으로 분석할 직원이 없다면 관련 분야 특허를 다루는 변리사에게 자문을 구하며 기업의 진로를 정해야 한다. 특허분석 없이 연구개발에 투자하면 연구비를 날리는 동시에 특허침해에 대한 손해배상을 하다가 사업이 망하거나 거액의 빚을 질 수 있다. 지금은 어느 정도 성공한 기업이 쓰고 있는 디자인이나 특허가 기존 특허를 침해하고 있는지 집요하게 연구하여 수익을 올리는 특허괴물 회사들이 더 많아지고 있음을 알아야 한다. 흔히 '키워서 잡아먹는다'는 말처럼 특허괴물은 살이 통통하게 오른 기업을 공격해야 이익도 크다는 걸 잘 알고 있다. 예전에는 부모님에게 물려받은 사업이기 때문에, 또는 돈이 모이는 사업이기 때문에 뛰어드는 사업가나 투자자들이 많았다. 그러나 지금은 사업가라면 그 분야에서 특허를 낼 수 있는지부터 알아봐야 하고, 투자자는 원천특허나 유효특허가 있는지를 보고 투자해야 한다. 이제는 사업가도, 투자자도 특허를 분석해야 안전한 시대다.

특허 독점권을 20년으로 볼 때, 실용적 특허는 시장에서 5년이나 10년 내에 사용될 가능성이 있어야 한다. 5년이나 10년을 내다볼 수 있는 것이라면 실용적 특허로 볼 수 있다. 그러나 원천특허의 경우, 10년 이상을 내다보고 투자를 해야 미래를 대비하는 강력한 특허를 잡을 수 있다. 새로 발명한 약의 경우, 연구에서 출시까지 평균 10년 정도 걸리며, GPS(Global Positioning System) 기술은 무려 15년이 투자되었다. 투자 여력에 따라 중소기업과 대기업의 특허전략은 달라진다. 중소기업이 대기업으로 올라서기 위해서는 10년을 내다보는 과감한 특허개발이나 특허구매 없이는 불가능하다. 5년 정도를 준비하지 않는 기업은 거의 없기 때문이다.

특허경영 없이 성공도 없다

특허경영이 활성화되면 그 기업은 경쟁사에 비해 가격경쟁에서 자유롭게 된다. 일정기간 어떤 기술이나 제품의 가격을 경쟁 없이 결정하므로 자율적인 경영과 안정된 수익을 만들 수 있다. 게다가 개발된 특허가 자사의 업무와 연관성이 없다면 기술이전으로 부수입도 올릴 수 있다. 그리고 특허는 그 자체가 진보성이 있어야 등록되므로 가격을 낮춰 넓은 시장에 나가면 대부분 필요한 사람을 만나게 된다. 이 때문에 요즘엔 특허권 매매가 활발해지면서 특허가 사장되는 확률은 점차 줄어들고 있다.

특허경영의 관점에서 보면 삼성전자도 스마트폰만으로는 현재의 매출을 유지할 수 없다. 그 이유는 스마트폰 이후의 플랫폼이 곧 등장하기 때문이다. 스마트폰 이후의 플랫폼은 모든 사물에 인터넷과 센서가 달린 세상을 기반으로 만들어진다. 그래서 삼성은 최근 구글, 시스코와 손을 잡았다. 플랫폼이 중요해지는 경제에서 특허경영이 없는 제조업 위주의 기업은 늘 풍전등화의 위기에 처해 있다. 그래서 특허의 확보는 기업의 보험이며 보호막이다.

1990년대의 IT는 PC통신이었다. 2000년의 IT는 인터넷이 됐다. 그리고 10년 후 2010년부터는 모바일 스마트폰이 IT의 플랫폼이 됐다. 대략 10년 주기로 IT 시대가 바뀔 때마다 하드웨어와 소프트웨어 운영체제가 바뀌어왔다. 이제 2020년이 오기 전에 등장할 새로운 IT는 사물인터넷(Internet of Things)을 기반으로 돌아가면서 진짜 유비쿼터스 세상이 열릴 것이다. 1989년 마크 와이저(Mark Weiser)는 유비쿼터스 컴퓨팅(Ubiquotous Computing)이 제3의 정보혁명을 일으킬 것이라고 주장했다. 드디어 20년이 흐른 후, 사물인터넷 또는 사물지능통신(M2M, Machine to Machine)이라는 이름으로 마크 와이저의 예상은 현실이 되고 있다. 몇몇 예상되는 변화를 미리 알아보자.

신발에 달린 센서는 각기 다른 산에 간 친구가 서로 쉬는지 걷는지, 혈압과 심박이 어떤지를 선글라스에 컬러로 보여준다. 각기 다른 산을 등산하면서도 격려와 경쟁이 가능하다. 변기에 달린 센서는 내 몸의 호르몬 변화를 인식하면서 출근길 어느 식당 유리창에 점심 메뉴를 추천해준다. 메뉴를 결정하기 전에 폰이나 안경, 건물 벽을 통해서 부족한 미네랄이 들어 있는 야채와 그 야채를 가장 신선하게 기르는 농장과 연계된 식당을 추천해준다. 거실 체중계에 있던 센서는 내 몸무게는 물론 발에서 나온 땀을 분석하여 주치의인 인공지능과 단골 식당의 인공지능 요리사에게 보낸다. 인공지능은 "회사에 걸어가세요" 하고 말하고, 단골 식당에서는 나를 위한 재료를 준비하여 점심예약을 권유한다. 이런 인공지능 비서 기능은 애플에서도 '시리(Siri)'라는 이름으로 음성인식 대화를 시도하고 있다. 시리는 영화 〈아이로봇〉에 나오는 비키와 비슷한 유비쿼터스 인공지능 비서가 될 것이다. 출근길에 식당 유리창에 뜬 메뉴를 보며 고개를 저으니 인공지능은 추천한 식당에 갈 시간이 없다고 인식한다. 이제는 회사 내 식당이나 매점에서 내게 맞는 영양제가 준비된다. 유기조직 분말로 된 영양제가 주치의의 인공지능과 연결된 3D 프린터에 의해 만들어져 있다. 이런 식으로 개인의 건강과 생활습관은 빅 데이터로 쌓이게 되며, 어디로 출장을 가도 세계 곳곳의 인공지능과 연결된다. 세계 어느 나라를 가도 모든 식당과 병원, 약국에서 가장 적합한 서비스가 즉각 준비되는 것이다.

이렇게 미래의 생활을 상상해보는 일은 특허경영의 습관 중 가장 중요한 일일지도 모른다. 그리고 창조화력 발전소인 아이들과의 대화에서도 미래와 과학적 상상은 중요하다.

이제 우리나라의 교육제도는 미쳤다는 소리를 들을 정도로 창의적이고 융합적으로 바뀌어야 한다. 초등학교에서도 특허경영을 도입해야 한다. 영국의 경우, 박사들이 초등학생들과 함께 과학논문을 쓰기도 한다. 미흡하지만 우리도 중·고등학교에서 시범적으로 학생 주도형 연구방식의 수업이 확대되고 있다. 전남과학고에서는 전통적으로 닭과 토끼를 함께 키우던 관습을 분석한 결과, 닭과 토끼를 함께 키우면 둘 다 건강해지는 효과가 있음을 알아냈다. 태평농법에서는 잡초와 곡식을 함께 키우기도 한다. 과일도 한 지역에 다양하게 있을 때 병충해가 적다. 동물이든 식물이든 서로의 궁합을 이용하면 병충해를 줄일 수 있다. 이처럼 국내 중·고등학교에서 시행하고 있는 학생 주도형 연구방식 수업이 늘고 있으며, 그로 인한 연구가 활발해지고 있다.

학교명	연구 주제
경원고	지층과 원자력 안전에 대한 연구
충주고	폐식용유로 친환경접착제를 만들어 새집증후군을 줄이는 연구
보평고	동물 의족 연구
부산과학고	기후변화 대비 식물공장
창원여고	아로마 테라피와 학습능력의 관계 연구
미양고	생체 모방 나노구조 연구
효양고	나무 보호를 위한 비목재 종이 연구
반포고	엽록소의 광합성 작용 연구로 태양전지의 효율성을 높이기 위한 연구
창원과학고	폼의 구조와 단열효과 연구, 스마트폰의 네트워크를 활용한 연구소
마포고	뇌파 측정으로 인터넷 중독 정도를 구별하는 장치 연구
서울과학고	LED조명 파장과 식물의 성장 연구

학교든, 기업이든, 가정이든 이제 특허경영이 주요 경쟁력이 될 것이다. 10세 전후의 아이들에게도 학교가 산학협력으로 특허경영을 해야 한다. 이 무렵이 과학에 가장 관심이 커지는 나이이기 때문이다. 미국에는 11세 학생이 만든 발명품도 있으며, 글로벌 가구회사 이케아(Ikea)는 10대 후반의 청소년이 창업했다. TED 강연에서 아이들을 기업가로 키우자고 강연한 카메론 헤럴드(Cameron Herold)는 기업가를 키우는 조기교육이 가능하다고 말했다. 그는 7세 때 처음으로 사업을 했다. 그것은 세탁소에 전화를 걸어서 옷걸이를 파는 일이었다. 그는 이웃집을 방문해서 1,000개 정도의 옷걸이를 모아서 팔았다고 한다. 10세 때는 용돈이 필요한 아이들에게 만화책을 사서 부유한 아이들에게 비싸게 팔아 이윤을 남겼다. 그는 사업가로서 자기 자녀들을 자신이 성장한 그대로 키우고 있

다. 정기적으로 용돈을 주기보다 일을 찾아서 일감을 주고, 동화책을 읽어주기도 하지만 아이들 스스로 이야기를 지어서 주변에 들려줄 수 있는 기회를 준다. 돈에서도, 콘텐츠에서도 프로슈머(Prosumer)로 교육하는 것이다. 어려서부터 돈이든 이야기든 생산과 소비를 동시에 하도록 가르쳐야 좋다. 이처럼 아이를 프로슈머로 키우는 교육이 특허경영 교육으로 가장 대표적이다.

4가지 우문현답

'우문현답(愚問賢答)'을 건배사로 쓰는 어느 CEO가 있다. "우문!"이라는 선창에 "현답!"을 외치는데, 그 뜻을 들어보니 '우리의 문제는 현장에 답이 있다'였다. 현장에 답이 있기 때문에 그 CEO는 현장에 자주 가는 것으로 유명하다. 현장에 답이 있다는 생각은 필자가 발명가들을 만날 때도 늘 하는 것이다. 발명가들은 현장에서 불편함을 직접 경험한 사람이라는 공통점이 있다. 딸이 많은 의사가 더 좋은 생리대를 개발하고, 아이를 키우는 엄마가 움직이는 모빌을 만들고, 살림 하는 주부가 스팀청소기를 만든다. 아이가 어릴 때 동화책을 직접 그려줬던 이중섭 화백도 마찬가지예다. 늘 현장에서 함께 하다보면 남들은 문제로 보지 않는 현상이나 서비스에 민감해지면서 문제점이 있다고 느낀다. 현장에 있는 자들은 자신의 손발이 힘들어지면 두뇌가 저절로 그 문제에 민감하게 관심을 갖게 된다. 현장의 문제는 손발이 고생하는 사람이나, 그들을 세심하게 관찰하는 사람에 의해 특허가 된다. 말단 직원에서부터 CEO로 승진한 사람이 운영하는 회사는 쉽게 망하지 않는다. CEO가 현장 감각을 기억하고 늘 말단과 소통하는 통로를 유지하기 때문이다. 손발이 고생하면서 여러 가지 문제를 관찰했던 관찰력과 배려심이 시장과 고객에게 필요한 아이디어가 된다. 현장의 아이디어가 성공적인 발명이 되는 공식은 다음과 같다. 예전에는 1~2가지 조건으로도 좋은 발명이 나오고 좋은 연구를 할 수 있었지만 요즘에는 이 4가지를 동시에 생각해야 성공적인 발명과 특허가 나온다.

Pleasure + Problem + People+ Platform ▶ Productivity

먼저 'Pleasure'에 대해 이야기해보자. 사람들은 누구나 쾌적하고 즐거운 삶을 원한다. 그러나 기업 환경이 변하면서 문제가 생긴다. 여기서 '문제'를 영어로 'Problem'이라고 하는데, 모든 변화의 문제는 혼자만의 문제가 아님을 알게 된다. 해결도 혼자서는 어렵다. 혼자서 해결이 가능하다면 문제도 아닐 것이다. 개인의 가난을 발명으로 해결하려 해도 그것이 필요한 고객이 발명품을 찾아야 한다. 문제를 해결하기 위해 상담하고 협력할 '사람', 'People'을 만나야 한다. 그리고 자신과 사람들의 문제를 해결하기 위해서는 기존의 조직이나 절차를 바꿔야 한다. 또는 주변 환경을 우호적으로 만들거나 다른 곳으로 떠나고, 시장을 찾거나 새로운 시장을 만들 필요가 있다. 회사 조직, 사무실 배치를 바꾸거나 사무 절차를 바꾸는 것도 발명의 일종이다. 아이디어가 생산성을 갖기 위해 더 많은 사람들의 힘이 필요하다면 연대와 광고, 홍보도 필요하다. 연대하고 반응하는 사람들의 생태계가 만들어지는 것이다. 생태계 내에서 활동과 판매의 터전을 염두에 둬야 마케팅과 홍보 환경까지 생각하는 효과적 아이디어와 생산적 발명이 가능해진다. 어떤 문제를 해결하려다 인터넷이라는 'Platform'이 만들어지기도 하고, 휴대폰이라는 플랫폼을 만들고보니 부족한 앱을 채우게 된다. 오늘날의 발명은 이 4가지 현장성을 동시에 모두 충족시켜야 '생산성(Productivity)'에 이를 수 있다.

03
정치도 사업도 특허전쟁터

선거공약도 상표권 등록이다

모든 선거에서 공약의 선점은 기업의 특허권 선점과 비슷한 효과를 가져온다. 지난 대선에서 여당이 대통령을 배출하게 했던 결정적 공약이 있다. 여당은 슬로건과 키워드, 이미지의 선점에서부터 야당 표를 삼켰다. '경제민주화'와 '복지', '빨간색'은 전통적으로 야당과 진보당의 핵심 공약이고 대표적인 상징이었다. 그런데 눈치 빠른 누군가가 여당 후보의 입에서 그 두 단어가 먼저 나오게 했고, 빨간색 옷을 입도록 작전을 짰다. 로고도 빨간색으로 만들었다. 대선 이후 경제민주화와 복지가 얼마나 잘 이뤄지고 있는지 모르겠으나, 야당은 급박한 선거전에서 가장 중요한 상표권과 트레이드 드레스(Trade Dress, 신지적재산권의 한 분야로, 색채 · 크기 · 모양 등 고유 이미지를 형성하는 무형의 요소)를 뺏긴 꼴이 됐다. 영업비밀과 디자인을 뺏긴 것이다. 영업비밀과 전통적 지식, 트레이드 드레스와 초상권은 특허법에서 신지식재산권에 해당한다. 유명인의 초상권과 목소리, 이미지, 이름과 별명은 '퍼블리시티권(The Right of Publicity)'이라고 한다. 앞으로도 정치권은 신지식재산권의 선점에 의해 상당한 영향을 받을 것이다. 정치도 예외 없이 특허법 안에서 경쟁을 하고 있는 것이다.

공약 연구는 여러 연구소나 정책연구원에서 하고 있다. 정당과 정치인은 연구자의 의견을 모아서 광고카피를 뽑듯 슬로건을 정한다. 이때 새 용어의 조립이나 새 기구의 이름을 정하는 일은 상표를 등록하는 것과 비슷해서 누군가가 먼저 쓰면 따라하지 못한다. 따라하면 소신 없는 정치인이라는 말을 듣기 때문이다. 예를 들어 누군가가 대구시를 '창조아트시티'로 바꾸자고 하면 그 정치인은 '창조아트'라는 콘셉트를 섬유산업의 메카였던 과거의 이미지와 순식간에 결합하게 된다. 화려한 섬유와 '창조아트'라는 이미지가 사람들에게 각인되면 그 정치인은 과거 섬유산업이 꽃피던 시절처럼 대구를 화려하게 부활시킬 메시아로 보이게 된다. 이제 다른 정치인은 '창조'나 '아트'라는 콘셉트를 대구시와 묶을 기회를 상실하게 된다. 그래서 비슷한 조건의 다른 후보가 '시민행복도시'나 '아름다운 복지동산 대구'라는 구호를 외쳐봐야 시민들의 머리에 꽃무늬 비단 같은 이미지로 다가가기가 힘들다. 오히려 다른 시도에서 공약을 빌려 쓰는 주관 없는 후보라는 이미지를 얻게 된다. 또 다른 예로 '무상급식'을 외쳤던 교육감이 '무상버스'를 외치며 경기도지사로 나온다면 '무상'이라는 상표권을 지키려는 노력으로 볼 수 있다. 이렇게 구호나 이미지를 각인시키는 전략은 광고나 예술창작물에도 적용된다.

시나 사진, 그림은 창작과 동시에 저작권이 주어진다. 이후 비슷한 저작물이 나오면 표절이라는 오명을 쓰면서 '영혼 없는 예술가'에 '아류'나 '삼류'로 불리고, 한번 이런 일이 생기면 그 작가는 주류 예술계에서 매장당하고 만다. 그래서 예술의 역사는 최초의 역사이며, 처음으로 이상한 짓을 한 외인구단이 승리한 역사이다. 마르셀 뒤샹이 변기를 미술관에 전시한 것은 미술계에서 가장 놀랍고 유명한 이단과 일탈의 기록이다. 그리고 백남준이 TV 모니터로 조각을 한 것도, 잭슨 폴락(Jackson Pollock)이 물감을 뿌리면서 그림을 완성한 것도, 최초였기에 대부분의 미술교과서에 기록된 것이다.

지금은 예술도, 정치도, 사업도 특허전쟁이 보편화된 시대다. 모 카피라이터가 서울시에 '두근두근 한강' 또는 '두근두근 서울'이라는 슬로건을 권했다고 가정해보자. 그런데 얼마 후 이 구호를 삼성이 먼저 사용했다. 카피라이터와 서울시는 삼성에 어떤 정보도 주지 않았다고 한다. 그러나 그 슬로건은 먼저 사용한 삼성에게 상표권이 있다. '두근두근 삼성'처럼 두 단어가 결합한 것도 상표권이 되기 때문이다. 김소월의 시 〈진달래 꽃〉에 나오는 '사뿐히 즈려밟고'는 저작권의 보호를 받고, '두근두근 삼성'은 상표권의 보호를 받는다. 이처럼 우리가 쓰는 말조차 단지 2~3단어의 조합으로도 지식재산이 된다. 이 책의 문장도 저작권의 보호를 받는다. 이 우주 자체가 정보로 이뤄졌다고 주장하는 물리학자들의 생각대로라면 이 우주의 모든 것이 지식재산으로 이뤄졌다고 볼 수 있다. 그러니 지식재산의 시대는 어쩌면 예정된 미래인지도 모른다.

특허전쟁의 시대

애플과 삼성의 소송은 3차 세계대전으로 불린다. 사실 이 소송전은 미국 내 제2의 남북전쟁으로 볼 수 있다. 애플 아이폰의 운영체제와 구글식 안드로이드 운영체제 간의 전쟁이기 때문이다. 애플은 삼성과 싸우고 있지만 근본적으로는 구글 운영체제의 힘을 약화시키기 위한 것이다. 이는 기축통화(국제적 결제나 금융 거래의 기본이 되는 화폐)를 두고 달러와 유로화가 경쟁하는 것과 비슷하다. 원천기술에서 약자인 삼성은 애플과 구글의 전쟁에서 용병으로 대리전을 하고 있는 셈이다.

이 전쟁에서 가장 놀라운 점은 삼성의 전투복이 애플의 옷과 비슷하니 표절을 했다며 시비를 건 사실이다. 애플은 삼성을 카피캣으로 몰고 미국 법원이 트레이드 드레스를 애플의 지식재산으로 인정했다는 점은 매우 특이하면서도 무서운 일이다. 쉽게 말해서 미국에 물건을 팔기 위해서는 앞으로 다른 옷을 입으라는 뜻이다. 스마트폰 기술이든, 망치든 현재의 외형과 디자인을 따르는 이유가 인간이라는 종의 특성에 따른 편의성 때문인데, 디자인 후발주자인 기업으로서는 제조부터 판매까지 모든 과정에서 발목이 잡히는 무서운 일이다. 즉 선진기업이 제품의 디자인적 외형과 용법을 인간에게 최적으로 맞춰 시장을 선점했을 경우, 후발주자는 더 불편한 옷을 입혀서 시장에 내놓으라는 말이다. 그리고 아무리 기술적으로 회피설계가 가능하더라도 외형 자체가 인간 편의적 디자인에 접근이 차단되기 때문에 근본적으로 경쟁력이 약해진다. 디자인 전통이 강한 애플에게 너무나 유리한 판결이다. 그러나 이 판결은 배심원단과 판사들이 미국인이라기보다는 누구나 휴대폰 속의 기술보다는 외형과 디자인을 먼저 인식하기 때문에 어쩔 수 없는 결정이었을 것이다. 디자인을 먼저 인식하는 인간적인 면이 삼성에게 불리하게 작용한 것이다.

애플과 삼성의 특허전쟁을 경험 삼아 가장 먼저 알아둬야 할 것은 앞으로의 특허전쟁에서 디자인권이 점점 더 강하게 보호된다는 사실이다. 디자인이 기술보다 더 중요해지는 흐름은 자동차 판매에서 이미 오래전부터 있었던 일이며, 이제 전 분야에서 그런 현상이 나타날 것이다. 제품이 나오기 전부터 인간 친화적이면서 미래학적 요소를 고려한 디자인의 예술적 가치가 원천기술만큼 중요해지고 있다. 이제는 남을 따라가며 조금씩 변화를 주는 혁신은 기술도, 디자인도 그 모방의 대가를 비싸게 지불해야 된다. 그러므로 개인이든, 국가든 창조혁신형 지식재산을 더 많이 확보하는 것이 특허전쟁에서 이기는 길이다. 우리나라의 개인과 기업 모두 발 빠른 모방추격형(Fast Follower)에서 최초의 창조혁신형(First Mover)이 돼야 새로운 시대의 경쟁력인 창조적 경쟁력을 갖게 되며 강력한 특허의 주인이 될 것이다.

얼마 전 카이스트 연구팀에서 실내 위치인식 시스템을 개발했다. 이 연구는 어느 정부출연연구소에서도 동시에 개발을 해왔는데, 카이스트 연구팀이 먼저 성공했다. 당시 카이스트 연구팀은 5억 원, 정부출연연구소는 60억 원 정도를 투자했었다. 이 내용이 언론에 보도됨으로써 감사원은 이 연구에 대한 감사를 진행하지 않을 수 없었다. 이후 정부 지원으로 연구하던 팀은 해산됐다. 이처럼 특허전쟁은 오래전 인류가 전쟁에서 이기면 모든 것을 독식하던 모습을 닮았다. 즉 식량이나 자원을 구하려는 전쟁에서 지식재산을 선점하거나 지키려는 전쟁의 시대이며, 국내에서든 국제적으로든 이제 특허전쟁은 생존경쟁이다.

특허를 보호하는 정치

국가가 실패하는 원인이 뭐냐고 묻는다면 당신은 뭐라고 답하겠는가? 답은 바로 제도와 패러다임에서 찾을 수 있다. 도전을 권장하는 개방적이고 포용적인 제도가 없다면 국가는 실패한다. 경제적 성장이 모방추격형일 때는 실수와 실패를 줄이는 방식의 제도가 효율성을 담보했지만, 창조혁신형으로 바뀌면 태생적으로 도전, 실수, 실패를 함께 끌어안는 제도가 필요하다.

이제 국가의 번영은 도전하는 젊은이에게 달려 있다. 우리나라 젊은이들을 대상으로 한 조사에 의하면 60%가 공무원, 30%가 대기업에 취업하길 희망하고 있다고 한다. 7%가 생계형 창업을 구상하고 있으며, 불과 2~3%만이 벤처 창업을 희망하고 있다. 이런 상황에서는 창조혁신형 지식재산 강국으로 바뀔 수 없다. 모방추격형 기술 경쟁에서는 중국에 뒤질 것이고, 창조혁신에서는 미국에 뒤질 것이다. 도전적 창의성에서 멀어지는 젊은 두뇌들이 창업실험과 특허 연구에 관심을 갖게 하는 당근을 우선 제시해야 한다.

창조력(Creativity)이 자라기 위한 3C 조건이란 것이 있다. 먼저 Curiosity로, '호기심'이 있어야 한다. 이 호기심은 '인간성'을 뜻하는 Character와 조화를 이뤄야 협력을 이끌어 더욱 혁신적인 창의성을 만들 수 있다. 그런데 호기심과 인간성까지 두루 갖춘 인재들도 그들을 키워낼 터전인 창의적 Culture, '문화'가 있어야 자란다. 정치의 창조적 역량은 3C 중에서 Culture를 창조혁신형으로 구성하는 데 발휘되어야 한다. 좋은 씨앗이 자갈밭에 떨어지면 싹을 틔울 수 없다. 창조적 문화의 발에 천재의 독특한 개성이 포용되어 긍정적인 반응이 일어나야 한다. 그리고 천재적 호기심을 갖고 질문을 던지더라도 인간성이 나쁘면 다른 인재들과의 협력이 이뤄지지 않아 창의적 성과를 내기 어렵다. 정리하자면, 호기심과 인간성을 모두 갖춘 뛰어난 인재라 해도 그의 창의성에 반응하고, 그것을 키워줄 포용적이고 다양한 문화적 잠재력이 국가나 회사, 가정의 밑바탕에 없다면 그는 창조적 경쟁력을 갖추기 어렵다.

영국의 대문호 셰익스피어(William Shakespeare)가 처음부터 창의적인 것은 아니었다. 문맹으로 알려졌던 장갑 장수의 아들은 대학도 나오지 않고 어떻게 위대한 극작가가 됐을까? 가장 결정적인 원인은 당시의 문화였다. 당시 런던은 시민의 3분의 1 이상이 매달 공연을 관람했다. 연극 산업이 활성화되자, 시골에서 올라온 초보자도 연기자나 극작가에 도전했다. 또, 종교개혁 이후 다량의 서적이 시중에 깔렸다. 엘리자베스 여왕(Elizabeth I)의 통치 기간에만 7,000권의 책이 출판되었다. 그런 흐름을 타고 셰익스피어의 고향 친구 리처드 필즈는 출판인쇄업자가 되었다. 셰익스피어는 그 친구 덕분에 공짜로 많은 책을 볼 수 있었다. 그는 독서를 하면서 엘리트 문필가였던 크리스토퍼 말로(Christopher Marlowe)를 모방하며 기초를 쌓았다. 당시에는 콘텐츠의 모방에 비교적 관대했다. 셰익스피어는 먼저 연기자로 생활하면서 대사와 감정을 익혔다. 직접 연기를 하면서 그의 언어감각은 현장감이 살아 있는 것으로 다져졌다. 그리고 다양한 이민자들이 많아서 영어 어휘가 폭발적으로 늘어나던 당시의 문화가 셰익스피어에게 가장 중요한 영향을 끼쳤다.

셰익스피어가 살던 당시의 환경을 4가지로 정리해보면 첫째, 해당 분야에 돈이 많이 모였다. 즉, 그 분야에서 실패하더라도 굶어죽지 않을 것이라는 배짱이나 사회적 복지가 있었고 부유한 후원자들이 즐비했다. 미국에서 스포츠 스타가 많이 나오는 이유도 그 분야에 돌고 도는 돈이 많기 때문이다. 배경이 좋든 나쁘든 실패를 하거나 졸작이 나올 수 있다는 것을 감수하는 배짱 있는 문화가 없으면 창의성은 나오지 않는다. 둘째, 해당 분야의 지식에 접근하기 쉬웠다. 지식접근성은 우리나라도 이미 좋다. 다만 일부 인재들에게는 영어교육의 집중화가 필요하다. 자동번역으로는 타문화에 창의적으로 접근하기 힘들기 때문이다. 셋째, 상대방의 아이디어를 마음껏 활용할 수 있었고 지식재산권 제도에 포용력이 있었다. 오늘날에도 지식재산권 거래를 국가적으로 후원하고 장려한다면 같은 환경을 만들 수 있다. 넷째, 이질적이고 다양한 문화가 섞여 있었다. 그것은 다양한 문화를 지닌 유학생들로 연구자의 출신과 구성을 다양화시키면 된다. 오늘날에는 미국의 실리콘 밸리가 자유로운 아이디어의 공유와 구성원의 다양성이 보장된 문화를 지니고 있다. 미국의 특허 생산량은 이민자가 2배나 많다. 이민 후 이질적 문화에 적응하면서 창의성이 촉발되기 때문이다. 그런 이유로 미국에서 출원되는 특허의 25%가 이민자의 것이며, 대학을 졸업한 이민자가 1%가 늘면 특허는 15%가 늘어난다는 조사 결과가 있다.

그리고 신뢰자본이 약하면 창조적 특허를 위한 문화가 되기 힘들다. 신뢰자본은 정치권의 타락이 가장 큰 영향을 주기 때문에 정치인의 청렴도가 지식재산 증대와 관련이 있다. 대기업이 중소기업의 아이디어를 도용하는 일이 생기는 환경에서는 아이디어끼리 만나 더 크게 혁신하는 시너지를 기대하기 어렵다. 정치권은 창조적 문화의 가장 소중한 바탕인 사회적 신뢰자본을 어떻게 키울지를 단기간에 집중적으로 연구하여 법을 통해 보다 세심하게 공정성을 제도화해야 한다. 아이디어를 인터넷에 먼저 올리기만 하면 어느 정도 권리를 인정해주는 방식도 좋다. 여러 아이디어가 뭉쳐서 특허연대로 좋은 결과가 나왔을 경우에도 배심원들이 각 특허의 공헌도를 판단하게 하여 이익을 배분해주는 것도 좋은 방법이다. 그러나 특허평가 배심원제도는 구성비용도 많이 들지만 지금은 배심 능력 자체를 갖춘 시민이 거의 없다. 그래서 특허연대에서 기여도를 판단하는 배심원제도 역시 장기적으로 신뢰자본을 바탕으로 한 창조적 문화에서나 가능하다.

신뢰자본이 약하면 분쟁이 자주 생기고 문화적 시너지가 이뤄지지 않는다. '창조경제'의 주창자인 존 호킨스(John Howkins)는 자본보다 아이디어의 가치를 높게 둔다면 창조경제는 어느 곳에서나 가능하다고 말했다. 즉 자본보다 아이디어의 가치가 인정받는 창조적 문화는 혁신을 위해 다양한 시도나 실패를 해도 다시 재기할 수 있다는 자신감을 갖게 해주는 환경을 필요로 한다.

창업국가 이스라엘의 특허정신

이스라엘은 어떻게 창업국가가 됐을까? 이스라엘의 종교적 신념 2가지와 교육적 개념 2가지를 알면 이스라엘이 왜 창업국가가 되었는지 알 수 있다.

먼저 종교적 신념 2가지를 말하면, 하나는 유대인은 자녀를 신이 맡긴 손님으로 본다는 것이고, 다른 하나는 인간은 신과 함께 지구를 개선해갈 의무가 있다고 믿는 것이다. 그래서 자식에 대한 집착과 기대가 작아 오래 참고, 기다려주는 자기주도교육이 가능하다. 반대로 우리나라는 자식에 대한 지나친 기대가 장기적 자기주도교육의 실패로 이어지기 일 쑤다. 그것은 자식이 자신의 분신이라고 여기는 본능을 제어할 강력한 종교적 신념은 없고, 오히려 자식의 미래로 부모가 평가받는 문화가 뿌리박고 있어서이다. 그리고 유대인은 신과 함께 지구를 개선할 의무가 있다고 믿기 때문에 지상천국을 만들기 위해 죽는 날까지 공부하는 문화를 만들었다. 그러다보니 저절로 독서량이 많아졌다.

이스라엘의 교육적 개념 2가지는 하브루타(Havruta)와 후츠파(Chutzpah)인데, 이 2개념은 유대인 교육의 양 기둥을 이루고 있다. 하브루타는 질문과 토론을 통해 생각의 뿌리를 깊게 파는 것을 말하고, 후츠파는 과감한 도전을 통해 활동 영역을 확장하려는 정신을 말한다. 하브루타는 '친구'를 뜻하는 히브리어 '하베르'에서 유래했다. 그래서 자신을 친구로 삼고 자문자답하는 것도 하브루타이다. 유대인은 늘 짝을 지어 대화와 토론으로 자신의 주관을 객관화해보는 연습을 한다. 이런 관습은 특허의 객관적 지배력을 만드는 것과 관련 있다. 그들이 스스로를 객관화하는 힘은 하브루타가 친구라는 뜻에서 나왔다는 점과 깊은 연관이 있다. 하브루타 개념으로는 스승도, 형님도 토론 중에는 친구이기 때문에 계급장을 떼고 더 치열하게 토론할 수 있다. 토론에서는 서로 스승이 됐다가 제자도 되는 친구 관계여야 서로 발전할 수 있다. 반면 우리나라 문화에서는 스승과의 대화가 하브루타가 되지 못한다. 토론에서 상하관계가 되면 질문 선택에서 자기검열에 빠지고, 범위가 좁아진다. 생각이라는 것은 이미 아는 것에 대한 의심이며, 의심이 질문을 통해 연속되는 것이 공부다. 그런데 권위 있는 스승과의 대화에서는 의심나는 것을 질문하지 못한다. 그래서 스승에게 배우는 방식은 생각하는 습관을 들이기에도, 창의적 질문을 하기에도 불리하다. 창의적 질문을 못하면 지식재산권의 초기단계인 발상으로부터 멀어진다. 현대는 배운 지식의 유용성을 오랜 시간 담보할 수 없기 때문에 발상과 발명의 속도가 느리면, 자칫 흐르는 강물을 거슬러 올라가는 언어가 게을러서 알을 낳는 곳까지 도달하지 못하는 일이 생긴다. 그러므로 하브루타적 토론이야말로 지식의 유용성을 초월하여 늘 다시 생각해보는 인식전환의 습관을 기르기 위한 출발점이다. 하브루타는 아이디어의 교환과 진화를 동시에 하므로 그 사회의 집단지성의 수준을 빨리 높이고 넓힐 수 있다.

창조교육은 하브루타와 관련이 깊고 창조경제는 후츠파와 관련이 많다. 하브루타가 쌓여야 생기게 되는 후츠파는 당돌하고 뻔뻔한 도전정신, 밑져야 본전 정신, 경쟁에서 이길 확률이 거의 없어도 과감하게 나서는 용기라 할 수 있다. 창조적 문화라면 실행과 보완을 하는 사람 곁에 늘 방식을 바꾸라고 제안하거나 그 일이 왜 필요한지를 의심하는 하브루타와 후츠파가 함께 있어야 한다.

아이들은 두뇌 성장 단계에서부터 늘 하브루타와 후츠파의 문화를 만나야 한다. 이스라엘이 매년 수백 개의 벤처기업이 생기는 창업국가, 1인당 벤처투자가 세계 최고인 나라가 된 것은 하브루타를 바탕으로 후츠파라는 벤처정신이 있기에 가능했다. 모든 유대인은 다윗이 골리앗을 이긴 역사를 배운다. 그리고 대한민국 국민은 이순신 장군이 13척의 배로 10배 많은 적을 물리친 역사를 배운다. 약자가 강자를 이기는 경우가 역사에 없다면 후츠파라는 말은 이미 사라졌을 것이다. 역전의 기회와 싹이

틀 틈새가 있기에 후츠파도 그 가치가 실현되며 보존되는 것이다. 누구나 언제든지 미지와 불확실성에 도전이 가능하기 위해서는 후츠파 정신이 필요하다. 그래야 무에서 유를 창조하여 지식재산 최강국이 될 수 있다.

■ **후츠파 정신이 사회적으로 적용되는 7가지 요소**

1. 형식탈피(Informality)와 비공식적 분위기로 자유롭게 자기 생각을 털어놓을 수 있는 용기

2. 권위탈피(Questioning Authority)와 계급타파로 지위에 주눅 들지 않고 일을 추진하는 용기

3. 융합적 창의성인 매시업(Mash-up)으로 전공 영역을 뛰어넘는 T형 인재로서의 노력

4. 위기감수(Risk Taking)와 변화 관리로, 실패해도 재기의 기회가 얼마든지 있다는 생각

5. 실패로부터 배우기(Learning from Failure)를 당연하게 여기는, 성공이 아닌 성장을 추구하는 실험정신

6. 목적우선(Mission Orientation)으로 과정에서의 난관에 흔들리지 않고 문제를 해결해내는 끈기

7. 끈질김(Tenacity)으로 투지를 발휘하며 잘 버텨내는 인내심

04
시장에서 살아남는 특허

문명의 흐름과 특허시장의 형성

인류 문명이 태동하던 시기에 모방은 자연스러운 일이었다. 모방을 통해 농사법이 퍼졌고 문명이 확산됐다. 모방은 인간이든 동물이든 생존을 하고 문화를 만드는 삶의 기본적인 방식이다. 원래 세상에는 제도에 의해 독점되는 것이 없었다. 도시와 국가가 생긴 후에도 모방이 가능했지만 가치가 큰 것은 무엇이든 힘에 의해 독점이 가능했고, 힘이 곧 특허였다. 오늘날에도 인간은 힘이 강하면 가능한 모든 것을 독점하려는 성향을 갖고 있는데, 누가 더 힘이 센지 확인하는 방법은 결투나 전쟁에서 법적인 소송으로 바뀌어가고 있다. 국경을 정하고 제도와 법을 발명한 이유도, 힘에 의한 독점과 전쟁을 줄이고 안전하고 행복한 삶을 살기 위해서였다. 인간은 전체 인류가 더 안전하고 행복한 삶을 누리도록 제도를 혁

164

신하고 과학을 발전시키기 위한 노력을 계속하고 있다. 그렇게 힘으로 가능했던 일은 법과 제도를 통해 제한을 받고 과학기술의 도움을 받게 되었으며, 소유권을 발명하여 땅이나 집을 누군가의 재산으로 인정했다. 오늘날에는 아이디어도 재산으로 인정하게 됐다. 드디어 지식재산권이 생긴 것이다. 특허법도 인류 문명의 평화적 발전을 위해 새로운 생각을 제시한 사람을 권력의 횡포로부터 보호하기 위해 생긴 것이다. 법이 없다면 어떻게 우리나라 기업이 미국 기업과 특허전쟁을 하겠는가.

새로운 아이디어가 보호받지 못하면 지식재산이 만드는 이익의 대부분은 경제적 힘이 강한 자들이 소유하게 된다. 혁신적 발상을 했더라도 그것을 세상에 펼칠 유통망과 자금이 없다면 준비된 사람에게 그냥 주거나, 그 생각을 펼칠 때까지 기다리는 수밖에 없다. 미국이 영국에서 독립을 하던 시기가 바로 그런 때였다. 미국은 기득권 세력이 아니었으며 국내는 혼란했고, 국제적으로 힘과 인프라가 약했다. 그래서 미국은 발명가의 권리를 보호하는 강력한 조항을 헌법에 넣었다. 발명을 통해 자국의 힘과 인프라를 키우기 위해서였다. 최근까지 미국은 사람 이름이 아니면 특허등록을 받지 않았는데, 새로운 아이디어는 개인으로부터 나온다는 것을 근본적으로 인정했기 때문이다. 그래서 우리나라 특허를 미국 특허로 받을 때는 법인이 아닌 연구원 이름으로 받은 후에 회사로 양도하는 절차를 밟았다. 그런데 이 절차가 오래 걸리고 비용이 들기 때문에 최근에 법이 완화됐고, 지금은 법인으로도 미국 특허를 받을 수 있다.

앞의 경우처럼 미국은 새로운 아이디어를 제안한 사람을 국가적으로 보호하면서 전 국민이 발명가가 되도록 권장했다. 오늘날 발달한 미국 과학기술문명의 시작에는 개인의 지식재산권 보호가 든든하게 헌법으로

버티고 있었다. 미국이 건국하면서 만든 특허 정책은 미국을 초대 특허강국으로 만들었고, 세계적으로 경제권이 묶이자 자연스럽게 국제적 표준이 되고 있다.

문화체험과 특허 전략

특허를 내기 전, 발명가는 새로운 아이디어라는 점에만 중점을 두기 쉽지만 시장에서는 제품이 소비자의 욕구를 만족시켜주는지에만 관심이 있다. 많은 특허 아이디어가 사장되는 이유는 그 차이를 극복하지 못하기 때문이다. 물론 새로운 아이디어가 반드시 지금 당장 시장성을 가질 필요는 없다. 제품이 나온 후에 비로소 구매욕이 생길 수 있기 때문이다. 어떤 경우든 소비자의 욕구는 지역과 문화에 따라 다르게 나타나며, 겉으로 잘 드러나기도 하고 잘 드러나지 않은 채 존재하기도 한다. 특허를 확보하여 사업을 하려는 발명가라면 소비자의 욕구가 잘 보여도, 보이지 않아도 예민하게 느낄 수 있어야 한다. 이렇게 해서 탄생한 발명을 통해 국내에서 특허사업의 반응이 좋으면 기업은 해외에도 눈을 돌린다. 이때 문화적으로 우리와 어떤 차이가 있는지 알기 위해서는 그 문화권의 역사부터 공부해야 한다. 특허경영에 비교문화경영을 결합해야 하는 것이다.

네덜란드의 문화인류 심리학자 거트 호프스테드(Geert Hofstede) 박사의 문화분석 모형과 문화인류학자인 에드워드 홀(Edward Hall)의 연구를 참고하여 그 지역의 언어적, 관습적 전통을 고려하는 노력도 해야 한다. 우리 문화에서는 엄지를 치켜들면 '최고'라는 뜻이지만 방글라데시나 힌두 문화권에서는 '바보'라는 뜻이다. 아메리카 대륙을 종횡무진 날고자 했던 아메리카 에어라인 항공사의 브랜드 슬로건이었던 'Fly in Feather'는 영어로는 자연스러웠지만 남미에서는 '다 벗고 날자'라는 뜻으로 번역된다. 에어라인 항공사는 남미에서 기업을 좋은 이미지로 홍보할 수 없었을 것이다. 이렇게 제스처나 손짓, 색깔 등은 문화마다 다른 상징을 갖고 있으며, 단어나 문장을 어떤 나라 언어로 번역했을 때 비호감으로 인식될 수 있다.

호프스테드의 문화분석 모형으로 실시했던 한 연구에서, 한국 사회는 변화를 꺼리는 정도가 80점으로 높게 나왔다. 같은 방식으로 분석해보니 미국은 46점, 중국은 30점이 나왔다. 중국이 변화를 추구하는 경향이 우리나라보다 훨씬 강하다는 점은 특허사업을 펼치기에 우리나라보다 좋다는 뜻이다. 즉, 중국은 50점만큼 우리나라보다 신제품을 써보려는 경향이 강한 것이다. 또한 우리나라는 자본주의를 중국보다 훨씬 빨리 받아들이면서 선진국을 따라하는 모방추격형 전략을 써왔다. 그래서 남을 따라하려는 관성이 중국보다 강하게 남아 있다. 스스로 간단하게 비교문화적인 연구를 하는 방법도 있다. 해당 지역 친구들에게 인터넷으로 물어보거나 페이스북 등의 SNS를 이용하는 것이다. 이런 시장조사는 전문 연구자들의 논문을 보며 방향을 정하는 것과 비슷한 효과가 있다.

우리에게 낯선 공산권 국가 중국, 러시아 등은 자본주의를 받아들인지 얼마 되지 않았다는 점에서 국제적 특허사업의 연구대상이다. 공산권에서의 발명은 자본주의와 성격이 많이 다르다. '모든 적대적인 상황에는 더 큰 기회의 씨앗이 놓여 있다'는 나폴레온 힐(Napoleon Hill)의 말에서 보듯, 자본주의의 적이었던 사회주의 공산권의 발명 아이디어를 수입해 자본주의가 발달한 우리나라나 유럽, 미국에 적용하면 성공 가능성이 높다. 공산권에서는 물건의 수요와 이익이 아니라 필요성에 의해 발명을 해왔다. 그래서 사회적 약자에게 필요한 물건도 수준 높은 국책 연구원에서 연구를 진행했다. 따라서 미국의 장애인이 쓰는 도구보다는 공산권 국가의 장애인이 쓰는 도구가 더 발달된 경우가 많다. 즉 희소성(Rarity)과 독창성(Ingenuity), 독점성(Exclusivity)을 동시에 지닌 제품은 자본주의 사회보다 공산권에서 다양하게 발달했던 시대가 있었다. 특허권은 국가별로 분리해서 인정되기 때문에 발달된 공산권 국가에 가면 그 나라에서 비교적 소수 집단이 쓰던 것을 잘 조사해보면 알 수 있다. 러시아를 예로 들면, 러시아에는 일본의 발명이나 미국의 실패박물관보다 더 기발한 발명품이 많다. 특허 기법으로 잘 알려진 트리즈(TRIZ)가 러시아어인 점을 봐도 러시아에는 21세기 다품종 소량 생산 트렌드에 잘 맞는 특허 아이디어가 곳곳에 많을 것이다.

세상에 새로운 지식은 거의 없다. 다른 지역이나 다른 분야에서 통용되는 기술을 자신이 속한 지역과 분야로 옮겨서 적용해보라. 수많은 발명이 그렇게 이뤄졌다. 다른 분야와 산업, 그리고 다른 문화권의 규범이 자신의 지역과 사업으로 이동될 경우, 결과는 놀랍게도 팔기 좋을 수 있다.

질적 접근, 양적 접근

"나는 당신에게 확실한 성공 법칙을 줄 수는 없습니다. 그러나 확실한 실패 법칙을 줄 수는 있습니다. 항상 모두를 만족시키려고 노력하세요."

최초의 퓰리처 상 수상자 허버트 베이야드 스워프(Herbert Bayard Swope)가 한 말이다. 이는 발명특허에도 잘 들어맞는 말이다. 표적시장 (Target Market)에 맞춘 발명 아이디어는 제품이 사용될 시장을 좁힐수록 성공 가능성이 높아진다. 표적을 가장 간단하게 분류하는 방법은 박리다매(薄利多賣)와 후리소매(厚利小賣) 대상으로 구분하는 것이다. 질적인 접근은 후리소매로 비싸지만 타깃이 분명히 보이는 접근이며, 양적인 접근은 박리다매로 싸면서도 널리 쓰이는 제품을 만드는 것이다.

2008년 금융위기 이후, 우리나라의 저성장은 젊은이들이 소비에 쓸 돈을 벌 수 없는 구조를 만들고 있다. 고용 없는 성장에서 고용이 줄어드는 저성장과 가계부채가 쌓이는 축소경제가 되어가므로 젊은 층에게는 기본적으로 저가의 양적 접근이 먹힐 것이다. 아무리 좋은 아이디어 제품을 고안했다 해도 그 가격에 살 수 없다면 발명의 성공 가능성은 떨어진다. 불황일수록 제품의 원가가 매우 중요한 변수가 된다. 반면, 고성장 시대에 재산을 축적한 베이비부머 세대들은 빚이 많은 일부 하우스 푸어를 제외하면 비교적 현금 구매력이 있어서 국내 모든 기업에게 매력적인 시장이다. 그러나 이미 나이 든 세대는 건강을 위해 건강식품과 등산복은 사지만 그 밖의 사치품 등은 잘 사지 않는 경향이 있다. 이런 상황에서는 이미 성장한 기업이 많고 개발에 많은 자본이 필요한 아웃도어 시장보다, 디자인적 다양성이 부족한 등산스틱이나 아이젠의 특허에 관심을 가지면 좋다. 베이비부머 세대의 10년 후를 보면서 개발 방향을 정하는 것도 좋다. DIY로 건강식품 재료를 직접 생산하는 야외체험형 비즈니스 모델도 좋다. 신체 활동과 여행, 건강식품이 그들의 10년 후의 관심거리이기 때문이다.

우리나라에 다문화가정과 독신가정이 늘어나고 있다는 점, 반려동물이 늘어나는 추세도 특허개발의 좋은 대상이다. 다문화가정 이주여성의 모국 문화와 연결된 제품개발의 경우, 외국 문화를 직접 보면서 구상하면 된다. 여행을 즐기는 시대에 빈집을 안전하게 관리할 일이 많아지는 점도 생각해보자. 안전장치를 경찰서와 보안업체로 연결해주는 방식이 보편화될 것이다.

국민소득이 높아질수록 환경오염 규제 관련 상품이 더 개발돼야 한다는 것도 기억하자. 환경 관련 제품은 가정 내에는 양적 접근이, 기업에는 질적 접근이 적합하다. 왜냐하면 기업의 경우, 영업정지의 손실이 크기 때문에 가격이 높아도 살 수 있다. 황사나 스모그 관련 저가 제품은 마스크나 창문을 닦는 기구나 공기를 정화하며 걸러주는 야외용 텐트 등이 좋은 아이템이다. 창문의 경우, 아예 먼지가 붙지 않는 나노 코팅법이 나오겠지만 사람들은 그 전까지 지저분한 창문을 견디고 싶지 않기 때문에 나노 코팅이 보편화되기 전의 기술로 이익을 얻을 수 있다.

시장의 변화도 인문학이다

스티브 잡스가 발명한 개인 컴퓨터 기술은 원래 제록스 것이었다. 제록스는 어마어마한 잠재적 가치를 지닌 기술을 갖고 있었지만 개발에 뛰어들지 않았다. 복사기가 너무 잘 팔리고 있었기 때문이다. 망해버린 휴대폰 회사 노키아(Nokia)는 가장 먼저 스마트폰 기술을 갖고 있었다. 그런데 주력 상품을 대량으로 사주던 통신사들이 스마트폰은 자기 회사에 손해를 끼친다며 스마트폰 개발을 반대했다. 스마트폰을 개발하면 다른 업체의 휴대폰을 구매하겠다고 노키아를 위협했을 것이다. 노키아의 젊은 직원들은 스마트폰 시대가 온다고 상부에 여러 번 건의했으나, 단기간의 이익에 눈이 먼 간부들은 그것을 받아들이지 않았다. 코닥도 마찬가지다. 디지털 카메라 기술을 가장 먼저 개발했지만 디지털 카메라가 시중에 깔리면 코닥의 주력상품인 필름이 팔리지 않는다는 생각으로 개발과 출시를 미뤘다. 그러다가 다른 업체가 디지털 카메라 시장을 먼저 확대하면서 코닥은 정점을 찍고 기울었다.

앞의 3가지 이야기에는 공통점이 있다. 거대기업의 몰락은 당장 현찰이 잘 벌리는 제품에 눈이 멀어서 시장을 형성하는 인간적 본성을 무시하거나, 부하직원의 의견을 무시하면서 시작된다. 즉 인간적인 소통과 통찰의 부족이 근본적인 원인이 되었다. 사람들은 본능적으로 특별해지기 위해 정보의 활용을 원하며, 특별해 보이는 권력자와의 정보 격차를 줄이려 한다. 원숭이도 전망이 좋은 곳과 먹이가 많은 곳은 우두머리가 차지하는데, 다른 수컷들은 그 자리를 목숨 걸고 빼앗으려 한다. 조금 높은 곳에서 내려다보며 주변정보를 확보하는 것은 안전함과 배부름을 가져다준다는 것을 원숭이도 알고 있다. 그것은 인간도 마찬가지다. 정보에 대한 접근성을 좋게 한 발명의 대표적 예로는 컴퓨터와 인터넷, 스마트폰을 들 수 있다. 그래서 컴퓨터와 인터넷, 더 작아진 컴퓨터인 스마트폰은 인간적 본능이 표현된 결과라 할 수 있다.

기술을 뜻하는 영단어 '테크닉(Technique)'의 어원 '테크네(Tekhne)'에는 '기술'이라는 뜻과 함께 '표현'이라는 뜻이 있다. Technique이란 글자 자체가 본성의 표현이라는 뜻을 담고 있는 것이다. 디지털 카메라는 집에서 사진을 뽑을 수 있고 자기 얼굴도 더 밝게 바꿀 수 있으니 이미지 정보 활용 측면에서 인간의 본성에 적합한 도구이다. 테크닉이 인간 내면의 본질이 표현된 것이라면 테크닉과 인문학은 그 뿌리가 같다고 볼 수 있다. '관점 디자이너'로 알려진 박용후 씨가 인문학에 대해 한 말을 보자.

"사람들 마음을 사로잡으려면 인간 내면의 본질적인 부분에 관심을 가져야 한다."

인간은 환경 변화와 역사의 흐름에 영향을 받기 때문에 자연과 인간의 역사 속에서 정신 또한 변화해왔다. 그런 면에서 인문학은 문사철(文史哲)과는 조금 차이가 있다. 인문학은 영어로 '휴머니티스(Humanities)'이다. 휴머니티스는 '인간적인 교양'이라고 해석할 수 있는데 테크닉의 냄새는 거의 사라진 이름이다. 그런데 앞에서 말했듯, 스티브 잡스의 인문학은 서강대학교 아트 & 테크놀로지학과나 과학기술대학, 대전에 있는 CT센터(Culture Technology Center)처럼 테크닉과 인문학이 나눠지기 이전에 더 가깝다. 그래서 '애플은 기술과 인문학 사이에 있다'고 말할 때의 인문학 '리버럴 아츠(Liberal Arts)'는 '인간적인 삶의 기술'이라고 해석할 수 있다. 또는 자유롭게 흘러가는 기술이라고 해석할 수도 있다. 이는 기계를 생명체로 보는 애니미즘(Animism)적 철학을 가졌던 인공지능의 아버지 마빈 민스키(Marvin Minsky), 컴퓨터를 인간의 잠재된 가능성을 끌어올릴 수 있는 도구로 보았던 앨런 케이 같은 인물들이 품었던 철학이다.

인간과 컴퓨터의 관계 속에서 더 인간적이고 더 개인적인 느낌에 도달하도록 기술과 예술, 인간의 영역을 융합적으로 생각해보는 근본적인 호기심이 스티브 잡스가 말한 인문학적 테크닉이다. 그런 면에서 문사철(文史哲)을 중시하는 우리나라의 인문학은 잡스가 말한 인문학과 범위가 다르다. 우리나라의 인문학이 잡스의 인문학이 되려면 이공계를 포함한 융·복합적인 면이 부활해야 한다. 영국에서 공무원이면서 소설을 썼고, 과학 분야의 행정을 담당했던 찰스 스노우(Charles P. Snow)는 말했다.

"과학자는 셰익스피어를 모르고, 인문학자는 열역학 제2법칙을 설명하지 못한다. 둘 사이의 심각한 간극은 개인뿐만 아니라 국가적인 손실이다."

다양한 질문을 던질 수 있는 교양과 함께 의식을 전환하는 자유, 창조적 시도를 할 수 있는 자유! 이 자유는 사람의 본성을 뿌리에 두고 표현되는 거의 모든 것이다. 다양한 창조적 시도를 할 수 있는 자유, 이 자유는 'Liberal'과 어원이 같은 'Liberty'이며, '흘러간다'는 의미를 지니고 있다. Art는 기술이다. 스티브 잡스가 외쳤던 인문학 'Liberal Arts'는 관념으로부터 자유로울 수 있는 기술이며, 세상을 살며 유연하게 대처할 수 있는 창조적 기술이다. 또, 삶과 관계된 모든 것이므로 모든 굳어진 관념으로부터 자유로울 수 있는 창의적 기술을 의미한다.

19세기 영국의 극작가 오스카 와일드(Oscar Wilde)의 "삶의 첫 번째 의무는 가능한 한 예술적으로 사는 것이다"라는 말처럼, 인생을 예술적으로 대하여 두뇌가 심장처럼 설렘과 두근거림으로 가득 차게 하고 밖으로 넘치도록 하는 기술이 바로 Liberal Arts이다.

05
출원된 특허의 관리와 활용

특허출원 후 관리와 보완

생명체가 세대를 거쳐서 진화하듯 특허도 새로운 것에게 세상을 내준다. 특허의 수명이 20년이듯 사람도 돈을 잘 버는 전성기는 20년 정도 된다. 특허출원은 첫 직장을 잡은 20대 후반의 직장인과 같다. 그에게는 직장 내에서 새로운 변수들을 겪으면서 수입을 성공적으로 유지해야 하는 과제가 남는다. 특허도 이와 같아서 계속 진화해야 경제 현장에서 가치를 유지할 수 있다. 고객이 원하는 사양의 컴퓨터를 조립해서 파는 방식으로 특허를 낸 델(Dell) 컴퓨터는 수주 생산(Build-to-Order) 방식에 대한 특허를 계속 진화시켰다. 델 컴퓨터는 주문, 조립, 설치 후 테스트, 원하는 컴퓨터에 어떤 장치가 필요한지를 분석하는 방식까지 특허를 출원했다. 생명체가 살아남기 위해 장점을 키우면서 진화하듯 이렇게 자기 회사가 가진 강점특허에 대해 지속적으로 보완을 해야 회사를 키우고 유지할 수 있다. 몸을 보호하는 무술 중에서 '18기'라는 것이 있는데, 특허에서도 한 회사가 18개 정도의 특허를 가지면 회사를 보호하면서 생존할 수 있다. 관련 특허 수가 부족하면 언젠가는 경쟁자들이 그 비어 있는 틈으로 들어와서 뿌리를 뻗은 후, 빨대처럼 특허 수익을 빨아먹는다. 이는 한 인간의 면역계가 기생충이나 세균과 싸우면서 생존하는 것과 비슷하다. 그래서 특허는 공격 무기이기 전에 방어 무기로 더욱 중요하다.

특허권 기간은 20년이지만 대부분은 5년 이내에 그 효용이 사라지거나 약화된다. 따라서 제2, 제3세대 관련 특허를 출원하면서 사업을 이끌어가야 한다. 원래 특허는 기술을 공개하여 전체 산업의 발전을 추구한다는 큰 명제를 안고 출발했다. 특허를 내는 순간 다른 모든 사람이 그 내용을 볼 수 있다. 조금이라도 더 창의적인 사람은 그 특허보다 더 좋은 구조와 방식을 떠올릴 수 있다. 그래서 최초의 출원부터 특허 공개 이후에 따라할 수 있는 유사한 면을 고려하여 특허를 보완하는 과정이 필요하다. 모든 특허는 그렇게 누군가가 따라하되 더 발전시킬 수 있는 요소를 갖고 있다. 이런 특성을 잘 알고 있는 기업은 특허로 돈을 벌면 다시 새로운 특허를 개발하기 위해 로열티 수익의 대부분을 재투자한다. 이렇게 새 특허에 대한 R&D로 재투자가 심화되고 있기 때문에 이미 특허를 많이 가진 기업은 점점 더 많은 특허를 갖게 된다. 이 때문에 특허에 있어서도 부익부 빈익빈 현상이 나타나는 것이다.

세상에 공헌을 하고 싶어도 제품특허나 디자인특허, BM특허가 필요한 시대가 됐다. 식물특허가 있어야 비싼 종자를 구입하지 못해 굶주리는 농민들을 도울 수 있다. 이미 출원한 특허의 수명은 절대 20년이 보장되지 않는다. 또한 더 진화한 특허가 나와서 시장에서의 실용성이 사라지는 순간, 그 특허는 멸종된다. 그렇기 때문에 특허의 세계에서도 변화에 지속적으로 대응하면서 적자생존하는 법칙을 익히고 대비해야 한다.

디자인 다양성을 연구하라

이미 특허가 난 제품이라도 디자인이 더욱 좋은 제품이 나와서 이윤을 가져가는 수도 있다. 디자인이 뛰어난 제품을 만드는 회사가 특허권자에게 로열티를 주면서 시장을 장악한다면 특허권자는 특허 로열티 외의 수입을 기대하기 어렵다. 그래서 특허를 진화시키는 것과 함께 아름다운 깃털도 진화시켜야 한다. 관상용으로 키우는 비단잉어를 예로 들어보자. 비단잉어 중에는 온몸이 황금처럼 빛나는 것이 있는데, 그 값이 수백만 원이다. 같은 잉어인데 어떤 잉어는 일찌감치 한약재가 되며, 어떤 잉어는 죽는 날까지 산소가 풍부하고 온도가 적당한 수족관에서 유유히 헤엄쳐 다닌다. 단지 비늘 색이 달라서 생긴 차별 치고는 너무 심하다는 생각이 들지만 디자인이 제품에 미치는 영향은 그 정도의 위력을 갖고 있다. 게다가 특허법은 겉모습의 작은 차이까지 특허로 인정하는 방향으로 진화되고 있다.

BMW의 디자인 총괄 사장 아드리안 반 호이동크(Adrian van Hooydonk)는 디자이너가 공학을 이해해야 하는 이유에 대해, 공학을 아는 디자이너가 엔지니어를 설득할 수 있다고 했다. 디자인을 다양하게 한다는 것은 단순히 색상을 바꾸는 일부터 엔진의 구조를 바꾸는 것까지 전

176

부를 의미한다. 전기차의 단점은 소리가 작다는 것이다. 그래서 일부러 구식 자동차 엔진 소리가 나도록 스피커를 달기도 한다. 디자인의 다양성은 기능에는 필요 없지만 사람들이 사용할 때 필요한 모든 것을 고려하면서 발달한다. 물고기의 지느러미를 발로 쓰면서 지느러미가 손가락으로 진화하기도 하지만 바다에서 먹잇감을 구하던 포유류의 발은 다시 지느러미처럼 모양이 바뀐다. 디자인의 다양성을 연구하다 새로운 제조법과 구조가 발견되기도 하고, 새로운 기능이 필요해서 개발하다보니 너무나 멋진 디자인이 나오기도 한다. 가운데가 비어 있는 둥근 원형이 조형적으로 아름답기 때문에 날개 달린 선풍기가 개발될 수도 있고, 선풍기 날개가 아이의 손가락을 다치게 해서 날개 없는 선풍기가 나오기도 한다. 그러므로 디자인과 기술을 동시에 넘나드는 인재를 확보하는 일이 더욱 중요해졌다. 기술과 디자인 양쪽에 능숙한 사람은 다양성의 양을 실용성의 질로 전환시키는 능력이 뛰어나다. 사장이라면 스스로 미술과 과학기술을 함께 공부해야 하고, 다양한 공부를 한 사람을 직원으로 뽑아야 회사가 다양성과 실용성이라는 양 날개를 가질 수 있다.

　디자인의 다양성을 잘 살려 실용성 있게 잘 만드는 회사 IDEO는 구성원의 다양성을 유지하는 것으로 유명하다. 디자인 회사에서 시인과 수학자, 판사, 주부도 일을 한다. 디자인의 다양성을 갖추려면 디자인에 대한 회사의 마인드와 프로세스를 먼저 갖추는 것이 정답이다. 디자인의 다양성을 외부에 맡기기도 하지만 스스로 좋은 디자인 도출을 위한 시스템을 갖춰야 한다. 디자인이 기술과 제품의 아이디어로 이어지기 때문이다. 단순히 디자인을 의뢰하는 것만으로도 어떤 회사의 기밀과 기술이 노출될 수 있다는 것을 기억하자.

제조법의 다양성을 보완하라

특허라고 하면 사람들은 흔히 제품의 결과물을 떠올린다. 그런 후에 제조법을 고민한다. 좋은 제품의 결과물은 떠오르는데 제조법은 없는 경우가 있다. 이런 경우의 대표적 사례가 면도기 개발이다. 예전에 이발소에서는 요즘 부엌에서 쓰던 과도와 비슷한 크기의 칼로 면도를 했다. 칼날이 쉽게 무뎌지므로 늘 갈아써야 했다.

면도기 브랜드가 된 질레트는 1회용 면도기를 개발한 사람 이름(King Camp Gilette)이다. 그가 1회용 면도기를 개발하려는 아이디어를 냈을 때, 당시 최고 대학의 금속공학자가 비웃었다. 그 교수는 나중에 스테인리스 스틸이 나올 것은 예상하지 못한 채, 그렇게 얇은 면도기를 만들 금속은 없다며 질레트에게 그냥 일이나 열심히 하라고 말했다. 그렇게 무시당했던 질레트가 만든 회사 질레트는 마하3라는 면도날 개발에 1조 원을 쓸 정도의 회사가 됐다. 요즘의 면도날은 3중 코팅이 되어 있고 면도할 때 피부를 더 미끄럽게 만드는 보호 물질과 함께 만들어진다. 이렇게 질레트는 제조법과 디자인을 동시에 연구하면서 면도기 시장을 지배하고 있다.

새로운 물질이 생기거나 새 기계가 나오면 제조법이 더 간단해진다. 제조법이 간단해지면 생산원가가 낮아지므로 새 경쟁자는 그 제조법에 특허를 내서 원가 경쟁력을 확보한다. 좋은 디자인의 부가가치가 특허 로열티를 훨씬 능가하는 수익을 내듯, 더 값싼 제조기술특허를 가진 기업도 로열티를 지불하면서 수익을 더 올릴 수 있다. 가장 좋은 모델은 디자인과 제품, 제품을 구성하는 물질, 제조법까지 디자인특허, 물질특허, 구조와 기술특허, 제조법특허, 비즈니스 모델 특허까지 모두를 갖추는 것이다.

그러나 현실적으로는 이런 특허 중에서 1~2가지만 갖춰도 다른 업체와의 특허연대를 통해 멋지게 사업을 펼칠 수 있다.

특허 관리로 주가를 올려라

특허소송으로 SK하이닉스에게 이긴 미국의 회사 램버스(Rambus)의 주가가 급등한 일이 있었다. 논문조작으로 무너졌던 황우석 박사 관련 주식은 인간 체세포 복제 줄기세포가 미국의 물질특허와 방법특허를 받자마자 되살아나고 있다. 논문 조작과 상관없이 연구과정의 참신성이 인정된 것이다. 이처럼 특허는 주가와 직접적인 관련이 있다. 이 사실이 점점 개미투자자들에게 알려지면서 특허와 주가의 관계는 더욱 긴밀해지고 있다. 특허를 많이 가진 기업은 특허와 함께 인수하려는 경쟁자들이 많아지면서 높은 값에 거래된다. 유사 제품을 생산하는 회사라 해도 기업의 가치는 원천특허나 표준특허의 보유에 따라 크게 달라지는 때가 온다.

시장이 팽창하는 시기에는 유사 제품을 생산하는 두 회사의 가치와 수익에 별 차이가 없지만, 축소경제 시대가 오면 특허가 없는 기업부터 망한다. 이는 자기 건물에서 치킨집을 하는 것과 월세를 내면서 닭을 튀기는 것의 차이와 같다. 조류독감 같은 사회 현상에 따라 치킨이 잘 안 팔리면 자기 건물이 아닌 사람은 월세를 내지 못해 권리금도 포기하며 치킨집 문을 닫아야 한다. 이후 다시 닭이 팔리기 시작할 때, 자기 건물을 가진 치킨집 사장은 전보다 더 많이 팔 수 있다. 경쟁자들이 조류독감 유행 때 많이 망했기 때문이다. 겨울이 와야 푸른 소나무가 더욱 푸르듯, 특허

DNA는 차가운 겨울에도 얼어 죽지 않는 개구리 같은 생명력을 갖고 있다. 봄이 오면 개구리는 다시 살아나지만 얼지 않는 특허 DNA가 없는 기업은 그대로 동사하고 만다.

특허의 가치평가는 어렵긴 하지만 특허를 받는 것이 쉽지 않다는 점을 고려해보면 특허가 기업의 가치를 높인다는 점은 분명하다. 브랜드 인지도가 없는 벤처기업이나 중소기업에게 특허는 가장 강력하게 자기 가치를 증명하는 수단이다. 그래서 특허를 취득하면 주가가 상승한다. 특허는 기업의 미래와 지구의 미래를 보여주는 것이다. 어쩌면 특허는 차별성을 입증하기 어려운 복제의 시대, 우수성을 입증하기 어려운 스피드의 시대에 희미하게라도 길을 보여주는 등대이고, 성공으로 가는 계단, 사다리, 또는 등용문이다.

미래학자들은 특허분석을 하면서 뜨는 직업과 사라지는 직업을 예측한다. 이미 오래전부터 구글은 만 원 정도 하는 거의 공짜 스마트폰을 준비하고 있다. 플랫폼을 차지하기 위한 강력한 방법이 많이 남아 있지 않으며, 공짜 마케팅처럼 빠른 방법도 없기에 돈이 많은 기업들은 늘 이런 마케팅을 생각하곤 한다. 이 공짜 스마트폰이 세계 경제에 미칠 영향은 무상급식이나 무상버스, 반값 등록금 정도는 아닐 것이다.

발명 & 특허 Story
잠수함과 지하철

 잠수함을 최초로 고안한 인물은 증기선으로 유명한 로버트 풀턴(Robert Fulton)이다. 풀턴은 최초의 잠수함 노틸러스(Nautilus)를 설계하여 프랑스 정부에 선보였다. 당시 프랑스는 영국과 전쟁 중이었고, 풀턴은 해군력에서 부족한 프랑스가 잠수함에 관심을 가질 것이라고 짐작했다. 그러나 당시 프랑스의 나폴레옹(Napoléon Bonaparte)은 센 강에서 잠항과 항해, 어뢰로 40톤짜리 슬루프 함을 날리는 시범을 보고도 시큰둥해 했다. 나폴레옹은 증기선에 대해서도 마찬가지였는데 "뭐? 갑판 밑에서 석탄을 태워 배를 바람에 맞서 가게 한다고? 그런 헛소리에 시간을 낭비하고 싶진 않다"고 말했다. 그렇게 잠수함은 인정받지 못했고, 역사 속에 묻히는 듯했다. 그러다가 미국이 영국과 독립전쟁을 벌일 때 다시 등장했다. 당시에도 영국은 해상왕국이었다. 미국 독립군은 영국 해군의 함포에 계속 죽어갔다. 이런 모습을 본 예일 대학교 학생 데이비드 브슈넬(David Bushnell)은 영국 군함을 없앨 방법을 궁리해냈다.

 '물속에 들어가서 저 군함을 침몰시키자!'

 그렇게 해서 1776년 최초의 1인용 잠수함 '터틀(Turtle)'이 탄생했다. 이 1인용 반잠수정은 군함 공격에는 실패했지만 영국군을 혼란에 빠뜨렸다. 최초의 프로펠러 추진선 터틀은 양조용 큰 나무통에 타르(Tar, 배나 돛의 방수처리에 사용됨)로 방수처리를 하고 수동 드릴로 적함에 구멍을 내어 기뢰를 부착하는 게 목적이었다. 그러나 적함의 하부가 동판 등으로 강화되어 있어서 구멍을 내는 데에는 실패했다.

최근 나노기술의 발달로 바이오미미크리(Biomimicry)산업이 활기를 띠고 있다. '바이오미미크리'는 그리스어로 생명을 뜻하는 '바이오스(Bios)'와 모방을 의미하는 '미메시스(Mimesis)'의 합성어이다. 동물이나 식물 등 살아 있는 생명체의 기능과 생체구조를 모방하는 것은 자연계에서 40억 년의 실험을 거친 경쟁력 있는 방식이므로 매우 효율적인 결과를 가져온다. 지하철은 두더지의 생태를 모방했는데, 복잡한 출퇴근 전쟁으로 인해 만들어졌다. 1843년 영국의 찰스 피어슨(Charles Pearson)은 교통이 복잡한 런던 시내로 접근하는 통로를 만들어 출퇴근이 가능하다고 생각하고, 런던 시의회에 제안서를 제출했다. 위대한 발명이 대부분 그렇듯 그도 처음엔 '미친 사람'이라는 말을 들었다. 10년 후 그 제안이 통과됐고 20년 후인 1863년 6km의 지하철이 개통됐다.

발명 & 특허 Story
진공청소기와 자동판매기

어느 날, 영국인 세실 부스(Cecil Booth)는 한 미국인 발명가가 만든 청소기가 작동하는 것을 보았다. 그 기계는 먼지와 쓰레기를 집진기 안으로 불어넣으며 작동했다. 부스는 그것을 보고 '거꾸로 빨아들이는 건 어떨까?' 하고 생각했다. 며칠 후, 부스는 쿠션이 있는 의자 위에 빵가루를 뿌린 후 손수건을 입에 대고 빨아들였다. 그런 다음 손수건을 뒤집어 보니 빵가루 먼지가 손수건에 붙어 있었다. 1901년 그는 흡입식 청소기를 개발했다. 하지만 초창기의 진공청소기는 모터가 매우 컸다. 마차에 모터를 올리고 호스를 달아서 창문 안으로 호스를 집어넣어 먼지를 빨아들이는 방식이었다. 실용성은 낮았다. 또 필터가 완벽하지 못해서 먼지가 많이 날리는 것도 문제였다.

부스의 청소기가 지닌 문제점을 개선하여 가정에서 사용하게 만든 발명가는 미국인 제임스 스팽글러(James Spangler)였다. 발명가로서 평생 그럴 듯한 발명도 없이 실패만 거듭했던 스팽글러는 노년에 빚이 늘어 1907년 백화점 청소부로 취직을 했다. 그런데 그 취직이 전화위복이 됐다. 원래 먼지 알레르기가 있던 스팽글러는 백화점 카펫의 먼지를 마시다보니 기관지염에 걸리고 말았다. 이때 스팽글러는 먼지를 쭉 빨아들이고 빈 비누통에 빨아들인 먼지를 담는 새로운 청소기를 고안해 냈다. 그는 1908년 특허를 내고 회사를 설립했다. 그러나 당시는 광고가 많지 않던 시절이라 널리 알리고, 팔기에 어려움이 많았다. 그러던 중 오하이오 주의 수잔 후버라는 아주머니가 이 청소기를 써보고 너무 행복해하자, 남편 윌리엄이 청소기 제조권을 사들여 본격적인 제조·판매에 들어갔다. 스팽글러는 윌리엄과의 동업으로 빚을 갚고도 남을 만큼 많은 돈을 벌었다. 오늘날의 진공청소기는 1979년 영국의 제임스 다이슨(James Dyson)이 개발한 제품으로 거의 바뀌고 있다. 1990년대에 상용화된 새로운 원리의 청소기는 원심력을 이용하여 집진 원통 바깥쪽으로 먼지를 모으는 방식으로, 탈수기에서 물이 빠지는 원리를 이용한 것이다. 이처럼 진공청소기는 여러 세대에 걸쳐 기능과 모양이 진화해왔다.

자동판매기는 상상 이상으로 오래전에 개발됐다.

기원전 215년경 고대 그리스의 학자 헤론(Heron)이 발명한 성수(聖

水) 자판기가 그 기원이다. 신전에 설치됐던 이 기계는 지렛대의 원리로 만들어졌다. 동전을 올리면 그 무게로 물통의 구멍이 열려서 성수가 흘러나왔다. 지렛대가 기울어져 동전이 아래에 있는 통에 떨어지면 지렛대가 움직여서 물통의 구멍을 막는다. 이런 원리는 훗날 17세기로 이어졌다. 당시 영국에서는 동전을 넣으면 움직이는 놀이기구가 유행하고 있었다. 아이들에게 폭발적인 인기를 누리던 그 기구의 원리를 유심히 바라보던 덴함은 놀이기구 제작회사를 찾아가서 놀이기구가 동전의 무게로 작동한다는 것을 확인했다. 덴함은 그 원리로 기발한 착상을 했는데, 동전의 무게로 물건이 움직이는 자동판매기를 생각해낸 것이다. 1857년 덴함은 1페니를 넣으면 그것이 떨어지면서 용수철의 힘으로 우표가 나오는 자동판매기를 발명하여 특허를 냈다. 그러나 실용화하기는 어려웠다. 투입된 동전이 가짜인지를 구분하는 감지기가 아직 없었고, 자동판매기가 필요한 시대가 아니었다. 자동판매기가 실용적으로 쓰이기 시작한 것은 담배 때문이었다. 담배로 시작한 자동판매기가 미국에서 근대유통의 중요한 장비로 등장한 것은 1940년대 이후 인건비를 절약하기 위해서였다. 우리나라는 1977년 롯데가 일본 샤프(SHARP)사로부터 커피자판기를 수입해 지하철에 설치한 것이 자판기의 시작이었다.

4

돈이 되는 특허는
따로 있다

01
특허도 유행이다

특허에 대한 오해와 편견

앞에서 필자는 특허가 자수성가의 비법이라고 했다. 특허의 초창기에는 그랬다. 그러나 발명에 시설과 자본이 필요해지면서 특허는 '특별히 허가한다'는 뜻처럼 자본과 시설을 가진 기득권을 위해 더 많은 역할을 하게 됐다. 돈으로 별 쓸모없는 특허를 사서 많이 보유하기만 해도 주가를 올리는 효과가 있으며, 특허가 있다면 매우 싼 재료로 비싸게 팔 수 있다. 그런데 의약품의 경우에는 사람의 목숨이 달려 있어서 오히려 특허가 사람을 죽이는 도구가 되기도 한다. 특허가 복지를 저해할 경우에는 어떻게 될까?

2005년 주한인도대사관 앞에서 백혈병 환자와 가족들이 모여서 시위를 했다. 인도가 물질특허를 받아들인다는 소식에 시위대가 모인 것이다. 인도가 물질특허를 인정하면 비싼 의약품의 복제약을 싸게 만들 수 없게 된다. 특허는 국가별로 적용되므로 미국과 한국에서 복제약을 만들면 불법이지만 인도에서 만들면 불법이 아니다. 그래서 당시 우리나라 백혈병 환자들은 글리벡(Gleevec)이라는 백혈병 약의 복제약 비낫(Veenat)을 글리벡의 10% 가격에 수입해서 쓰고 있었다. 이런 사정은 전 세계 환자들도 마찬가지여서 글리벡으로 치료약의 독점권을 외치며 소송을 하는 회사 노바티스(Novartis)는 이윤을 위해 사람을 죽이는 회사라는 이미지를 갖게 됐다. 어떤 약물이 아니면 죽는 환자들이 많을 때, 법원에서도 독점적 특허권을 인정하기가 어려워진다. 원래 특허는 강자로부터 아이디어가 좋은 약자를 보호하려고 생긴 법인데, 그 특허법이 약한 환자들을 죽이는 꼴을 도저히 받아들일 수 없는 것이다. 그래서 음료의 물질특허와 의약품의 물질특허는 다른 면이 있다. 결국 보령제약이 백혈병 치료제 글리벡에 대해 노바티스와 벌인 고용량 제품 조성물 특허 무효소송에서 승소했고, 인도에서도 글리벡은 독점권을 인정받지 못했다.

지금은 우리나라도 약 10개의 제약회사가 글리벡 복제약을 판매한다. 최근 노바티스의 패소로 2023년 4월까지 고용량 제품의 특허 기간이 무효화됐고, 글리벡 복제약의 국내 판매가 가능해졌다. 인도에서도 복제약 생산이 더 활발해졌다. 노바티스는 지난 2006년 개량된 글리벡이 인체에 쉽게 흡수되는 효능이 있으니 특허권을 계속 인정해 달라며 소송을 제기했으나, 인도 대법원이 소송을 기각시킴으로써 원고 패소했다. 이 판결은 글리벡에 특허를 줄지 말지의 문제가 아니라, 어떤 발명에까지 특허를 줘야 하는지를 결정하는 상징적인 것이었다. 지금은 전 세계 환자들과 활동가들이 연대투쟁을 벌여 공중보건과 건강권을 보호하기 위한 다양한 안전장치를 특허법에 적용시켰다. 이 판결을 전 세계가 주목하는 이유는 노바티스와 환자들 간의 싸움이 아니라, 다국적 제약회사의 특허독점에 맞선 전 세계 환자와 활동가들의 싸움이었기 때문이다. 2012년 5월에 아르헨티나는 인도특허법 제3(d)조와 유사한 특허적격성 기준을 엄격하게 감시하는 새로운 특허 가이드라인을 발표했다. 필리핀 또한 비슷한 안전장치를 갖고 있다. 즉, 아무리 독창성 있더라도 사람들의 행복과 관계가 없다면 무분별하게 특허를 줘서는 안 된다는 생각이 이미 널리 퍼진 것이다. 나아가 인도정부는 2012년 10월부터 국립의료기관에 다니는 모든 환자에게 무상으로 의약품을 공급하겠다고 밝혔다. 특허가 지나치게 개인과 특정 회사에만 이익이 될 때, 또는 그 이익으로 타인의 희생이 요구되거나 공익성이 부족할 때는 절대 인정받지 못한다.

시민 건강이 회사의 특허권보다 더 소중하다는 판결을 보면 치료법에 대한 특허도 그 권리를 인정받기 힘들어질 것을 예측할 수 있다. 제조법특허가 있듯 의약분야에서도 치료법에 대한 특허가 있다. 미국에서는 치료법에 대해서도 특허를 인정하고 있으나, 이 역시 공익 정신에 위배된다. 사람을 살린 후 치료법을 따랐다는 이유로 의사를 구속할 것인가? 향후 치료방법에 대한 특허도 서서히 폐지되리라 본다. 장기적으로 보면 교육, 의학, 정치, 사업에서 이윤을 얻을 때 인류의 건강과 행복, 복지에 위배되는 방식으로는 특허를 인정받을 수 없다.

상호나 상표에 대한 오해에 대해 알아보자. 상호나 상표의 경우, 이미 권리등록을 했다 해도 아끼고 활용하지 않으면 다른 사람에게 권리가 넘어갈 수 있다. 3년 정도 사용하지 않으면 다른 사람이 그 상호나 상표를 쓰겠다며 취소소송을 걸 수 있다. 상표권자의 사후 3년 이내에 이전등록을 하지 않아도 사용의지가 없는 것으로 본다. 동아연필의 고양이와 헬로 키티의 소송에서 일본 산리오가 결국 승리하게 된 일화를 간단히 정리해 보면, 상표와 이름에 대한 원저작자의 존재, 그 이름과 캐릭터를 얼마나 활용했는가가 주요 쟁점이었다. 최근 특허를 소유하되 그 특허로 사업을 하는 것보다는 소송으로 수입을 거두는 특허괴물의 행보에 제동을 거는 법이 만들어지고 있다. 결국 사용하지 않는 상표나 특허, 브랜드는 자기 것이 될 수 없다. 애정이 식은 부부가 이혼을 하는 것처럼 아끼지 않는 것은 언젠가 자기 곁을 떠난다는 순리가 지식재산권에도 적용되고 있다.

법에 따라서 발명하기

종이컵은 미생물의 발견 때문에 발명된 제품이다. 발견이 발명이 되고 발명은 또 발견을 이루게 한다. 현미경의 발명은 미생물을 발견하게 해서 관련법을 만들었고, 그 법은 종이컵의 히트를 이끌었다. 미생물이 물과 그릇에서 살고 있다는 것이 보편적인 지식이 되자, 미국의 여러 주에서는 물 마시는 그릇을 공동으로 쓰지 못하도록 법을 만들었다. 이런 시기에 감각적인 사업가라면 1회용 컵을 떠올릴 것이다. 한국도 잔을 돌리지 못하도록 법을 만들면, 아마 새로운 잔이 개발되지 않을까? 물과 그릇의 관리와 위생에 관한 미국의 새 법률은 휴그 무어(Hugh Moore)의 냉수기 발명으로 이어졌다. 간단한 초기 형태의 1회용 종이컵이 처음으로 냉수기와 함께 등장했다. 하지만 사람들은 여전히 유리컵에 물 마시는 것을 더 좋아했다. 귀한 현미경으로 미생물을 직접 보기 전에는 물에 미생물이 많다는 생각을 하는 사람은 없을 것이다. 그러던 어느 날, 아이스크림 제조사에서 아이스크림을 종이컵에 1인 분씩 팔고 싶다는 제안이 들어왔다. 그는 파산을 면했고, 이후 종이컵 판매량은 계속 늘어났다.

그뿐만이 아니다. 아파트의 층간소음에 대한 법률적 규제가 시작되면서 층간소음 방지 기술이 속속 발명되고 있다. 그중 충격을 흡수하면서도 압전효과(압력을 가하면 그 힘을 전기로 바꾸는 것)로 전기를 생산하는 기술도 나왔다. 아이의 연령에 따라 충격을 흡수하는 부품의 선택이 달라지면서 앞으로도 새로운 특허들이 나와 경쟁할 것이다. 이렇듯 생활과 관련된 법이 바뀌면 늘 관련 분야의 발명이 더 많이 나온다. 자동차 매연에 대한 규제가 강화되면서 별 효과도 없는 제품들이 광고되고 팔리기도 한다. 이때 규제 정도인 매연 배출 기준치에 따라 이를 제거할 수 있는 발명 아이디어가 달라질 수 있다. 즉, 발명 아이디어에서 제조원가가 달라지면서 구조와 재료가 바뀐다. 어느 분야든 가급적 구조가 단순하고 제조원가가 싸야 한다는 원칙을 중심으로 다양한 발명이 나오는 것이다. 고성능이라도 제조원가가 지나치게 많이 들면 회사는 마케팅에 실패한다.

3M은 유해환경 요인을 줄이는 프로그램 '오염방지대책 3P(Pollution Prevention Pays)'로 효과를 봤다. 이것은 에너지 절약과 환경보호 아이디어를 제시한 직원과 사업장에 보상을 해주는 제도로, 환경과 경제적인 면에서 회사와 사회 모두를 위한 대응전략이었다. 환경 문제가 국제적 쟁점으로 떠오르기 훨씬 이전인 1970년대부터 3P에 대해 연구를 해온 3M은 미국에서 지속가능성을 평가하는 '에너지스타 상'을 연이어 수상하면서, 에너지 절감이 환경보호뿐만 아니라 사업에도 유익하다는 점을 증명하고 있다.

히트상품과 액세서리

　삼성은 휴대폰이 잘 팔리자 휴대폰 케이스를 판매할 자회사를 정했다. 휴대폰 케이스나 충전기 매출은 투자대비 순수익 관점으로 보면 휴대폰만큼이나 크기 때문이다. 스마트폰의 보급은 다시 다양한 앱의 개발과 판매로 이어졌다. 스마트폰을 장착하는 삼발이가 필요했고 스마트폰 카메라렌즈 앞에 붙이는 망원렌즈가 새롭게 나왔다. 광학적인 줌인과 전자적인 줌인은 다르다. 디지털 방식으로 멀리 있는 물체를 당기면 픽셀이 거칠어진다. 그래서 사진을 좋아하는 사람은 광학적 확대가 가능한 소형 렌즈를 구입했다.

　자동차가 나오면 그 자동차를 개조하는 튜닝에 자동차 값의 2배를 들이는 경우도 있다. 즉, 어떤 특허가 인정을 받으면서 대중화되면 그 제품이나 서비스, 특허에는 반드시 액세서리 특허들이 뒤따른다. 문제는 특허 분석이나 새로 유행할 특허를 미리 예측하는 것이다. 개인과 중소기업이 스마트폰을 개발할 수는 없더라도 케이스나 앱을 통해 특허를 낼 수 있다. 이쯤에서 중소기업과 개인은 미래의 히트상품을 예상하며 그 액세서리는 무엇이 될지를 상상해봐야 한다.

　웨어러블(Wearable) 스마트기기로 인해 두 손이 자유로워지는 것은 인간이 직립보행을 하면서 수많은 도구들이 만들어지는 상황과 비슷하다. 사람들은 휴대폰과 가방을 손에 들 필요가 없어진다. 가방이 머리 위에 둥둥 떠서 주인을 따라다닐 것이다. 물건을 꺼낼 때는 가방을 쳐다보면 가방이 주인 앞으로 올 것이다. 짐으로부터 양손이 해방되면 우리는 자유로워진 양손으로 무엇을 원하게 될까? 무인 자동차가 나오면 운전을 못해도 차를 살 수 있으며, 목적지까지 가는 동안 많은 여유 시간이 생긴다. 당신이라면 그 시간에 무엇을 하겠는가? 어쩌면 차에 같이 타서 대화를 해주는 직업이 생길지도 모른다. 만약 그렇다면 그때 사람들이 쓰게 될 물건은 무엇일까? 옷이 된 컴퓨터와 공중에 떠다니는 가방, 무인 자동차를 발명하진 못하더라도 그런 물건이 히트상품이 될 때, 더불어 많이 팔릴 만한 것을 미리 개발하고 특허를 낼 필요가 있다.

미래에 대한 예상이 50%만 맞더라도 특허의 50%는 인정을 받을 수 있다. 그 50%의 기술과 디자인을 나머지 50%의 기술을 확보한 기업에 팔아도 된다. 대기업은 이윤이 큰 사업에 매달리기 때문에 작은 액세서리 특허를 놓치고 큰 고기에만 신경을 쓴다. 가지보다 줄기에 매달리는 것이다. 그래서 미리 확보한 잔가지 특허는 대기업에 팔 기회를 만들 수 있다. 미래에 그런 경우가 생길 수 있으므로 특허매매에 대비해야 한다.

특허의 매매와 경매

지금도 특허매매는 기업의 성장에 필수적이다. 특허매매 사이트는 매우 많다. 보통 500만 원 이상이면 자기가 필요한 특허를 사고 팔 수 있다. 여러 개의 특허를 묶어서 팔게 되면 서로 시너지가 생겨서 개개의 가격도 올라간다. 지금은 특허 하나에 10억 원을 주고 여러 개를 사는 기업도 있다. 캐나다의 노텔(Nortel)이라는 통신회사가 파산하며 경매하게 된 6,000개의 특허가 약 5조 원에 팔렸다. 즉, 특허 하나당 8억 원에 거래됐지만 앞으로는 그 이상의 가격에도 거래될 것이다. 몇 개의 핵심특허를 얻기 위해 망한 회사의 전체 특허를 사는 일이 많아지기 때문이다. 특허분쟁이 늘어나고 배상금이 더 커지기 때문에 특허 가격이 올라가는 것이다. 일류 기업들이 세상의 장터에서 통용되는 방식과 그 장터를 만드는 플랫폼을 두고 전쟁을 하고 있다. 이는 최근 들어 활성화되는 특허매매와 특허경매가 구글, 아마존, 페이스북 등의 이용자들을 모아 장터를 키우며, 이런 작은 장터들을 병합하고 성장하여 플랫폼을 잡는 것이 얼마나 큰 위력이 있는지 느낀 대기업들이 많아졌기 때문이다.

특허권을 공동으로 가진 경우에도 어느 한 사람이 그 특허권을 사두면 좋은 이윤도 미래에 특허 가치가 올라가 돈이 될 경우에, 제3자가 개입하면서 특허분쟁이 일어나면 모두에게 손해가 된다. 사이가 멀어진 특허권 공유자가 다른 회사로 가려 할 때는 그 지분을 사두는 것이 좋다. 왜냐하면 모든 특허에는 회피설계 등의 방법으로 공유자가 다른 회사와 손을 잡고 역으로 공격적인 태도를 보일 수 있기 때문이다. 동지가 적이 되면 자신의 속사정을 잘 알기 때문에 더 무서운 법이다. 공유 특허권을 인수하는 돈을 아끼려다 감정싸움으로 특허분쟁 등 소모전이 일어날 수 있다. 현재 우리나라는 공유자의 서명 없이는 일부 지분을 팔거나 양도할 수 없다. 그래서 한쪽이 팔 수 없어서 감정적인 문제가 일어나기도 한다. A회사와 B회사가 한 특허를 공유하다가 B회사가 C회사에 지분을 넘길 수 없다. 그게 가능하다면 C회사가 거대 기업일 경우, A회사는 엄청난 타격을 입기 때문이다. 그래서 서로 경영 방향이 다르면 어느 한쪽이 양도하거나, 사거나 해야 좋다. 서로 흥정을 해야 하는데, 이때는 특허 가치를 분석해주는 변리사들이 많은 곳에 의뢰를 하는 것이 좋다. 서로 전혀 관계없는 공신력 있는 법률회사에 기술평가를 맡기거나 각자의 대리인 변리사와의 합의를 이끌면 매매가 쉬워진다.

특허장터에 나온 특허도 여느 장터의 물건과 같다. 파는 사람은 자기 특허를 귀하게 여기고, 사는 사람은 값을 깎는다. 둘 다 특허의 범위와 효용가치, 지속가치를 따진다. 그리고 특허를 갖기까지 들어간 최소비용(출원비, 등록비, 유지비)보다 더 낮은 가격으로 팔아야 할 수도 있다. 서로 매기는 값이 합의가 되지 않을 경우에는 일부 지분을 남기고 파는 것도 한 방법이다. 하지만 지분을 파는 것은 특허를 공유한다는 얘기다. 이럴 경우에는 앞에서 공동 특허권의 장기적 문제와 비슷한 일이 벌어질 수 있다. 그래서 보통은 특허 실시권 기간 20년 중에서 3년이나 5년 단위로 계약을 하면서 서로 부담과 손해 본다는 느낌을 줄인다. 일정 기간을 허락받고 특허권을 사 간 회사가 3년 만에 큰돈을 번다면, 그때 처음에 팔려는 사람이 원했던 금액을 주거나 더 큰돈을 주면서 다시 2년이나 5년 동안 연장하면 된다.

02

아이디어를 빌려라

배워서 나눠라

아이디어를 빌릴 수 있으려면 평소에 나누는 사람이라는 평판이 중요하다. 동물도, 사람도 본능적으로 인과응보의 기브 앤 테이크(Give & Take) 법칙을 따르고 있어서 누군가가 이윤이 생기면 늘 공정하게 나누는 습관이 있는지를 매우 냉정하게 살펴본다. 투자 성공률이 매우 높았던 피터 드러커는 자신이 예언자가 아니라 섬세한 관찰자라고 말했다. SNS를 통해 모든 것이 접속되어 있는 세상에서는 인터넷에 접속하는 모든 사람이 섬세한 관찰자임을 기억하자. 이제는 자신의 색깔과 행적을 숨기기 어렵다. 숨겼던 학력위조가 드러나고, 화장실에서 한 말이 녹음되어 공개되기도 한다. 유명인의 경우, 어디선가 한 행동이 바로 유튜브에 수십 편의 동영상이 되어 올라가기도 한다.

배우고 돈을 버는 일이 결국 더 생산적인 방식으로 나누기 위한 것이라는 철학으로 사업을 할 때, 사람들은 아이디어를 그냥 전달하기 시작한다. 모든 것이 연결된 세상에서는 팀워크와 연계된 서비스가 조직과 개인의 성공을 좌우한다. 누군가가 공정한지 그렇지 않은지를 판사가 아니라 대중이 판단하는 시대가 왔다. SNS의 글과 댓글만으로 한 개인의 성향과 인성을 판단할 수 있다. 개인의 성향과 인성은 인맥을 형성하고 유지하는 가장 큰 힘이다. 착한 개인은 곤경에 처하면 돕는 사람이 많고 착한 기업은 난관에 처하면 좋은 아이디어 제공자가 많다. 예전보다 그 속도와 파급력이 빠르고 크다.

사회학자 브라이언 우지(Brian Uzzi) 교수는 인맥이 주는 3대 이점을 은밀한 정보, 다양한 기술, 영향력이라고 정리했다. 기업의 입장에서 무엇이 특허가 되는지 알아보자. 특허와 혁신은 다양한 기술이 은밀한 정보를 만나서 만들어지며 인맥은 시장에서의 영향력을 선물한다. 가장 끈끈한 인맥이 형성되는 것은 매우 역설적인 측면이 있다. 누군가가 전혀 보답을 받을 가능성이 없는, 가난하고 지위가 낮은 사람에게 친절한 것을 보면 사람들은 그의 친구가 되려고 줄을 선다. 그것을 잘 아는 정치인은 어린아이를 안기도 하고, 시장에서 사람들과 악수를 한다. 그러나 그렇지 않을 경우에는 급속도로 퍼지는 험담을 감당하기 어렵다. 인맥은 만들고 싶다고 해서 만들어지지 않는다. 우선 자신의 전문성과 영역을 다듬으면서 누구를 만나든 어려울수록 도와주려는 마음이 쌓일 때 좋은 평판과 인맥이 동시에 만들어진다. 힘들 때 나를 도와주려 하는 사람이 진짜 인맥이다.

모든 것이 접속되는 시대에는 영국의 시인이자 비평가 새뮤얼 존슨

(Samuel Johnson)의 말을 인맥 형성의 기본으로 삼아야 한다.

"인간의 진정한 가치는 자신에게 아무런 도움이 되지 않을 사람을 어떻게 대하는가에서 드러난다."

아이디어의 배꼽은 배보다 크다

최근에는 기술 발달이 워낙 빨라서 아이디어가 시제품이 되기 전에 거래되기도 한다. 누군가가 맨 처음 아이디어를 가지고 있는데, 그 아이디어가 특허가 되고 수익이 났다면 통상 수익의 20%를 주는 수준으로 의견이 좁혀지고 있다. 시제품을 만드는 것은 비용이 많이 들기에 개인이 하기 힘들다. 그런데 특허로 보호되지 않는 아이디어를 들은 사람이 나중에 20%를 순순히 내줄까? 내준다! 어떤 기업이 그런 관행을 지킨다고 소문이 나면 아이디어를 가진 사람들이 그 기업에 몰려든다. 기업은 채택되는 아이디어의 20%까지 이익을 차등으로 나눠준다. 대중에게 소문이 나면 더 많은 천재들이 그 기업에 몰려든다. 이렇게 기업이 대중의 창의성을 빌리는 것을 '크라우드 소싱(Crowd Sourcing)'이라고 한다. '대중(Crowd)'과 '아웃소싱(Outsourcing)'을 합성한 이 말은 '온라인에서 대중의 능력을 이용하는 방법'으로 정의된다. 한국에서 가끔 있는 것처럼 사원의 아이디어가 부장의 것이 되고, 중소기업의 특허가 대기업의 특허가 되는 일이 많아지면 국가 전체의 창의성이 떨어지고 우리 기업은 크라우드 소싱을 할 수 없다. 미국은 개인 아이디어의 가치를 어떻게든 인정해주기 때문에 부모의 능력이나 배경과 상관없이 개천에서 나온 용들이 많다. 한마디로 자수성가 비율이 높다. 부자의 70%가 자수성가형이다. 그런데 우리나라는 부자의 80% 이상이 재산과 주식을 물려받은 상속형이다. 우리나라는 동양적 문화와 사고방식이 지배적이고 성공의 기회가 불평등하기 때문이다. 동양적 위계질서가 강한 문화에서는 제자와 팀원, 부하직원의 아이디어는 교수와 팀장, 부장의 것이 되어버린다. 그렇게 되면 개인의 창의성은 사라져버린다.

심리학(설문조사)과 뇌과학(fMRI 관찰)이 결합된 실험을 통해 서양인의 두뇌는 개인을 중시하고 목표물에 집중하는 사냥적 두뇌이고, 동양인의 두뇌는 집단을 의식하며 배경까지 보는 농경적 두뇌라는 것이 밝혀졌다. 농경적 두뇌는 전체를 다 보는 장점이 있지만 새로움을 받아들이는 속도가 사냥적 두뇌보다 느리며, 보수적이고, 주변의 시선을 많이 의식한다. 주변을 의식한다는 것은 우리나라 대다수 부모의 자존감이 상대적 빈곤과 비교로 인해 낮아질 수밖에 없다는 뜻이다.

재벌가가 나오는 드라마를 본 부모들은 대리만족을 느끼지만 드라마가 끝나면 자신의 집안 형편과 비교하게 된다. 재벌 2세와 로맨스가 생기는 멜로드라마를 본 후에 만나는 남자 친구는 왠지 낯설다. 이렇게 자본으로 열등감을 갖기 시작한 부모의 낮은 자존감은 암암리에 자녀에게 전해져 자녀의 사고방식과 호르몬 분비에 영향을 준다. 그래서 우리나라의 가정은 천재도 둔재로 만드는 환경이 많다. 가난한 집 아이는 두뇌가 뛰어나도 주변의 기대가 낮아서 그 잠재력이 쉽게 발굴되지 않는다. 우리나라에서 한 아이디어의 가치가 중견기업의 가치와 동등해지는 날을 기대해본다. 아이디어라는 배꼽이 배보다 클 수 있다는 것을 우리나라에서도 확인할 수 있어야 창의성을 비롯해 발명과 특허의 기회가 많아질 것이다.

손자병법 아이디어

무기로 싸우는 전쟁도 완전히 끝나지 않았는데 인류는 특허를 가지고 싸우는 시대를 맞이했다. 이번에는 거의 모든 종류의 전쟁에 통하는 손자병법과 특허전쟁을 요약해보자. 《손자병법 특허병법》이란 책은 이에 대해 잘 정리되어 있다. 손자병법 중에서도 가장 중요한 8자만 뽑아서 강조하면 다음과 같다.

지피지기 부전이승(知彼知己 不戰而勝, 적을 알고 나를 알아야 싸우지 않고 이긴다)

나와 타인, 내 기술과 다른 이의 기술을 알고, 싸우지 않고 이겨라!

해외에 진출하기 위해서는 그 나라의 특허분석이 필요하고 그 특허의 수명이 얼마나 남았으며, 이후에 이어질 기술이 무엇이고, 자신의 기술과 특허가 활동할 수 있는 기간과 범위가 어디까지인지 알면 싸우지 않고 사업을 할 수 있다는 말이다. 그래서 기본적으로는 위의 8자가 특허전쟁에서, 아니 모든 전쟁에서의 이상적인 공식이며 구호라 할 수 있다. 그러나 현실은 녹록하지 않아서 이 8자대로만 돌아가지 않는다. 아예 특허로 보장되지 않는 사업이나 특허가 가능해도 자기 기술이 참신성이 있는지 간파하기 위해 전문가의 도움을 받아야 하는 처지다. 그렇다고 그 전문가가 모든 특허를 다 조사하여 리스크를 잘 관리한다는 보장도 없다. 그래서 공격과 방어 전략이 필요하다.

전쟁 계획을 세워야 하고, 전쟁 비용과 기간을 예측하면서 현상유지가 가능한지와 손익을 계산해야 한다. 그리고 상대의 특허를 무효화할 수 있는 동맹 가능한 친구(적의 적 포함)를 찾아야 한다. 그다음에는 전투력(전문가 + 특허 풀 + 상호실시허락 + 특허박스)과 필살기술(린치핀 같은 핵심특허나 히든카드)을 증강하면서, 어느 영역(국가와 기술)이 전쟁터가 될지 예측하여 현지인을 사귀어 높은 고지를 차지하고 식량 보급로를 미리 설정해야 한다. 앞에서 전투력에 해당하는 특허 풀(Patent Pool)은 특허 동맹이며, 특허박스(Patent Box)는 기업의 수익 가운데 지식재산을 통해 발생한 부분에 혜택을 주는 제도이다. 기업의 특허사업화를 촉진하기 위한 인센티브 시스템이다. 전투력에서는 국가 차원에서 제도로 뒷받침해줄 부분이 많다. 그래서 우리는 이미 동맹군으로서 서비스되고 있는 특허검색 키프리스(www.kipros.or.kr), 한국지식재산보호협회(www.kipra.or.kr), 지재권분쟁대응센터(IPDRC), 지재권분쟁 포털 IP-NAVI, 그리고 한국DB산업협의회, 한국데이터베이스진흥원(www.kodb.or.kr), 광개토연구소의 특허괴물DB 등에서 제공하는 정보와 우선 친해질 필요가 있다.

03
소비자 연령에 맞춘 발명 아이디어

주부와 아이들의 사생활

가정에서 주부들이 느끼는 불편은 언제든 특허가 될 수 있다. 주부와 아이들의 사생활에서 어떤 생각이 아이디어가 될지 생각해보자.

먼저 영유아를 키울 때 유용한 특허 아이디어를 소개해보겠다. 갓난 아기를 키워본 부모라면 밤마다 자다 깨다를 반복하며 분유를 타본 경험이 있을 것이다. 잠이 덜 깬 채 분유를 타는 것도 곤혹이지만 시간 맞춰 일어나는 것이 가장 힘들다. 그럴 때를 위해 잠들기 전에 미리 분유를 타서 새벽까지 적당한 온도를 유지하는 분유통이 있다면 얼마나 좋을까. 그 밖에도 영유아 및 아이에 대한 특허 아이디어는 많다. 잠자는 아이가 깨지 않도록 침대 진드기와 먼지를 소리 없이 청소하는 청소기, 아이가 안아 달라고 할 때까지 안을 수 있도록 허리와 다리, 팔을 강하게 만드는 옷이 있다면 어떨까? 동화책을 읽더라도 아이의 시선이 어디에 머무는지 알 수 없는 엄마는 아이의 생각에 맞게 반응할 수 없는데, 이런 경우 아이의 시선을 엄마만 알도록 표시해주는 방법은 없을까? 특히 영어동화책을 읽어줄 때 엄마의 귀에만 들리게 읽을 문장을 먼저 들려줄 수는 없을까? 또 아이를 학교에 보낸 엄마, 수학여행을 보낸 엄마는 아이가 무엇을 하는지 집에서 확인하고 싶어 한다. 아이의 몸에 필요한 영양소를 냉장고에 입력하면 더 채워야 할 음식을 추천해주는 것도 좋은 아이디어다. 이런 생각은 아이를 키우다보면 자연스럽게 하게 된다.

이제는 주부 입장에서 고민해보자. 시장이나 마트에서 장을 볼 때 무엇을 살지 미리 정해놓고 가거나, 장을 보러 가기 전 냉장고에 무엇이 있는지 확인한다. 그런데 항상 확인할 수 없기 때문에 시장이나 마트에 가서도 우리집 냉장고에 어떤 음식이 남아 있는지, 어떤 재료를 사야 하는지 바로 확인할 수 있으면 좋을 것이다. 냉장고 관련 앱은 실제로 존재한다. 편의점과 연계한 제품, 유통기한을 미리 체크해주는 앱 등이다. 그러나 주부들에게 실질적으로 필요한 것은 아니다. 따라서 주부의 고민을 해결해주는 냉장고 앱을 개발하는 것은 매우 유용한 특허 아이디어이다. 또 가족 구성원마다 부족한 영양소가 다른데, 그 모두를 만족시킬 요리와 반찬을 알려주는 것도 좋다. 식탁이 냉장고 옆으로 왔다가 반찬을 다 놓은 후에는 제자리로 가는 것은 어떨까? 아이들이랑 요리할 때는 식탁과 주방 선반의 높이가 낮아지게 하는 기술, 음식과 과일은 잘 자르지만 인간의 피부는 자르지 않는 스마트한 주방용 칼은 어떨까?

아이들의 생활에서도 특허 아이디어를 찾을 수 있다. 아이들은 준비물을 잊어버리고 학교에 가는 경우가 많은데, 그때마다 현관에서 요일별로 준비물을 점검해주는 장치를 만드는 것도 특허 아이디어가 될 수 있다. 맑은 하늘에서 갑자기 비가 올 때는 가방이 우산으로 변하거나 무거운 가방을 가볍게 해주는 방법은 없을까? 놀이터에 가면 모래가 들어가지 않도록 바지가 신발에 달라붙게 하거나 좋아하는 여자애가 다가올 때 신발이 10초 동안만 키높이 구두로 변하면 얼마나 좋을까? 때로는 구두처럼, 때로는 운동화처럼 신을 수 있는 신발이 나오면 얼마나 실용적일까? 아이들의 생활 속에서도 이토록 많은 특허 아이디어를 얻을 수 있다.

직장인의 사생활

직장인의 사생활에서 발견할 수 있는 특허 아이디어에는 어떤 것이 있을지 상상해보자.

늘 길이 막히는 출근시간에는 자동차의 폭이 순간 줄어들어 좁은 길도 달릴 수 있게 하는 방법이 있으면 좋겠다. 지하철이나 버스에서 졸다가 내려야 할 역을 지나칠 때가 있는데, 내리기 3~4정거장 전에 휴대전화 알림과 같이 미리 알려주는 뭔가가 있으면 어떨까? 회사에서 사장님이 가까이 왔다는 신호를 보내주는 넥타이는 어떤가? 넥타이가 목을 조이며 경고를 하는 것이다. 운동부족으로 건강에 문제가 생길 것 같으면 미리 신호를 보내는 방법으로, 입고 있는 옷 색깔이 변해 운동을 하게끔 해주는 것도 좋겠다. 또는 계단에서는 옷이 부드러워지고, 엘리베이터를 탈 때는 옷에서 소량의 전기를 발생하여 피부가 따가워지는 형벌을 스스로에게 주게 하면 어떨까? 한 번 설정하면 일주일 동안 기능이 지속되어 계단을 계속 이용하게 하고, 결국 건강을 지키게 해주는 것이다.

공부도 마찬가지다. 졸면 전기충격을 주는 의자도 생각해볼 수 있다. 졸리는 정도에 따라 충격 강도를 스스로 정하게 하면 좋을 것이다. 전기 충격 의자 외에도 점심때 내게 가장 필요한 영양소는 뭔지 알려주는 의자, 숙취에 좋은 음식을 알려주는 의자, 점심 이후 졸린 상태를 체크하여 최대한 몸을 움직이게 하는 책과 의자도 좋다.

현재 일하는 직장에서 언제부터 이직을 준비해야 할지, 지금 이 회사에서 미래를 위해 무엇을 준비해야 하는지 등을 알려주는 것은 없을까? 여럿이 살면서도 사생활을 잘 보장받기 위해 서로 영역을 잘 지키게 설계된 도심형 오피스텔, 대인관계를 도와주는 빅 데이터 회사, 결혼정보회사가 아닌 연애를 도와주는 매니저업체, 잠을 잘 때 미래를 예측하게 하는 꿈 장치는 만들 수 없을까?

우리는 다양한 직업을 갖고 일을 하며 생활한다. 각자의 위치에서 불편하기 때문에 새로운 무언가를 원할 때가 있다. 앞에서 상상한 다양한 얘기가 실제로 일어나지 않는다는 보장은 없다. 무수히 상상했던 일들이 현실로 일어날 그날을 기다려보자.

중년과 노년의 사생활

은퇴 압박을 받고 있는 중년, 탑골공원에서 노닐거나 다수의 건물로 임대업을 하는 노년들의 생각도 상상해보자.

건강을 지키기 위해 붙박이장처럼 운동기구가 벽에 숨어 있다가 버튼을 누르면 나오는 집, 버튼으로 순식간에 침실이나 영화관으로 변하는 집이 있다면 얼마나 좋을까? 이런 집을 갖기 위해서는 많은 돈이 필요하다. 많은 돈을 벌 수 있도록 나라마다 아직 소개되지 않은 발명품을 소개해주는 곳, 성공률이 높은 제품에 대해서만 투자를 하도록 국지적으로 특허를 소개하는 곳이 있으면 좋겠다.

등산할 때 무릎이 아픈 사람을 위해 급경사진 곳이 없는 등산로를 안내해주는 장치는 없을까? 등산스틱에 몸무게를 확 줄여주는 원리를 담을 수는 없을까? 손으로 잡는 스틱 말고 무릎과 허리에 차는 스틱도 만들 수 있을 것이다. 또한 자신에게 안성맞춤인 산을 안내해주는 서비스도 좋다. 허리가 아프거나 관절이 좋지 않은 사람이 산을 오를 때는 증상에 따라 산을 소개해주는 것이다.

심장이 좋지 않은 사람을 위해 부정맥이 생겼을 때 전기뱀장어처럼 옷이 알아서 전기충격을 줄 수는 없을까? 산을 오르다 심장에 문제가 생겨 쓰러졌을 때, 스스로 알아서 인공호흡을 해주는 무언가는 만들 수 없을까?

이처럼 중년과 노년은 노후를 생각하면서 다양한 특허 아이디어를 생각해낼 수 있다. 그밖에도 자녀의 연애와 결혼에 대비해 궁금증을 해소해주는 것도 있을 것이다. 멋진 손자를 볼 수 있게 자녀와 자녀의 결혼 상대자의 DNA를 외모에서 간파하는 기능이 있는 스마트폰이 좋은 예가 된다.

경험 속에 답이 있다

대부분의 발명은 발명가와 그 가족의 고민, 또는 발명가와 친한 이웃이나 친척의 불만에서 아이디어를 얻는다. 사업 아이디어도 마찬가지다. 보통사람이 전혀 예측하지 못한 아이디어는 그만큼 실패 확률도 높다. 지금 한국이 경험하고 있는 경제적·심리적 상황을 살펴보자. 2008년 금융위기 이후 가속화된 한국의 저성장과 축소경제는 젊은이들이 돈을 벌 수 없는 구조로 만들고 있다. 세월호 참사 이후에는 전 국민이 보다 보수적으로 돈을 쓰고 있다. 사람들이 보수적으로 바뀌면 혁신적인 것보다는 늘 쓰던 것을 쓰고, 가던 곳에 간다. 그래서 새로운 일자리가 생긴다거나 새 제품이 성공할 기회가 줄어든다.

아직 브랜드를 확보하지 못한 기업에는 위기가 찾아온다. 고용 없는 성장에서 고용도, 소비도 줄어드는 저성장이나 축소경제가 되어가기 때문이다. 반면 고성장 시대에 돈을 축적한 베이비부머 세대는 현금 여력이 있어서 비교적 큰 시장을 형성하고 있다. 그들이 어디에 관심이 있고, 어디에 돈을 쓸지 생각하는 발명이 유리하다. 그러나 이미 나이가 든 세대는 건강식품과 등산복 등은 사지만 그 밖의 사치품이나 물건은 잘 사지 않는다. 많은 자본이 필요한 아웃도어 시장에는 이미 성장한 기업이 자리를 잡고 있으며, 건강식품이나 의약품 시장도 기존 업계 내에서 경쟁하고 있다. 그래서 식당이나 커피숍 등 자영업으로 성공하기가 힘든 상황이다.

이런 이유로 젊은이들이 뭔가 새롭게 시작할 자본을 모으기 더욱 어려운 구조가 됐다. 이런 경우를 일찍 경험한 선진국은 경제를 세계화하면서 문제를 해결해왔다. 우리나라도 이제 그럴 시기가 온 것이다. 젊은이라면 외국의 젊은이들을 대상으로 장기적 사업 목표를 세우고, 일단 국내 노년층을 위한 문화 속에서 사업모델을 구상해보길 바란다. 노년층을 위한 사업은 사업 경험이 있는 노년이 해야 할 영역이다. 젊은 주부라면 아이와 살림을 위한 특허를 내기에 유리하고, 학생이라면 책상과 의자의 불편을 느끼기에 유리하다. 치아가 약한 사람이 치과의사가 되면 치과용 의료기기를 발명할 것이다.

경험에서 불편을 느껴보지 않은 채 새로운 발명을 하면 시장성을 놓칠 가능성이 높다. 직접적인 경험이 없다면 신제품을 개발하기보다는 기존 제품이 가진 한계와 개선점을 찾는 것이 유리하다. 뉴턴이 말했듯 주변에 있는 거인의 어깨에 올라가서 더 먼 곳을 바라보는 것이 일단은 현명한 방법이다. 그 방법으로 우리는 책을 읽고 공부를 한다. 기억해야 할 점은 공부는 간접 경험일 뿐, 온몸과 마음으로 불편을 느낀 경험만이 직접 경험이라는 것이다. 이론과 공부만으로는 강한 특허가 나오지 않는다. 직접 경험과 간접 경험의 비율이 2:8은 돼야 사람에게, 기업에게 먹히는 발명이 된다.

투자가들이 묻는 특허의 가치

투자하고 싶은 특허의 4가지 조건

헌트(Walter Hunt)라는 청년은 사랑하는 여인과 결혼을 원했지만 장차 장인이 될 어른이 가난하다며 거절했다. 청년은 나중에 부자가 될 수 있는 두뇌를 가졌다고 장담했지만, 장인은 그 말을 증명해보라고 했다. 그러면서 조건을 달았는데 10일 안으로 1,000달러를 벌어오면 결혼을 허락한다고 한 것이다. 1,000달러는 당시 큰 집을 살 수 있는 돈이었다. 빌려오는 것도 안 되고, 일주일 동안 노동으로 벌기에도 불가능한 액수였다. 그때 청년은 발명을 생각해냈다. 많은 사람들이 살 수 있는 물건으로, 며칠 안에 만들 수 있는 것이 무엇인지 고민했다. 그는 고민 끝에 안전핀을 구상하고 그것을 만들어 특허를 냈다. 미국에도 부활절 등의 행사에 가슴에 리본을 다는 문화가 있었는데, 당시에는 그냥 일자형 바늘로 리본을 가슴에 꽂았다. 스치기만 해도 리본이 빠졌고, 포옹을 하다가 바늘에 찔리기도 했다. 정말 불편한 일이었다. 청년은 그 불편함에서 시작해 리본을 달 수 있고, 찔리지 않는 안전핀을 고안해냈다. 그는 서둘러 특허를 팔아야 했다. 그는 사랑을 이루는 것이 최상의 목표였는데, 기한이 얼마 남지 않았기 때문에 서둘러 여기저기 리본가게를 돌며 협상을 했다. 그러나 큰돈을 내주는 사장은 없었다. 청년은 마음이 아팠고, 유용한 물건을 사지 않는 업자들을 이해할 수 없었다. 예나 지금이나 그런 일은 많다. 그러던 마지막 날 저녁, 안전핀의 가치를 알아챈 한 리본가게 주인이 주변에서 빌린 돈을 모아 가져왔고, 청년은 그 돈으로 결혼을 허락받았다. 청년은 사랑을 지켰고, 리본가게 주인은 백만장자가 됐다.

앞의 이야기에서 헌트의 사랑을 이어준 은인은 옷핀의 가치를 계산해 낸 리본가게 주인이었다. 리본가게 주인이 돈을 빌려 1,000달러를 만든 이유를 4가지 측면에서 생각해보자.

첫째, 발명 아이디어에 대한 독점권이 확실한가? 청년은 특허를 냈고, 미국은 건국하면서부터 일정기간 발명가의 독점적 권리에 대해 헌법에 명시하고 있다. 그래서 다른 업자가 특허를 침해하면 그는 사업체를 팔아서라도 막대한 벌금을 물어야 한다. 즉 리본가게 주인은 자신이 특허의 독점권을 가졌을 때 누군가가 특허침해를 할 경우, 자신에게 돌아오는 이익을 생각했다는 것이다. 둘째, 발명 아이디어가 적용될 시장이 존재하는가? 미국은 법정 증인도 성경에 선서를 하는 기독교 국가이다. 전국적으로 매년 리본을 다는 교회 집회가 있으며, 안전핀은 다른 용도로도 팔 수 있다. 셋째, 발명 아이디어가 시장에서 가지는 차별점은 무엇인가? 무엇보다 리본을 달다 다친 사람들이 많았다. 바늘은 위험한 물건이었다. 칼집 없는 칼을 몸에 지니고 다니는 듯한 기분을 느꼈던 소비자들은 새로운 안전핀에 대한 욕구가 있었다. 즉 소비자들의 구매가 늘어날 것을 예상할 수 있다. 넷째, 자신에게 경영 및 기술적 인력이 있는가? 전국에 팔면 되므로 중간에 도매업자만 있으면 된다. 도매업자들이 각 지역을 돌면서 누가 특허를 침해하는지 감시할 수 있다.

이런 4가지 측면에서 특허의 가치를 판단해보면, 새로운 아이디어에 투자할지 말지 결정할 수 있다. 이것이 특허에 투자할 때 고려하는 4가지 조건이다.

인간에게 투자하다

노련한 벤처기업 투자가들은 왜 사람에게 투자를 할까? 사업계획서보다 그 사업을 책임질 사람이 훨씬 중요한 이유는, 기업 경영은 불확실성이 많고 사업계획서대로 잘 되지 않기 때문이다. 그래서 기업가 정신을 가진 사람에게 투자를 하는데, 기업가 정신을 가진 사람은 사업계획서를 바꾸면서 적응과 변신을 잘한다. 넷스케이프(Netscape)를 창업한 벤처기업가 마크 안드레센(Marc Andreessen)은 사업계획서와 뛰어난 화술에 투자하지 말고, 사람을 보고 투자하는 것이 훨씬 건강한 투자라고 말했다. 또 '중국의 소로스'라 불리는 청웨이 캐피털 대표 에릭 리(Eric X. Li)도 투자 결정의 우선순위는 기업가의 자질이라고 했으며, 사회학자 스티브 샤핀(Steven Shapin)은 실리콘 밸리 투자자들이 창업가의 아이디어나 사업계획서보다는 인품과 기질을 보고 투자한다고 했다. 그 이유는 오늘의 혁신적인 아이디어가 1년 후에는 더 발전하지 못하거나 낡은 아이디어가 될 수 있기 때문이다. 그러나 투자자와의 신뢰와 책임을 이윤보다 더 귀한 가치로 생각하고, 기회를 포착하여 응용까지 잘하는 기업가를 보고 투자하면, 최초에는 보통의 아이디어에 투자했다 해도 결국 그 기업가는 갈수록 새롭고 놀라운 사업을 펼친다. 스승이 제자에게 투자할 때도 사람이 될 떡잎인지 알아보고 지식을 전하면 그 지식을 이롭게 쓸 확률이 올라가듯, 투자자도 기업가의 인간됨을 보고 투자하면 실패해도 경험 축적이라는 결과가 재기와 성공으로 이어진다.

필자의 지인이 한국의 예비 사회적 기업 심사에 참여한 적이 있는데, 거기서도 역시 거의 모든 심사관들이 사람에게 투자하는 경향이 있음을 확인할 수 있었다고 한다. 한 심사관은 사회적 기업 CEO이기 때문에 이윤이 느리게 나타나므로 지루한 시간을 견딜 인품이 사업 아이디어나 전문성보다 더 중요하게 본다고 했다. 변리사인 필자는 사람보다는 아이디어를 보면서 점수를 주는 편이다. 대학의 입학사정관은 2가지를 모두 중요하게 볼 것이다. 최근 삼성의 직무적성검사는 입사 지원자들이 어떤 배경에서 성장했는지를 가늠하는 문제가 늘어나고 있다. 동양인과 서양인이 카테고리를 나누는 심리가 다르듯, 사람들은 유전과 자라온 환경의 영향으로 정답이 여럿인 문제에서 답을 고르는 기준이 달라진다. 그 기준은 무의식적 선택의 기준까지 드러나게 한다. 기업 환경이 창의성과 진취성으로 저돌적 돌파를 원하는 상황에서 성적이나 면접, 짧은 기간의 인턴기간으로는 모두 파악하기 힘들기 때문에 DNA 깊은 곳에 숨어 있는 선택 경향을 심리적 전략이 들어 있는 설문으로 간파하려는 것이다. 이런 흐름도 기업의 잠재력과 역량을 더 키워줄 사람에게 투자하려는 노력이다.

성공할 특허의 예측 방법

매우 성공한 현재의 사업도 초기에는 투자자를 만나지 못해 세상에 나오지 못할 위기가 있었다. 반면 업계 전문가들이 이구동성으로 좋게 평가하던 일이 너무나 우습게 망가지는 사업도 있다. 21세기 최고의 발명품이라 불리는 아이폰이 2009년 우리나라에 처음 출시됐을 당시에는 휴대전화의 개념을 바꿔놓을 만한 위력이 있을지 아무도 상상하지 못했다. 그러나 스티브 잡스는 이런 결과를 이미 알고 있었는지 모른다. 그는 인간의 변화를 공부하는 인문학과 기술을 결합하여 스마트폰을 만들었다고 말했다. 그 말은 인간의 심리를 탐구하는 인문학과 인간의 몸에 잘 맞는 기술로 도구나 기구를 만들면 성공한다는 뜻이다. 어쩌면 성공할 특허는 스티브 잡스가 말한 것이 전부일 수도 있다. 이처럼 성공할 특허를 미리 알아보는 눈을 기르기 위해서는 어떻게 해야 할까?

첫째, 미래에 대한 '생각의 틀(패러다임)'을 다양하게 설계하기 위해서는 먼저 과거의 생각을 정리해야 한다. 역사는 그래서 미래학과 연결된다. 과거에 인간이 무엇을 즐겼고, 어떤 도구를 썼으며, 어떤 집에서 살아왔고, 누구와 놀았는지를 연구하는 문화인류학적 지식을 갖고 과거의 즐거움 중 현대인에게 결핍된 것을 본다면 그 특허는 성공할 확률이 높다. 인간은 뭔가 한번 즐겼던 것을 원초적으로 기억하고 있으며, 먼 조상이 가진 과거의 역사는 미래에 기술적으로 재현되기 때문이다. 그것이 인간과 동물의 역사에서 쉽게 발견되는 패턴이다. 둘째, 문화인류학적 지식은 이제 지역별 인간의 역사를 구분해보는 단계로 자연스럽게 넘어가고 있는데, 바로 이 지역적 특징에 따른 인간의 생활 변화를 이해해야 한다. 예를 들면, 아프리카와 그린란드처럼 기후가 서로 다른 경우에는 문화와 집, 도구가 다르다. 그래서 어느 나라에서는 성공한 특허가 다른 나라에서는 실패하는 것이다. 셋째, 도구나 기구에 생명이 있다고 생각하는 것이다. 인간이 도구를 개량한다고 보는 것보다 도구와 기술이 생명체여서 스스로 진화한다고 봐야 한다.

도구를 생명체로 보는 시각은 앞으로 고령화 사회를 맞이하여 바이오 생명산업 시대가 열릴 때 기회를 보게 한다. 전 세계 GDP의 85%를 담당하는 20여 개 국가가 모두 고령화 사회가 되고 있다. 오랫동안 건강하고 젊게 살도록 해주는 특허들이 무수히 쏟아져 나올 것이 분명하다. 그리고 고령층에게 맞춤형으로 뭔가를 만들어줄 3D 프린터도 함께 발달할 것이다. 만약 인공지능 AI(Artificial Intelligence)가 3D 프린터와 결합하게 된다면 스스로 자신을 수리하고, 노인을 치료하는 동시에 운동을 시키고 관리하는 각종 기능성 로봇도 증가할지 모른다. 어쩌면 인구보다 로봇 수가 더 많아질 수도 있다. 자동차, 강아지, 청소부, 의사, 교사도 로봇이 대신하게 되면 국가는 늘어나는 실업자들에게 시간을 보낼 게임과 문화를 제공해야 한다. 결국 여가생활의 다양성이 매우 빠르게 가속화될 것이다. 한마디로 유비쿼터스 기능이 안전과 일 중심에서 여가생활로 이전되고, 양자역학과 나노산업은 기술에 스며들게 된다.

새로운 미래를 예측하면 새로운 특허가 보인다. 미래의 특허를 선점하고 싶다면 미래학자들의 황당한 이론과 가설도 귀 기울여 들어야 한다.

정확하게 미래를 예언하는 능력을 가진 영매도, 마법의 열쇠도 없다. 그래서 현대의 미래학은 다양한 가능성의 미래(Possible Futures) 간의 게임과 같다. 어떤 미래가 이길지 게임을 해보는 것이다. 누가 더 강력한 동력으로 미래를 만들어가는지 보면서 그 주체의 마음도 읽어봐야 한다. 미래를 형성하는 영향력은 영향력을 가진 사람의 마음이 흘러가는 방식이기도 하다.

특허의 진화와 기업의 역량

오늘날에도 대부분의 특허는 기존 기술과 기술이 융합하면서 그 사이에서 수많은 특허가 생긴다. 광개토연구소의 강민수 변리사는 한 인터뷰에서 다음과 같은 말을 했다.

"특허를 잘 만드는 것은 단순히 새로운 것만 개발하는 것이 아닙니다. 기존에 나왔던 기술을 잘 파악하고 이를 토대로 새로운 걸 만드는 일입니다. 특허 창출은 거인의 어깨에 서 있는 난쟁이와 같습니다. 기존 기술이라는 거대한 정보를 토대로 멀리 내다보는 새로운 아이디어가 융합되어 탄생하지요."

변리사들은 중매쟁이와 같은 역할을 더 늘려야 한다. 그래서 기술과 특허가 예쁜 연지곤지 바르고 결혼을 하도록 주선해야 한다. 결혼 시장에서 소개 전문업체가 생기듯 기술 시장에도 그런 업체가 더 많아져야 한다. 아직은 특허전쟁의 시대이다. 그러나 언젠가는 특허괴물이나 기업, 대학과 개인이 보유한 특허들의 궁합에 대한 DB는 더욱 찾기 쉽게 진화될 것이다. 그래서 축제 분위기 속에서 기술들이 결혼하여 인류를 위한 새 기술이 나오도록 진화해야 한다.

기업의 역량은 CEO의 역량과 안목, 회사와 직원을 지배하는 가치관, 환경을 예측하고 기업을 유지, 개선하는 전체 시스템과 직원들의 태도와 습관, 그리고 특허 연구 역량과 보유 현황이다. 기업은 앞의 4가지가 모두 좋아야 사회에서 호평받는 브랜드를 만들 수 있으며 지속적인 이윤을 낼 수 있다. 그중에서 특허의 보유는 가장 핵심적인 엔진이다. 특허가 없더라도 브랜드나 상표를 가졌다면 특허와 성격이 같은 지식재산이므로 기업의 핵심이 있다고 할 수 있다. 문제는 기업 환경이 점점 불규칙해지는 가운데 CEO는 바꿀 수 있지만, 브랜드와 생산 시스템을 지키는 특허는 바꾸기 어렵다는 것이다. 그래서 각 기업의 새 특허는 마치 새로운 세포가 생기는 것처럼 진화하며 증식하게 된다. 기업 환경의 불규칙성으로 인한 위기는 단세포가 다세포로 진화하는 것처럼 특허가 진화하도록 해준다.

대표적 단세포 동물 아메바도 위기를 맞이하면 새로운 시장을 찾는다. 주변에 먹잇감이 없어서 배고픔이라는 위기가 오면 이들은 군대처럼 한 덩어리로 모여서 대장을 정한 후, 그를 따라 다른 곳으로 이동한다. 이때 대장은 먹이가 있는 곳을 찾아가는 리더가 되면서 더 영리하게 행동하는데, 그것은 역할행동이란 심리학적 반응이다. 누구나 자기가 한 집단의 운명을 책임져야 한다면 이전보다 더 긴장하고 영리해진다. 이처럼 단세포 동물도 생존 위기가 오면 누군가 등장하여 권력을 쥐면서 위기를 탈출할 때까지 경영을 한다. 하물며 인간인 우리가 그보다 못하겠는가?

먹잇감이 드물어진 오늘날 기업의 흥망은 특허의 진화에 달려 있다.

작은 기업이라도 특허분석과 특허경영을 하면 짧은 시간에 시장을 장악하여 중견기업이 될 수 있다. 진화해가는 특허경영은 우선 창의적 개인을 집단 내에 불러들이는 것으로 시작한다. 시인이나 화가라도 좋다. 그들에게 공간을 제공하고 브레인스토밍이나 아이디어 회의에 참여하도록 유도해야 한다. 또는 사장과 직원들이 예술경영과 독서경영을 실천하는 것도 좋다. 즉, 창의적인 문화가 기업의 공기가 되도록 전 직원에게 각종 예술교육과 혁신프로그램을 도입하여 평소 업무와 거리를 두는 색다른 시간을 만들어주라는 것이다. 그래야 직원들에게 특허를 고안할 수 있는 여유가 생긴다. 앞서 언급했듯 구글이 주 5일 중 하루를 자율적으로 보내게 하는 이유도, 업무와 다른 활동 간에 화학적으로 결합하는 시너지를 만들기 위해서이다.

중소기업이라면 직원들에게 발명교육과정을 매년 제공하는 것도 좋은 방법이다. 그러면 직원들은 회사 업무와 관련된 직무발명으로 보답할 것이다. 직원들이 여러 아이디어를 내면 변리사 등을 통해 특허가 가능한지 알아본 후에 2차, 3차 아이디어 튜닝을 하여 보완된 특허를 내면 된다. 이때 특허출원비용은 회사 자체적으로 보험회사에 보험료를 내듯 처리하는 것이 좋으며, 직무발명에 대한 보상도 역시 회사 운영의 기본비용에 포함시켜야 한다.

특허경영이 특허등록과 시장 장악이라는 결과에 다가가기 위해서는 반복적인 발명시도를 통한 구성원의 두뇌와 관점의 변화가 매우 중요하다. 직원들이 점점 창의적 문화에 물들면 이후 저절로 특허출원 수가 늘어난다. 특허출원과 발명문화의 가치는 단기간에 알 수 없으므로 일단 다양한 발명을 다각적으로 출원해두는 전략을 사용해야 한다. 언젠가는 출원해둔 특허가 효자 노릇을 한다.

　기업에 특허문화가 먼저 있어야 특허분석도 기업 발전을 위해 제 역할을 다할 것이다. 애플이 삼성을 공격한 특허들은 기업의 특허문화라는 배경에서 우연히 나온 것들이다. 이제는 모든 기업에서 일정한 시간만큼 특허를 생각해보는 문화가 직원들의 단합을 위한 회식보다 더 중요하다. 특허문화가 좋아진 이후에는 경쟁 기업의 특허까지 분석하고 예측해보는 팀을 만들어 기업의 특허 위험을 줄이는 것이 좋다. 해외에 진출할 생각이라면 외국어 능력이 좋은 직원들을 모아 분야별로 국제적 특허를 분석하는 팀도 꾸려야 한다.

특허 대박은 가능하다

평범한 사람의 특허 대박

평범한 사람의 특허 대박은 적정기술의 발견에 있다. 적정기술(適正技術, Appropriate Technology)은 적당하고 딱 맞는 기술, 잘 적용되는 기술을 말한다. 우리나라의 경우, 어느 지역과 어떤 계층에 딱 맞는 기술이어야 일차적인 경쟁력이 생긴다. 이런 흐름은 일명 '글로컬(Glocal)'의 흐름에서 평범한 사람이 취할 수 있는 유일한 혁신과 대박 수단일 수 있다. 글로컬은 '글로벌(Global)'과 '로컬(Local)'의 합성어로, 특허의 관점에서 보면 세계적으로 보편화됨과 동시에 지역과 계층, 직업에 맞는 기술이 나오는 것을 의미한다. 로컬과 적정기술의 만남은 지역사회나 기업 등 특정 집단의 크기와 정치, 문화, 환경, 기술적 조건을 고려해 해당 집단에서 지속적인 생산과 소비가 가능하도록 만드는 것이다. 전기와 석유가 없다면 자전거나 물레가 적정기술이 되고, 인터넷이 있다면 모바일 기기가 적정기술이 된다. 그래서 평범한 사람의 특허 대박은 가정과 직장에서 겪는 다양한 사건을 고민하다가 개발하는 제품특허가 많다. 예를 들면 아이를 키울 때, 여행 중에 곤경을 만났을 때 등이 해당되는데, '한경희 스팀청소기'는 가정에서 개발된 특허제품 중 우리나라에서 가장 성공한 경우라 할 수 있다.

미국에서 대박이 난 적정디자인이 있다. 그것은 겨울철에 담요를 덮고 소파에 누워서 매번 TV리모컨을 꺼낼 때 찬바람이 들어오는 단점을 보완한 디자인이다. 담요에 긴 소매를 달아 리모컨을 쥔 손이 쑥 들어가게 하여 따뜻하면서도 조작이 가능하도록 했다. 이 소매 달린 담요를 겨울에 급하게 밖에 나갈 때 두꺼운 바바리처럼 두르는 사람들이 생기면서 큰 히트를 쳤다. 특허의 역사에는 이처럼 평범한 사람들이 대박을 낸 경우가 많다. 대부분 개인이 만들거나 디자인할 수 있는 수준이며, 적정기술을 적용해서 대박을 냈다.

적정기술을 이용한 대표적인 특허로는 한슨 크로켓 그레고리(Hanson Crockett Gregory)의 아이디어로 만든 '가운데에 구멍이 난 도넛'을 들 수 있다. 그레고리는 어머니가 구워준 케이크 안쪽이 잘 익지 않는 문제를 해결하려다 케이크에 구멍을 내 구웠다고 한다. 이렇게 구멍을 내 구운 도넛이 잘 팔리자 기업가들이 특허를 생각하기 시작했다. 그러나 이 도넛이 유행하고 20여 년이 흐른 후에야 존 브론델이 반지 모양으로 빵에 구멍을 내는 기계를 발명해 특허를 냈다.

이런 특허의 역사에는 등산을 좋아하는 사람이 물통 뚜껑에 나침반을 결합한 경우도 있고, 남편의 팬티에 세로로 구멍을 낸 아내도 있다. 겨울철 귀만 가리는 귀마개, 강아지 인형에 빨간 혀를 붙인 것, 바느질 골무, 가시가 달린 철사와 생리대도 보통사람의 아이디어였다. 이런 적정기술은 좋은 의도를 가진 평범한 사람도 성공할 수 있다는 것을 보여준다.

적정기술 운동을 하는 폴 폴락(Paul Polak)은 빈곤계층도 고객으로 보고 그들이 필요한 물건을 사기 위해 얼마까지 지불할 수 있으며 어떤 부족함이 있는지 살피면, 적절한 가격의 디자인을 팔 수 있다고 했다. 전 세계 인구의 90%는 빈곤층 소비자이다. 그들의 관심을 끌기 위해 소규모의 저렴한 기술을 설계하려는 착한 디자인 운동은 지불 능력이 막강한 소수의 소비자를 주요 고객으로 삼아온 기존의 상품 디자인을 보완하면서 보통사람이 할 수 있는 특허 혁명이다. 2007년 뉴욕에서 개최된 '소외된 90%를 위한 디자인(Design for the Other 90%)' 전시회는 국내 초등학생들도 고안할 수 있는 아이디어가 대부분이었다.

특허는 사다리다

특허는 존재하지 않던 회사를 만드는 가장 주요한 원천이다. 특허청이 한국창업보육협회(KOBIA)와 손잡고 전국 276개 창업보육센터(BI)를 통한 창업지원에 나서는 이유는 특허가 창업의 핵심이기 때문이다. 특허청은 창업보육센터 입주기업을 대상으로 특허와 지식재산에 대해 교육을 하면서 분야별로 지식재산자문위원회를 구성하여 자문해주고 있다. 2013년 발명의 날에 특허청장은 "걸음마 단계의 창의적 아이디어를 찾아 지식재산권으로 이어지게 하겠다"고 말했다. 이것은 앞으로 특허청이 소극적으로 심사하지 않겠다는 뜻으로, 개인의 창업을 위해 보다 많은 혜택을 주겠다는 말이다. 즉, 특허청이 나서서 사다리를 놔준다는 것으로 풀이할 수 있다. 우리나라도 이제는 전반적으로 관련 지식을 무료로 제공하면서 창의성을 구체화하는 것을 돕는 방식으로 바뀌고 있다.

　이런 변화를 찾아볼 수 있는 분야로 외식업계를 들 수 있다. 같은 음식점을 운영하는 외식업체가 많아지면서 경쟁이 더욱 심해졌다. 그 결과 외식업계에도 특허 바람이 불고 있다. 특허는 원래 자신의 노하우를 공개하는 것이 원칙이기 때문에 외식업체들은 이를 꺼려했다. 그동안에는 며느리도 모르게 양념을 만들어 돈을 벌었다. 그랬던 외식업 경쟁이 한층 더 치열해지자 특허를 보유한 브랜드라는 점을 부각시키며 손님을 끌고 있는 것이다. 한 감자탕 업체는 달팽이 육수를 쓰면서 '달팽이 육수를 이용한 감자탕 제조법'을 특허로 획득하여 '건강한 감자탕', '남자를 위한 감자탕' 이미지를 부각시켜 브랜드를 알리고 있다. 그뿐만 아니라 월남쌈과 샤브샤브 전문점도 칼슘을 첨가한 제품을 출시하여 골다공증 예방에 효과적인 육수를 쓴다며 홍보하고 있다. 이 업체는 바이오업체와의 협력으로 소비자들에게 전문성을 인정받으면서 30~40대 주부와 여성고객에게 좋은 반응을 얻고 있다. 어떤 치킨 회사는 발효 닭을 사용하여 맛을 내면서 영양소의 체내 흡수율을 높이고, 장내 유해균을 억제하며, 유익한 균을 체내에 증식시킨다는 점을 내세웠다. 자녀들에게 더 좋은 치킨을 사주려는 주부들에게 인기가 좋다고 한다. 특허 덕분에 가맹점 점주들이 프랜차이즈 창업을 보다 쉽게 결정한다. 특허 덕분에 유사한 업계의 진출과 공격에 진입장벽이 생기고, 전체 업계의 생존력이 강해지기 때문이다. 외식업 프랜차이즈 사업에서도 특허는 강한 영향력을 발휘한다.

이처럼 치열한 경쟁의 시대에는 군계일학 전략이 통한다. 같은 수준에서 경쟁하는 것이 아니라 특허로 희소성 있는 경쟁력을 개발하는 것은 장벽을 높이면서 자신만의 사다리를 갖는 셈이다. 소비자들은 높은 사다리가 더 잘 보이므로 자연스럽게 브랜드 인지도와 충성도가 높아진다.

특허는 보험이다

기업이든 개인이든 사업을 막 시작했을 때 그 회사에 관심을 갖는 사람은 거의 없다. 그러나 매출이 오르고 언론에 드러나면 경쟁자들의 질투와 견제가 시작된다. 이때 미리 등록한 특허가 없다면 아이디어, 매출이익을 빼앗기거나 소송으로 회사 문을 닫는 일이 생기기도 한다. 이를 대비할 수 있는 가장 좋은 방법 역시 특허출원에 의한 특허 방어막을 치는 것이다. 물질특허가 없다면 제조법특허라도 만들어 경쟁 특허를 갖춰야 소송이 생겼을 때 적극 방어하고 업무상 효과적인 협상을 할 수 있다. 일단 특허분쟁이 시작되면 특허출원도 힘들고 소송에 대응하느라 시련을 맞는다. 그래서 특허를 보험 드는 것과 비슷하다고 하는 것이다. 막상 사고가 발생한 후에는 보험을 들 수 없는 것과 같으며, 특허는 방어와 공격이 가능하다는 점에서 투자를 겸한 보험과 유사하다.

또 특허는 일종의 자격증과 같다. 좋은 자격증을 많이 가진 사람이 회사를 그만두면 다른 회사에서 같이 일하자고 하는 것처럼, 특허를 가진 회사는 망할 위기에 처해도 사람들이 주식을 쉽게 처분하지 않는다. 다른 회사와 합병을 하거나 팔릴 때 매우 귀한 대접을 받기 때문이다. 그리고 어떤 회사도 모든 특허를 다 갖지는 못한다. 한 사람이 모든 자격증을 갖지 못하는 것과 같다.

기업은 사업을 시작하면서 자기도 모르게 다른 회사의 특허를 침해하기도 하고, 침해당하기도 한다. 이런 경우를 봐온 사람들이 특허를 다루는 보험회사를 만들었다. 모든 특허를 처리하면서 특허가 없어 곤란한 회사에게 좋은 특허를 소개해주고, 연회비를 내는 회원을 모집하여 자기 회원사가 특허소송에 걸리면 대신 나서서 중재를 해준다. 특허괴물로부터 회사를 지켜주는 것은 고의로 사고를 내 보험금을 가로채려는 사람을 수사하여 고객을 지켜주는 것과 같다. 자동차 사고를 보험회사 직원들이 알아서 처리해주는 이치다.

이렇게 지식재산 보험업을 하는 RPX의 CEO 존 앰스터(John Amster)는 RPX를 '기업의 특허침해 리스크에서 해방시켜주는 서비스 회사'라고 말했다. RPX는 보험업 방식을 특허에 도입한 창의적인 아이디어로 독보적인 회사가 됐다. 보험료 성격인 연회비를 받아 회사를 운영하는 RPX는 회사들 간의 특허를 사고파는 중간 청산결제기관(Clearing House)으로 진화하고 있다. 이렇게 성장한다면 특허를 비롯한 모든 지식재산을 거래하는 플랫폼이 될지도 모른다. 현재 회원사는 130여 개 정도인데, 삼성전자는 물론 구글, 인텔, 마이크로소프트, 소니 같은 세계적 IT기업이 모두 연회비를 낸다. RPX와 차별화된 AST(Allied Security Trust)는 특허소송 방어 비즈니스를 최초로 사업화했다. 이 회사의 CEO 매커디는 RPX보다 저렴한 회비를 받으면서 특허시장에 있는 특허를 사 모으기도 하고, 특허소송의 방어 목적으로 특허가 필요한 회사에 좋은 특허를 소개하며 팔기도 한다. 매년 1만 5,000여 개 특허를 검토하여 다시 소수를 골라 진지하게 분석한 후에 약 1.5%를 사들인다. 갈수록 특허전쟁이 심화되면서 특허의 보유가 회사를 지키는 보험이 되는 상황에서 이런 회사들은 점점 더 커지고 있다.

특허보험회사를 생각해낸 것도 비즈니스 모델을 창조한 것이다. 우리나라 기업은 특허전쟁에 대응한 시기가 늦은 만큼 특허가 회사를 지키는 보험이라는 점에 대해 진지하게 대응해야 한다. 최근 들어 특허괴물의 발동으로 해외수출 특허침해소송 때문에 밤잠을 설치는 중소벤처기업 CEO들이 종종 있다. 앞으로 크든 작든 사업을 하려면 '소액 지식재산권 소송보험'에 대해 미리 알아둬야 한다. 지금은 매출액 50억 원 이하 중소기업을 가입 대상으로 하지만 점차 더 큰 기업을 위한 보험도 국내에 생길 것이다.

특허 대박을 위한 디자인의 중요성

특허는 냈으나 사업화하지 못하는 것은 제조법특허나 디자인을 소홀히 할 때 생긴다. 소비자는 우선 디자인을 먼저 보기 때문이다. 특허는 좋지만 포장디자인이 나쁘면 소비자들은 성능이나 약효가 나쁠 것이라고 생각한다. 특허도 없이 성공한 브랜드 기업은 오직 멋진 디자인으로 마니아층을 만들고, 그들을 모방하는 사람들이 늘어나면서 영향력을 유지한다.

'영국의 최대 수출품이 영어라면 미국의 최대 수출품은 저작권'이란 말이 있다. 한국에서 개봉되는 미국 영화에는 수많은 디자인이 모여 있다. 그리고 영화 속 디자인은 아무 기술이 없어도 인형과 상표가 되어 한국 돈을 미국으로 가져간다. 한마디로 디자인은 특허와 거의 동등하거나 더 강한 힘을 갖고 있다. 왜냐하면 소비자들은 디자인이 변해야 그 회사가 혁신을 했다고 생각하기 때문이다. 따라서 디자인을 먼저 바꾸고 기술이 따라가는 것은 시장에서 통하지만, 디자인을 소홀히 하고 기술만 신경 쓰면 시장에서 퇴보한다. 브랜드를 위한 디자인 영역은 매우 넓다. 모양뿐만 아니라 스토리와 콘텐츠도 디자인으로 본다. 그러므로 특허는 디자인에 포함된다고 볼 수 있다. 디자인을 하다보니 특허가 나오는 것이지, 특허가 있다고 디자인이 저절로 나오는 것은 아니다. 이 말은 예술이 기술의 바탕이지 기술이 예술의 바탕은 아니라는 뜻이다. 게다가 특허는 로열티를 주고 마음껏 쓸 수 있지만 디자인은 한번 회사 이미지로 굳어지면 돈으로 사기가 어렵다. 돈으로 산다고 해도 디자인을 도용했다는 오명을 쓸 뿐이다. 그래서 디자인은 생산과 유통, 판매를 할 수 있는 실시권(특허권자 이외의 자가 사업으로서 특허발명을 실시할 수 있는 권리)만을 사게 되는데, 이 실시권은 보통의 기술 로열티보다 훨씬 비싸다. 표준특허는 살 수 있지만 특정 디자인은 그 회사의 영혼이기 때문에 살 수도, 팔 수도 없다. 디자인을 원하는 사람들은 단지 그 디자인을 그대로 생산하여 판매해주는 소매점으로서 홍보 역할을 할 뿐이다. 결과적으로 특허는 어느 시기가 지나면 쓰레기가 되지만 디자인은 시간이 지날수록 더 강한 브랜드가 된다. 장기적 전략 중에서 디자인을 통한 브랜드 전략만큼 강력한 것은 없다. 따라서 기존과는 다른 특징이 있는 좋은 디자인이라면 디자인 등록을 하고 사업을 하길 권한다.

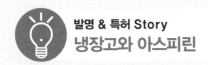
　상업적인 성공을 위해 발명품을 이용한 사례로, 현대에도 많이 사용하는 냉장고와 아스피린을 들 수 있다.

　먼저 우리 생활에 많은 영향을 주고 있으며, 없으면 어떻게 생활했을지 상상하기 어려운 냉장고는 초기 발명된 것과 많은 부분이 달랐다. 최초의 냉장고는 암모니아나 아황산가스를 이용한 것이었다. 소음이 없던 가스냉장고는 사용하기에 좋았지만 1926년 어느 날 아황산가스 누출로 일가족 3명이 죽는 사건이 발생했다. 그 소식을 듣고 한 과학자는 알코올가스를 이용해 냉장고를 만들었는데, 그가 바로 아인슈타인이다. 아인슈타인과 그의 옛 제자 레오 질라드(Leo Szilard)는 인체에 무해한 가스로 냉장고를 만들었으며, 이후 45개의 관련 특허를 땄다. 그러나 그 냉장고는 상용화되지 못했다. 대신 냉장고를 만들다 개발한 펌프가 훗날 원자로 개발에 쓰였다. 재미있는 것은 인체에 무해한 가스로 냉장고를 만들기 위해 개발된 것이 현재는 핵과 관련된 원자로에 사용되고 있다는 점이다.

　가스냉장고는 조용하고 성능이 좋았지만 전기냉장고에게 주도권을 빼앗겼다. 전기를 생산하던 대기업들이 전기를 많이 쓰는 냉장고를 각 가정에 팔아야 이윤이 더 증폭되기 때문이었다. 자본주의의 어두운 면이 가스냉장고를 퇴출시킨 것이다. 미국, 영국의 초창기 대기업 GE, GM, 웨스팅하우스 등은 가스냉장고 시장을 억압하여 팔리지 않도록 조장하고, 전기냉장고 생산을 늘리며 가격을 낮추고, 영화배우를 동원해 광고를 했다. 중소기업이 대부분이었던 가스냉장고 회사들은 대기업의 등쌀에 문을 닫을 수밖에 없었다. 그렇게 초기의 대기업은 친환경적이며 성능도 좋고, 고장이 거의 없는 가스냉장고 대신 전기와 온실가스를 가장 많이 쓰고 많이 내뿜는 냉장고를 대량으로 만들어 팔기 시작해 현재에 이르렀다. 지금까지 냉장고는 각 가정에서 전기 먹는 하마이다. 이기적인 자본이 착한 기업을 죽일 수 있다. 그리고 착한 기업이 죽으면 우리 후손들이 그 대가를 받게 된다는 사실을 기억해야 한다.

냉장고만큼 상업적으로 큰 성공을 거둔 진통제 아스피린은 고대 이집트로 그 역사가 거슬러 올라간다. 고대 이집트에서 버드나무 약효에 대한 기록이 최초로 발견됐고, 기원전 2000년경 고대 수메르 인들도 버드나무를 약재로 사용했다는 기록을 점토판에 남겼다. 기원전 1550년경에 쓰인 고대 이집트 의학서인 《에베루스 파피루스(Eberus Papyrus)》에 버드나무의 해열과 항염, 진통작용에 대한 기록이 있다. 기원전 400년경 그리스 의사 히포크라테스(Hippocrates)도 산모의 진통을 완화하거나 열을 내리는 데 버드나무 껍질(Willow Bark)을 사용했다.

이후 오랜 세월 동안 버드나무 껍질은 통증 및 열을 완화시키는 약재로 사용됐다. 버드나무 껍질의 효능에 대해서는 이후에도 여러 학자가 연구했으며, 오늘날 가장 인기 있는 진통제 아스피린은 화학자 샤를 프레드릭 게르하르트(Charles Frederic Gerhardt)가 1853년 최초로 합성했다. 당시의 이름은 아세틸살리실릭산(Acetylsalicylic Acid)이었다. 독일의 물감회사 바이엘의 연구원이었던 카를 뒤스베르크(Friedrich Carl Duisberg)는 당시 해열제로 사용되는 약물이 물감회사의 폐기물 성분과 비슷하다는 것을 알아냈고, 이후 폐기물은 정제과정을 거쳐 아스피린이 됐다. 이 연구에 이어 펠릭스 호프만(Felix Hoffman) 박사가 치료제로 사용할 수 있는 순수한 아스피린 제조에 성공했고, 하인리히 드레세르(Heinrich Dresser)가 아스피린에 관한 논문을 발표한 1899년부터 판매용으로 생산되기 시작했다. 처음에 아스피린은 가루약이었으며, 1915년부터 알약 형태로 일반인에게 판매됐다. 초기에는 물감회사에서 나온 약이라는 이미지를 극복하지 못했지만 점차 효능이 입소문을 타면서 히트 상품이 됐다.

상업적으로 성공한 아스피린은 매우 비싼 광물로 만들던 울트라마린(Ultramarine)을 인공적으로 만들려던 노력에서 탄생한 의외의 산물이었다. 발명이 갖는 특성은 결과물이 원래의 목적과 의도대로 나오지 않고, 의외의 효과가 발견되어 더 큰 대박이 되는 경우가 많다는 것이다. 예술작품뿐만 아니라 모든 창조 영역에는 노력과 우연, 영감이 뒤섞여 있는 것이다. 이처럼 다른 무언가를 만들다 버려지는 부산물에서 제2의 금광을 발견한 뒤스베르크는 새로 입사하는 과학자들에게 다음과 같은 문서를 읽도록 했다.

"모든 사람이 위대하고 실용적인 연구 결과를 내놓을 것이라고는 기대하지 않으며, 기대할 수도 없다. 연구 성과는 우연에 좌우되는 경우가 생각보다 많다. 연구원은 창의력을 발휘해 혁신적인 성과를 만들어내려고 노력하면 된다."

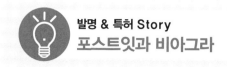

발명 & 특허 Story
포스트잇과 비아그라

원래의 목적과는 다른 방향에서 성공해 대박을 터뜨린 발명품이 있다. 바로 비아그라와 포스트잇이다.

포스트잇은 강력한 접착제를 만드는 일에 실패했으나, 약한 접착제의 필요성을 경험한 다른 사용자의 제안으로 만들어졌다. 임시로 붙이고 떼는 종이의 필요성을 느낀 사람은 다름 아닌 교회 성가대원이었다. 찬송가 연습을 할 때 찬송가집 책장에는 다시 뗄 수 있는 색깔 있는 메모지가 필요했다. 사전처럼 얇은 종이로 된 책에서 해당 페이지를 다시 찾기는 꽤 어려운 일이었다. 매주 다른 찬송가를 부르기 때문에 페이지가 매주 바뀌었다. 이때 아주 살짝 붙어서 책을 흔들어도 떨어지지 않을 정도의 종이가 필요했던 것이다.

비아그라의 경우, 우리가 복잡한 인체의 전체 시스템을 다 몰랐기 때문에 성공한 경우이다. 복잡한 시스템은 늘 변수가 존재한다. 그래서 연구 결과는 나빠질 수도, 좋아질 수도 있다.

1980년 프랑스의 한 의사는 실수로 근육을 이완시키는 주사약 파파베린을 환자의 음경에 주사했다. 그러자 2시간의 발기가 이어졌다. 혈전증을 치료하는 약이 평소에는 음경에 피가 가는 것을 막는 민무늬근을 이완시켜 생긴 일이다. 이 약은 그 이후 발기부전 치료 주사약이 됐다. 1990년대에는 주사약에서 먹는 알약으로 개발됐다. 화이자 연구팀은 심근허혈증 치료약을 먹은 사람이 가슴보다 아래쪽에 피가 몰리는 현상을 발견했다. 인간의 3대 본능인 섹스에 대한 고민은 워낙 대중적이라서 화이자는 연구와 개발 방향을 발기부전 치료로 바꿨다. 그 약을 먹은 실험자들 중에는 감동해 우는 사람도 있었다고 한다. 그렇게 시대적 히트 상품은 1998년 3월에 시장에 나오게 됐다.

　이런 예에서 볼 수 있듯, 성공적인 특허사업은 외골수인 발명가가 현실적 불편의 경험과 감각이 뛰어난 사람을 만나면서 이뤄진다.

　그런데 발명가가 자신의 발명 가치를 과대하게 생각할 경우에는 중간에 객관적으로 설득해줄 경력이 많은 전문가가 필요하다. 'Set'라는 영어 단어는 한국어 '셋'과 어원이 같다고도 할 수 있다. 그리고 세운다는 뜻의 갑골문자는 기둥 3개가 서로 의지하는 3각 구도이다. 개인의 경우, 사업이 세팅되기 위해서는 발명가와 그 발명을 세상에 선보일 사업가와 중개인이 필요하다.

5

특허의 달인
& 특허의 미래

01
달인의 조건, 창조력과 조화력

창조력의 베이스캠프, 자연

현대 도시에서 두뇌의 가치는 점점 올라가고 있다. 그렇다고 해서 특허를 위한 두뇌의 이성적 가치를 강조하는 것은 아니다. 오히려 두뇌의 잠재력에 대한 필자의 생각은 정반대다. 우리 몸과 두뇌는 현대 도시에서 쉽게 접하기 힘든 자연물이다.

주변을 둘러보라. 책상 앞에 선인장이라도 있다면 그는 도시에서 보다 풍부한 자연을 접하려는 사람이다. 인간에게 자연은 무의식적 카오스 에너지를 충전하는 배후공간이다.

대가족 제도에서 고모 방과 할아버지의 사랑방도 부모의 혹독한 이성적 질서에서 벗어날 수 있는 피난처였다. 시골 아이들은 비가 오면 정원의 포도나무 덩굴 밑으로 들어가 얼마 동안의 시간이 지나야 잎에서 물방

울이 떨어지는지를 지켜본다. 또한 마루 전기계량기 뒤에 사는 박쥐가 옹기종기 모여 있다가 저녁에 출격하는 모습을 보면서 처마 밑에 살던 제비와 박쥐를 쉽게 구분한다. 이처럼 15세 이전의 아이들은 본능적으로 뭔가에 깊이 몰입하면서 자연의 카오스 에너지를 무의식에 축적한다. 아이들을 지배하는 뇌파인 세타파는 자연의 영감을 온몸과 두뇌라는 용광로, 또는 화력발전소에 저축하려 한다.

그러나 요즘 아이들이 주로 몰두하는 것은 이와는 크게 다르다. 소위 '스카이 대학'을 목표로 단계별로 질서 잡힌 학교의 커리큘럼에 몰두한다. 그러나 아이들은 그와는 다른 길을 원하는 경우가 훨씬 많다. 벽에 낙서를 하거나, 자연체험을 하다 다치거나, 무술의 고수가 되겠다고 하거나, 아이돌 그룹의 노래와 댄스 연습에 푹 빠지거나, 강아지를 키우려는 아이들이라면 더더욱 부모가 생각하는 질서와 어울리지 않는다. 왜냐하면 아이들이 본능적으로 선호하는 경험은 코스모스(Cosmos)가 주는 경험이 아니기 때문이다. 이미 질서 잡힌 코스모스는 변수가 적어서 코스모스와 반대의 뜻을 가진 카오스가 주는 변화 적응력을 매우 제한적으로 갖는다. 혼돈에서 자발적으로 질서가 나타나기도 하는 카오스는 그 속에 코스모스를 구축하려는 힘을 포함하고 있다.

그래서 카오스 에너지로 축적된 경험, 즉 어릴 적 여기저기 다쳤던 곳에 새살이 생기는 경험은 정서적 회복탄력성이 되고, 몸의 흉터는 사업이든 사랑이든 다시 회복될 수 있다는 자신감을 준다. 카오스는 이렇게 어떤 경우에도 다시 질서를 회복시키는 힘을 준다. 그러나 인간이 발달시켜 온 코스모스의 문명은 작은 상처도 허락하지 않고, 카오스를 존중하지 않는다. 그런데 이 코스모스 문명 속의 인간을 훨씬 능가하는 코스모스의 강자들이 나타났다. 바로 사물인터넷 IOT와 로봇, 스마트카를 지배할 인공지능 AI이다. 그것은 원래 인간의 두뇌만 가능했던 병렬분산처리를 하도록 양자물리학자와 수학자들에 의해 출시됐다. 결국 먼 미래에는 자녀들이 실업자가 되는 모습을 가슴 아프게 지켜봐야 하는 대량실업 시대가 올 것이다. 그리고 그 시대는 점점 빨리 다가오고 있다. 이제 개인이 특허를 낼 영역과 큰 기업만이 접근 가능한 영역이 나눠지고 있다. 하지만 40억 년의 적자생존을 실험해온 자연의 생명은 짧은 문명을 가진 인간에게 여전히 큰 스승이며 영감의 원천이다. 따라서 생체를 모방한 특허를 연구하는 바이오미미크리(Biomimicry) 디자인은 지속적으로 전망이 좋은 분야다.

자본주의의 상징이자 우상인 돈을 향한 질서에 순응한 인간이 도시를 지배하면서 우리 주변에 남은 자연은 이제 거리의 비둘기 똥과 파리, 모기, 베란다 화분, 그리고 우리 몸과 두뇌뿐이라 해도 과언이 아니다. 그만큼 우리 아이들은 자연이 주는 영감에 둔감해지고 있다. 자연이 사라진 도시에는 생명의 카오스가 돈으로 이뤄진 계급의 코스모스로 바뀌었다. 도시 아이들에겐 왕따를 당하면 피신할 할아버지의 사랑방과 포도덩굴, 뒷산의 동굴이 없다. 강아지나 박쥐, 제비에게 말을 걸지도 못한다. 그래서 나는 아이들만 들어갈 수 있는 작은 집이나 다락방을 각 가정에 보급할 것을 제안한다. 그 공간에 들어간 아이에게 부모는 잔소리를 멈춰야 한다. 작은 집 문을 두드리지 않는다는 약속을 하고, 배가 고프거나 목이 말라 나올 때까지 기다려줘야 한다. 이런 정서적 세이프하우스 공간은 아이들이 자기 두뇌가 가진 카오스 에너지와 창조력을 유지할 배후의 넓은 상상력을 갖게 하는 공간이 될 것이다.

질문을 발명하라

질문은 인격이다. 대답은 지식이다. 세상을 편견 없이 잘 관찰하는 것이 지혜의 시작이다. 발명과 발견은 두 날개와 같고 손바닥과 손등처럼 하나로 연결되어 있다. 발명하면 발견하게 되고 발견하면 발명하게 된다. 2014년 노벨상을 수상한 일본의 다나카 고이치는 분석계측기 제조사에 들어가 연구하다가 작은 실수가 도움이 되어 단백질 분석기를 발명했다. 그의 발명은 다른 과학자들의 새로운 발견으로 이어졌다. 그래서 그는 다른 학자들의 발견을 도운 공로로 노벨 화학상을 받았다.

영국에서는 초등학생 25명이 땅벌을 연구한 논문이 생물학 잡지 〈Biology Letter〉 2010년 12월호에 실렸다. 이는 초등학생에게 새로운 체험을 발명한 사례이자, 기업가뿐만 아니라 과학자 조기교육을 해도 된다는 것을 일깨워준 사례이다.

런던 대학의 신경과학자 보 로토 박사는 블랙오톤 초등학교에서 벌들이 꿀을 찾는 방법에 대해 논의하다가 어떤 학생으로부터 "혹시 열을 이용하나요?"라는 보석 같은 질문을 받았다. 이는 2006년 〈네이처〉에 실린 논문의 주제였다. 초등학생들은 과학자다운 질문을 계속했다. 과학자의 방법을 그대로 따라하던 학생들은 드디어 어떤 과학자도 발표하지 않은 연구 결과를 내놨다. 벌들이 꿀을 찾는 방법이 여러 가지이며 개체마다 선호도가 다르다는 걸 통계로 정리하여 발표했다. 초등학생들이 과학자와 비슷한 성과를 낼 수 있었던 것을 보면, 얼마 전 유행한 〈나는 가수다〉라는 프로그램처럼 이젠 초등학교에도 〈나는 발명가다〉, 〈나는 과학자다〉라는 프로그램이 전국 곳곳에 생기면 좋겠다.

어느 뇌과학자의 TED 강의를 듣는데 ADHD 증상이 조금이라도 있는 아이들은 원래부터 학자의 두뇌보다 기업가의 두뇌에 가깝다는 말이 나왔다. 그 말대로라면 산만한 아이들을 문제아로 보지 말고 장사 실습을 하며 교육을 시키면 멋진 벤처기업인이나 자영업자로 거듭날 것이다. 그런 교육을 모든 초등학교에서 보편적으로 실천한다면 더욱 좋을 것이다. 초등학교에서는 만들기와 발명교육이 좋고, 과학교육은 중학교 이후에 어울린다. 그리고 예술교육은 평생 해야 한다. 예술성이 없는 과학은 국제적으로 가치 있는 특허가 되기 어렵기 때문이다. 순수회화나 추상화를 계속 그리는 디자이너가 제품디자인도 잘하는 이유는 아이디어의 확장성이 좋기 때문이다. 자신의 업무에 창의성이 필요하다면 초등학교 때부터 잘했던 예체능을 죽는 날까지 멈추지 말아야 성공 확률이 높다.

전국의 소년원에서도 〈나는 발명가다〉라는 프로그램이 진행돼야 한다. 범죄에 빠지는 두뇌는 테스토스테론, 노르아드레날린, 도파민이 풍부하므로 창의성도 뛰어나기 때문이다. 이 호르몬들은 원래 전쟁터에서 적군과 싸우거나 큰 동물을 사냥할 때 가장 많이 필요한 위기탈출 호르몬으로 분류된다. 교도소에서 떠도는 우스갯소리 중에 교도관이 1년만 감시를 안 하면 어떻게든 죄수들이 비행기를 만들어 교도소를 탈출한다는 말이 있다. 그들에겐 타고난 임기응변과 융통성이 잠재되어 있다. 공익에 도움이 되는 발명에 한해 발명 프로그램을 짜서 교육을 시킨다면 범죄 대신 발명으로 자존감을 채우게 되므로 재범률도 줄일 수 있다. 데일 카네기가 자신의 에세이에서 말했듯, 범죄자들은 자존감을 유지하기 위해서 범죄를 지속하는 경우가 많다. 사회의 시선은 그들이 모멸감을 느끼게 하므로 다시 재범으로 이어지는 것이다.

인간은 누구나 모멸감과 죄책감보다는 성취감과 자존감을 느끼려 한다. 영화 〈넘버3〉 경찰서 장면에서도 이를 확인할 수 있다. 경찰이 3명의 조직폭력배를 형량이 작은 폭력 잡범으로 분류하자 자신들은 중대한 조직 범죄인이므로 더 무거운 형을 살아야 한다고 화를 낸다. 이처럼 창의력이 뛰어난 사람의 자존감 고양을 범죄가 담당한다면 공익적 특허로 갈 창의력이 범죄라는 공해로 옮겨가게 된다. 따라서 범죄가 아닌 발명을 위한 질문으로 바꾸는 프로그램은 범죄율을 낮추게 할 것이고, 지식재산의 증가에도 큰 도움이 될 것이다. 어느 사회도 전과자를 직원으로 채용하지 않기 때문에 그들에게 발명을 통한 창업의 기회를 주는 것은 더욱 맞춤형 해결책이 된다. 한 전과자가 창업을 하면 감옥에서 함께 있었던 동료들을 고용하기가 쉽다. 재범을 모의할 머리들이 발명특허 회사의 경영에 모아진다면 더욱 좋은 효과가 발생할 수 있다. 교도소나 소년원에는 이미 범죄를 위해 사용했던 발명 감각이 뛰어난 두뇌들로 가득하다. 그 두뇌의 관심을 범죄에서 발명으로 바꿔줘야 한다.

기업과 교육의 바벨전략

초등학생이 과학 논문을 쓰도록 특정 분야에 몰입하는 경험을 제공하는 것이 교육에서의 바벨전략이다. 바벨(Barbell)은 헬스클럽에서 근육운동에 쓰는 아령이나 역기다. 양극단에 더욱 비중을 둔다는 뜻에서 경제 용어로 쓰이고 있다. 중간 위험도의 자산에 투자하지 않고 전혀 리스크가 없는 부동산 등의 보수적 자산에 투자하거나, 신생 벤처회사에 투자하는 등 매우 위험도 높은 투자를 하는 양극단의 배분 방식이 바벨전략이다. 이 바벨전략이 교육에도 적용돼야 하는 이유는 중간 정도의 노력이 드는 직업을 로봇과 컴퓨터가 차지하고 있기 때문이다. 최근 슈퍼컴퓨터가 사람을 속일 정도로 지능이 발달했고, 그 슈퍼컴퓨터와 비교할 수 없을 만큼 고성능 양자컴퓨터가 상용화되면서 고도의 인간적 창의성이 없다면 일자리를 내줘야 하는 실업 쓰나미(Tsunami)가 밀려오고 있다.

교육에서 매우 안전한 투자는 100년이 지나도 살아남을 자격증을 따거나 농사 기술을 배우는 것이다. 위험도 높은 교육 투자로는 노벨상을 목표로 세계적인 과학연구소 연구원들과 친구가 되게 하거나, 어려서부터 골프나 피겨스케이팅을 배우게 하는 등 성공률이 매우 낮은 분야에 시간과 돈을 쓰는 것이다. 어려서부터 수학이나 과학, 예술에 몰입하는 영재교육을 받게 하는 것도 위험도 높은 교육에 속한다. 중간 정도의 실패율을 가진 직업군은 의사, 교사, 공무원, 대기업 직원 등인데 미래에는 이 중간 지대 직업의 처우가 나빠지거나 직장이 쉽게 사라진다. 지금은 안정적인 직업인 의사의 경우, 이미 사람보다 더 정확한 진단을 하는 컴퓨터가 있으며, 더 정교하게 수술을 하는 로봇이 있다. 양자컴퓨터가 진단과 수술에서 두뇌(인공지능 AI) 역할을 하게 되면 상당수의 의사들은 실업자가 될 처지다. 이런 흐름 때문에 교육과 자산 투자에서 바벨전략이 점점 중요해지는 것이다.

오래전 바벨전략에 가까운 교육방식을 주장한 석학이 있다. 영국에서 수학과 물리학으로 이름을 알린 후 미국 하버드 대학에서 철학교수로 있었던 알프레드 노스 화이트헤드(Alfred North Whitehead)는 《교육의 목적》이란 책에서 2~3가지 과목을 깊게 공부하는 체험을 12세 이전에 해야

'공부로맨스'가 생긴다고 했다. 동시에 그는 1~2가지 분야에 몰입하는 수준을 대학원생과 대화가 가능할 정도로 해야 공부의 참맛을 느낄 수 있다고 주장했다. 1861년에 태어난 화이트헤드도 자신의 체험과 다년간의 교육을 통해 아이들이 공부로맨스에 빠지려면 12세 이전에 전체의 일부를 스스로 고르는 자기결정성이 필요하다는 것을 터득했고, 정해진 교육과정의 단점을 잘 알고 있었다. 그렇다면 초등학교까지 아이들에게 가장 필요한 교육체험은 무엇일까?

일종의 미술 중심 통합교육이되, 미술과 함께 여러 과목 중 1~2가지를 골라 깊이 몰입하도록 이끄는 것이 좋다. 손으로 그리고 만들어보며 몰입한 주제를 표현하고, 스스로 오감으로 느끼는 것을 통해 발명의 잠재력을 키울 수 있기 때문이다. 미국의 일부 기업에서는 신입사원을 뽑기위해 만들기 면접을 보고 있다. 도구와 물질을 다뤄서 문제를 해결하는 두뇌는 추상적이고 심리적인 문제도 더 잘 해결한다는 최근 뇌과학 분야의 발견으로 기업에서도 바벨전략을 면접에 적용한다. 또한 기업에서도 다양한 도구를 다뤄본 경험과 어떤 주제에 깊이 몰입해본 사람을 원하는 추세다. 기업은 이런 인재들을 많이 뽑아서 팀으로 나눈 후에 다시 기업의 문제에 다양한 해결책을 찾기 위해서 더 깊이 몰입시킨다.

사람의 경우 10세까지는 놀이행동 기간으로 봐야 한다. 놀이행동은 감각통합을 위해 매우 중요하다. 운동과 조작에 쓰는 뇌신경세포 뉴런은 문장을 만드는 뉴런을 포함한다. 즉, 10세 이전에 소꿉놀이나 만들기 경험이 부족하면 평생 문장력이 떨어질 수 있다. 한 교육학자는 이를 알아보기 위해 10분 체조한 그룹과 10분 예습한 그룹으로 나눠 문법시험을 보게 했다. 그런데 결과는 10분 동안 체조를 한 그룹이 예습을 한 그룹보다 평균 8점이나 높았다. 이 실험에서 알 수 있듯 초등학교 때까지는 스포츠나 캠핑, 소꿉놀이, 농사체험과 만들기를 깊이 경험해봐야 한다. 그래야 이후에 어휘력이 좋아지고 문장력과 글쓰기 능력이 좋아지며, 창의성 있는 두뇌로 성장한다. 국영수의 조기 선행학습은 신체활동을 포함한 전체적 체험을 통한 감각통합의 완성을 저해할 수 있다. 10세 이전에 우당탕탕 뛰면서 말썽을 맘껏 피워도 되는 전원이나, 뭔가 망가뜨려도 되는 공작실 같은 공간이 있던 아이들이 나중에 벤처사업가가 되거나 발명에서 천재적 성과를 내는 확률이 높은 이유도 이와 마찬가지다. 그들이 놀이와 조작을 통해 단계적 체험과 감각적 경험을 풍부하게 하며 창의적인 신경회로를 튼튼하게 만들어두었기 때문이다. 그러나 요즘의 현실은 창조적 일을 하고 싶어 하던 아이들이 중학교에 가면 영어, 수학 점수 올리기에 혈안이 된다. 이는 곧 발명 두뇌를 잃어가고 있다는 뜻이다. 따라서 호기심을 유지시키며 지식을 쌓아가는 창의융합교육의 단계별 정착이 매우 시급하다.

미국의 스미소니언 박물관 홈페이지에 있는 발명가들의 어린 시절을 연구한 글을 보면 어릴 적 다양한 물질적 체험과 구조를 변경해본 경험이 그들에게 가장 큰 영향을 줬다고 한다. 7세에 색깔을 다루며 놀던 로저 첸(Roger Y. Tsien)이란 아이는 커서 형광단백질을 개발하여 노벨 화학상을 받았다.

발명가들의 어린 시절에는 손으로 뭔가 만들고 분해해본 경험이 많았다. 실리콘 밸리의 젊은 벤처 기업가들도 공작실에서 아버지의 자동차 수리를 도우면서 놀았다는 공통점이 있다. 여기서 중요한 것은 낙서를 해보고, 색깔을 뿌려보고, 또 분해를 해보고 만들어보는 등 모든 과정이 '놀이'

라는 느낌이 들어야 한다는 것이다. 보통 남자아이들은 만들기, 여자아이들은 그리기에 더 흥미를 느낀다. 그런데 문제는 학교의 미술 교육과정이 여성적 미술에 치우쳐 있다는 점이다. 그래서 남자아이들은 학교와 미술학원에서 흥미를 잃는 경우가 종종 있다. 남자아이들은 성격이 급해 색칠을 좋아하지 않는다. 그러니 그림 중심의 수업에서 남학생이 여학생보다 그림을 못 그리는 것은 당연한 일이다. 이런 경향은 발명을 위한 두뇌의 손실로 이어진다. 초등학교 미술이 남녀, 개인에 따라 차별화돼야 발명과 특허 수준이 올라간다.

미술로 하는 융합형 몰입교육은 소재와 방법에 제한을 두지 않으면서 개인의 흥미를 바탕으로 오감과 손으로 느끼면서 난이도가 연속적으로 발전해야 한다. 무엇을 그리든, 어떤 재료를 쓰든 교사의 유도방식이 개별적으로 다양하고 자유로울 때 아이들의 발명 잠재력을 튼튼하게 키울 수 있다. 평생에 걸쳐 여성은 여성적 장점이, 남성은 남성적 장점이 인정을 받을 때 한국의 도파민 창의성이 좋아질 것이다. 다름은 틀림이 아니라는 말은 교육계에서 가장 새겨들어야 할 말이다.

창조력을 키우는 6C

개인과 국가의 창조력을 이루는 과정에서 6가지 C가 필요하다. 기본적으로는 Convergence(융합) + Culture(문화), 즉 융합적인 문화가 필요하다. 각종 규제를 없애는 이유는 창조를 위한 융합을 막는 것이 많기 때문이다. 복지가 부족하고 빈부가 양극화된 사회가 융합을 막고, 불신감으로 가득한 사회를 만든다. 그래서 융합이 가능한 문화는 사회 전체의 창조력 향상에서 가장 중요한 요소이다. 그리고 복지와 융합이 있는 문화 이후에는 소통이 되는 교육과 행정으로 사회 구성원의 성품과 인성이 성숙한 자존감을 갖도록 해야 한다. 뭔가 질문을 했는데 아무런 응답(Response)이 없는 것을 영어로 '무책임하다(Irresponsible)'고 한다. 의문에 대한 대답을 들을 수 없는 교육은 학생들을 멍청하게 만든다. 민원에 응답이 없는 행정은 시민들에게 모멸감을 준다. 이런 이유로 영어권 문화에서는 소통의 반대말이 무책임이라고 생각하는 것이다. 즉 소통이 인간의 자존감과 자기주도성을 만든다.

복지가 잘 되어 있고, 융합과 소통이 쉽고, 집단 전체의 자존감이 높은 사회는 Communication(의사소통) + Character(특징)로 인간의 다양한 시도와 잠재력이 존경받는 문화를 갖는다. 실리콘 밸리의 대표적 격언 "실패했어도 괜찮아! 뭔가 배웠다면…"과 같은 말을 가정과 회사, 사회에서 자주 들을 수 있어야 한다. 그런 말을 자주 듣게 되면 사람들은 호기심(Curiosity)을 유지하면서 도전(Challenge)을 계속하게 된다. 이렇게 6C가 모두 갖춰진 환경에서 아이와 아이디어가 탄생하면 아이도, 아이디어도 밝고 건강하게 자라난다. 그리고 '한국형 창조경제'의 원천이 될 것이다.

아이의 두뇌에서 여러 신경회로가 차근차근 자라나듯 창의적 아이디어가 창조적 제품이 되는 시스템도 6C가 있는 문화 속에서 서서히 자란다. 아이디어는 척박한 문화에서 짧은 고민으로는 절대 위대한 특허가 되지 않는다. 그래서 오랫동안 생각해볼 수 있는 튼튼한 창의적 시스템이 사람의 두뇌와 사회에 먼저 갖춰져 있어야 창조경제를 기대할 수 있다. 6C 문화가 있다면 그 사회에서 늦게 출발한 아이나 아이디어도 선행 기술과 창의성을 능가할 만큼 자란다. 학교에서도 선생님이 아이들끼리 토론수업을 하도록 진행을 도와주고, 아이들의 두뇌가 지혜의 채널에 연결되도록 돕는 '튜닝맨' 역할을 할 때 자기주도학습 효과가 최고조에 이른다. 또한 도파민회로가 튼튼해져서 창의성을 무한하게 이끌어낼 수 있다.

발명가들은 아직 자라지 않은 유연한 뇌를 가진 어른이다. 발명가라면 아이처럼 철없다는 잔소리를 많이 들을 것이다. 아이디어를 탐색하는 두뇌는 원래 그렇다. 누구나 자신이 10세 이하 어린이라고 생각하기만 해도 아이디어의 확장성이 2배 이상 커진다는 심리실험도 있다. 아이와 발명가들이 존중받아야 하는 이유는 그들의 두뇌가 가진 창의적 잠재력 때문이다. 발상을 하고 도전을 하는 것만으로도 존중받는 문화 속에서 작은 아이디어가 시장성 있는 특허로 자랄 수 있다. 어린 아이의 미래를 모르듯, 어린 아이디어의 미래 가치는 그 누구도 알 수 없다.

02
관심과 사랑 없이는 특허도 없다

사랑해야 생각한다

인도의 다트라스 만지는 터널을 발명한 사람은 아니지만 뭔가를 탄생시키기 위한 아픔의 역할을 잘 보여줬다. 터널은 자연동굴을 모방한 것이라서 아주 오래전부터 있었다. 하지만 만지는 아픔이 발명을 만드는 과정을 보여준, 신(God)이라 불리는 사나이다. 1960년 만지는 산길을 돌아 아내와 읍내에 가고 있었다. 88km나 되는 산길을 가야 하는데 아내는 발을 헛디뎠고 이마에 큰 상처가 났다. 위험한 산 속에서 아내를 업고 달릴 수도 없었고, 그녀는 과다출혈로 사망했다. 남매를 두고 먼저 간 아내의 장례식이 끝나고, 만지는 정과 망치로 읍내까지 산을 관통하는 터널을 뚫기 시작했다. 만지는 자신의 아내처럼 피를 흘리는 사람이 있다면 빨리 읍내 병원에 갈 수 있게 해주고 싶었다. 그렇게 해서 88km였던 길이

925m로 짧아졌다.

보통사람들은 주어진 환경을 숙명으로 받아들인다. 불편해도 해결책이 없을 거라며 방법을 찾지 않는다. 그러다 누군가 이성을 잃을 정도로 아픔을 겪고 반쯤 미치면 없던 방법을 찾아 도전하게 된다. 이처럼 위대한 발명은 아픔을 해결하려는 노력과 깊은 연관이 있다. 현대과학이 전쟁 중에 발전한 이유는 죽어가는 군인들의 아픔을 함께 느꼈기 때문이다. 나중에 인도 정부에서 만지에게 훈장을 주겠다고 했지만 그는 거절하며 "내가 할 일을 했을 뿐입니다"라고 말했다.

사랑과 생각이 비례관계인 것은 결혼과 자녀교육에서도 마찬가지다. 배우자의 경제력을 보고 한 결혼은 사랑과 생각이 동시에 줄어드는 가정을 만든다. 상대가 부자임을 확인하면 두뇌에는 기대감으로 도파민이 충만해진다. 결혼과 함께 더 부자가 된다는 기대감이 그렇게 만든다. 이 도파민은 일단 상대를 더욱 사랑스럽게 보이도록 만든다. 그러나 결혼생활의 불편함이 드러나거나, 상대방에게 숨겨진 빚이 많다는 것을 알게 되면 전전두엽의 도파민은 급속도로 줄어든다. 그리고 부부 사이에는 점점 사랑이 줄어든다. 그리고 이 증상은 태교 불안과 양육 불안을 부르며, 결국 사회불안으로 이어지는 악순환의 고리가 생긴다. 이미 우리나라는 사랑을 선택하는 기준이 심리적으로 많이 왜곡되어 있다. 어쩌면 돈이 부족해서 불행해지는 경우가 많기 때문일 수도 있다. 그래서 결혼은 경제적 안정을 추구하는 이성보다는 외모에 끌리는 등 본능적으로 사랑하는 것이 거시적으로는 더 안전할 수 있다. 도파민은 더 많은 도파민으로 만족되기 때문에 가정에 불황이 오면 생각과 창의성에도 동시에 불황이 오기 때문이다. 사랑으로 연결된 관계(Rapport)와 멘토와 멘티 같은 두둑한 관계는 서로의 두뇌를 변화시키지만 돈을 받고 해주는 상담과 같은 관계는 사랑이 부족하므로 많은 비용과 긴 시간이 걸린다.

보지도, 듣지도, 말하지도 못했던 헬렌 켈러를 역사상 가장 위대한 인물로 변화시킨 앤 설리번의 말은 "너에게는 무한한 가능성이 있단다"였다. 다섯 살 때 발달장애로 IQ 43으로 측정되었던 저능아 라이언 카샤를 고등학교 수석 졸업생이자 미국 명문 플로리다 애틀랜틱 대학 최우수 졸업생으로 변화시킨 부모의 말은 "친구들 말에 신경 쓰지 말고 무조건 노력을 해봐. 그럼 그 친구들 못지않게 잘할 수 있을 거야. 자, 다시 한번 해볼까?"였다. 10살이 되어서야 글을 깨우친, 또래보다 우둔했던 백곡 김득신을 조선 최고의 천재시인으로 변화시킨 부모의 말은 "나는 네가 공부를 포기하지 않는 것이 대견스럽다. 더 노력해라. 공부란 꼭 과거를 보기 위해서 하는 것이 아니다"였다. 이들은 절대적 사랑과 신뢰는 생각을 하게 만든다는 것을 보여준 대표적인 예다.

관찰하는 부모가 되자

아이들은 가장 먼저 모방으로 지능을 개발한다. 그렇게 따라하면서 배우는 것을 '학습'이라 한다. 동물도, 사람도 두뇌에 그대로 따라하는 거울뉴런이 있다. 즉 모방은 생존본능이다. 아이와 산책할 때 사업적 고민을 하면서 걷는다면, 들에 핀 야생화와 돌의 무늬는 아이의 깊은 관찰 대상이 되기 어렵다. 부모가 직접 꽃과 돌을 관찰하고 독백하며 소소한 아름다움과 신비로움에 감탄할 때, 아이의 학습적 긍정성이 두뇌에 입력

된다. 이렇게 자연을 모방하는 바이오미미크리 특허는 분야가 무궁무진하다. 그래서 부모의 관찰행동은 매우 중요하다. 어른들은 그냥 관찰을 하지만 그 행동을 모방하는 아이의 관찰은 어른보다 훨씬 넓고 깊이 있는 체험이 된다. 아이는 두뇌의 감수성과 시냅스가 연결되는 양과 속도가 어른보다 많고 빠르기 때문이다. 관찰과 감탄이 이어지는 과정에서 아이는 몰입을 체질화시킬 수 있다. 그리고 어려서 두뇌에 각인된 몰입은 30대 직장인 시절, 마감시간이 임박하여 밤을 새우는 날 놀라운 성과로 이어진다. 또는 연구실에서 낮잠을 자다 일어날 때 기막힌 해법이 떠오르는 두뇌로 성장한다. 전자식 TV를 발명한 필로 판스워스(Philo Taylor Farnsworth)는 15세에 감자밭을 갈다가 아이디어를 떠올렸다. 빛을 밭고랑처럼 길게 여러 겹으로 분리해서 전송한 후, 다시 합치면 된다고 생각한 그의 아이디어는 요즘의 TV가 됐다. TV 발명가가 자신의 아들에게 TV를 못 보게 하고 자연에서 놀게 한 이유와, 실리콘 밸리에서 IT로 돈을 버는 부모가 자식을 컴퓨터와 휴대폰이 없는 발도르프 학교에 보내는 이유를 생각해보자. TV 리모컨을 발명한 로버트 애들러 역시 TV를 거의 보지 않았다. 그는 늘 독서에 관심이 많다고 그의 아내는 말했다.

독서교육 강사 푸름이 아빠로 유명한 최희수 씨의 경우도 마찬가지다. 그의 책을 읽는 독자들이 흔히 놓치는 것이 있다. 아이와 함께 자연을 산책하며 작은 것도 함께 관찰했던 작가의 어릴 적 경험이다. 독서가 교육이 되려면 우선 자연 속에서 감각적으로 풍부한 자극을 받은 두뇌가 먼저 있어야 한다. 책과는 상관없는 경험이 필요한 것이다. 책과 상관없이 자연을 관찰했던 경험은 물 밑의 빙산이고, 책을 보는 나이에 이뤄지는 몰입독서는 물 위 빙산의 일각이다. 어릴 적 부모의 관찰행동을 따라하면서 느낀 자연의 신비 또는 아기 때 엄마 등에 업혀서 느꼈던 들판의 똥냄새, 들짐승과 새소리를 들은 감각경험은 이후 두뇌에서 언어를 처리하는 잠재력이 된다. 두뇌에 입력된 다양한 감각의 작은 차이가 바로 언어 개념을 만들기 때문이다. 부모가 독서 이전의 풍부한 감각경험을 아이에게 안겨주지 못하면 이후의 모든 교육과 독서는 약한 강도 속에서 이뤄진다. 두뇌 속에서 개념에 맞는 감각을 찾으려 해도 재료가 부족한 아이가 되는 것이다. 다양한 감각적 상징이 부족하면 선택의 여지가 없으므로 아이의 상상력은 빈곤해지고, 개념의 강도는 약해진다. 결국 "어, 우리 애는 영재가 아닌가?" 하는 빈곤한 독백이 절로 나온다. 진정 필요한 체험은 책으로 전달되지 않는다. 그것은 땀으로, 정성으로 부모가 다시 어린아이가 돼야 가능하다.

고쳐서 쓰는 부모가 되자

아이들은 사소한 물건도 고쳐 쓰는 부모의 행동에서 매우 많은 것을 배운다. 심리학에서 '회복탄력성'이라는 개념을 위해서는 우선 자신을 어떤 경우에도 변치 않고 사랑해주는 어른과의 관계가 필요하다. 그 이후에는 아이가 놀다가 어딘가를 다쳤는데 그 자리에 새살이 돋는 경험이, 마지막으로 물건을 고쳐 쓰는 부모의 절약 습관이 필요하다. 사람도 다치면 회복이 된다는 것을 느껴야 하고, 물건이 망가져도 고치면 10년을 더 쓸 수 있다는 경험이 필요하다. 떨어진 단추를 직접 다는 것과 그냥 세탁소에 맡기는 것은 아이에게는 매우 다르게 보인다. 직접 해결하느냐, 돈으로 해결하느냐는 발명과 특허를 중심으로 볼 때 아이에게 미치는 영향은 천지 차이다. 아이들은 사물과 사람을 구분하지 않는다. 그래서 사물에 애착을 많이 갖는다. 그런데 경제적으로 여유가 있다고 해서 헌 물건을 쉽게 버리고 새 물건을 사버리면 어른 아이 할 것 없이 사람에게 그렇게 해도 된다는 생각을 할 수 있다. 이런 마음은 성인기의 대인관계에 문제를 만들고, 의리 없는 인간을 만든다. 그러나 부모가 아이가 어릴 때 만지고 놀던 사물을 30년 이상 소중히 고쳐 쓰는 것을 본 아이는 모든 것의 회복력을 믿게 되며, 사람 간의 갈등이 생길 때 관계를 끊지 않고 회복시키는 선택을 하는 아이가 된다. 혹시 당신은 물건을 너무 쉽게 사고, 버리지는 않는지 되돌아보라. 뭔가 고쳐서 쓰지 않는다면 돈 낭비가 아니라 그 모습을 보는 자녀가 성공의 기회를 낭비하는 것이다.

목공예가 취미인 부모를 따라다니는 아이는 삼각구도의 안정성과 재질의 강도에 따라 쓰는 도구가 달라지는 점 등 역학과 재료공학의 기초를 두뇌 깊은 곳에 쌓는다. 언어로 전달되지 않아도 시각적 영상, 소리로 입력되며 어린 두뇌에 들어간 그 모습은 나중에 언어화된다. 그리고 여러 방면의 활동에 융통성 있게 승화되어 결실을 맺는다. 앞서 말한 만들기로 면접시험을 보는 최근 미국의 혁신기업은 도구를 이용해 문제를 해결하는 사람이 도구와 전혀 상관없는 인간적 갈등이나 회사의 인수합병 문제도 보다 더 현명하게 해결하는 것을 경험하고 있다. 그래서 기업에서 뽑는 MBA 출신은 1993년 61%에서 2003년 43%로 줄었다고 한다. 이런 추세를 계산해보니 2014년 현재는 경영 관련 전공자의 채용 비율이 30% 대로 줄었을 것이다. 반면 다른 전공자의 취직률이 올라가고 있는데, 그중 미대 출신의 기업 진출이 가장 두드러지게 늘어나고 있다. 뭔가를 그려보고 만들어보는 경험은 기업의 위기 돌파에 큰 응용력이 되고 있다. 최근 미국 기업이 가장 선호하는 전공은 학사나 석사 중 한 가지가 미술 관련 학과인 것이다.

장난감을 가족이 함께 만들어 노는 것과 완구점에서 사는 것도 마찬가지로 큰 차이가 있다. 고장 난 물건을 돈으로 해결하는 부모 밑에서 성장한 아이는 충동적 소비자가 될 가능성이 높고, 어떻게든 직접 손으로 해결하려는 부모 밑에서 자란 아이는 발명 특허계에 입문해 벤처기업가로 성장할 가능성이 높다. 좋은 예로 가구 DIY를 들어보자. 장난감을 직접 만들듯 가구도 가족이 직접 만들면서 전체적인 DIY를 온 가족이 체험하는 것이다. 주변에 개인이 넓게 운영하는 DIY 공방이 없다면 동사무소와 구청에 작업장 설치를 요구하는 것도 좋은 방법이다. 자녀가 다니는 학교에 DIY 공방을 설치하여 학부모가 참여하는 것도 좋은 해결책이다. 그래야 우리나라가 발명과 특허로 점점 부강해질 것이기 때문이다.

엄마의 자존감이 아이의 창의성

아이의 자기주도성과 자존감을 해치는 근본적인 원인은 부모가 아이를 자신보다 더 사랑하기 때문이다. 부모가 자신의 관심사 없이 온통 아이에게 신경을 쓴다면 아이는 거울뉴런으로 그런 태도를 모방한다. 남녀의 사랑이 같은 꿈을 향해 같은 길을 가야 오래가듯, 부모 자식 간에도 동등한 지구인이자 호기심 많은 인간으로서 같은 곳을 바라보고 친구처럼 대화를 해야 더 창의적인 삶을 살게 된다. 왜냐하면 정신적인 문제와 능력을 결정하는 바탕에는 자존감이 있기 때문이다. 자식이 잘되기를 바라는 마음으로 기도하는 것을 제외하고 평소 엄마는 자신의 일에 몰두하는 모습, 무언가를 관찰하는 모습, 뭔가 만드는 활동을 아이에게 자주 보여줘야 한다. 기본적인 대화는 식탁에서 하고 나머지 시간은 각자 자기 일에 몰두하는 것이 삶의 방식이라고 느끼게 해야 아이가 창조적인 사회인이 될 수 있다. 그러지 않고 자식의 미래가 곧 자신의 미래라는 생각으로 자식만 바라보는 시간이 많으면 아이도 자신의 일에 집중하지 못한다. 타인의 일에 관심을 갖거나 TV를 보며 울고 웃다가 뉴스를 보며 욕을 하는 사람이 되고 말 것이다.

아이든 어른이든 생계를 꾸리는 일 외에 자기 일이 없다는 것은 자존감을 낮게 만든다. 전업주부는 흔히 '대리만족'이라는 자존감 낮은 심리에 빠지기가 더욱 쉽다. 아이와 남편 일이 자기 일처럼 느껴지는 것이 대리만족 상태이다. 아이와 남편의 일에 전문성을 갖추고 간섭한다면 토론이 되지만 전문성 없이 간섭하면 잔소리가 된다. 잔소리와 불만, 짜증은 스스로 낮은 자존감을 가졌다고 외치는 것과 같으며, 아이들은 그 낮은 자존감을 학습하게 된다. 열등감은 말과 몸짓, 표정, 목소리를 통해 집착과 걱정, 화, 윽박을 통해 자식의 온몸과 두뇌에 전수된다. 그럴 경우 아이의 성적은 오르더라도 창의성은 결코 엄마의 수준을 넘지 못한다. 웨인 다이어(Wayne Dyer)는 《행복한 이기주의자》에서 다음과 같이 말했다.

"부모가 자녀를 자신보다 더 중요하게 여기면 그 부모는 자식에게 전혀 도움이 안 되는 부모다. 이는 자녀들에게 자기보다 늘 다른 사람 위주로 살게 하거나 역량을 다 발휘하지 못하고 세상의 구석을 차지하라고 가르치는 셈이다."

부모가 자신에게 몰입하는 자존감을 가지면 주변이 여유 있게 보이고 생각이 확장되는 것을 표현하게 된다. 하지만 주변의 시선을 의식하고 자식에게 집착하는 열등감을 가지면 이내 아이의 자기결정성을 침해하면서 문제가 시작된다. 참견과 잔소리는 아이의 두뇌 활성을 떨어뜨리고 장기적으로 의지력과 의욕을 상실하게 만든다. 그렇게 아이는 창의적 업무 처리와 발명, 특허와 창조적 사업에서 멀어진다.

03

특허 달인의 공통점

대충 넘어가지 않는다

관찰하고 고쳐서 쓰는 부모가 돼야 한다는 것과 같은 맥락으로 특허 달인으로 거듭난 이들의 공통점 중 하나가 대충 넘어가지 않는다는 것이다.

아이의 감정을 무시하지 말고 이해해주면서 긍정적인 정서로 돌려놓으려는 노력이 감정코칭이다. 감정코칭의 기본은 바로 대충 넘어가지 않는 것이다. 아이와의 약속도 대충 넘어가면 안 된다.

사물을 인격화하여 보는 아이들은 사물과 오래 동행하는 것이 의리 있는 것이라고 학습한다. 부모와의 신뢰가 지켜지는 것도 이후 인간관계나 사물과의 관계에 영향을 준다. 사물과의 관계에서도 그 물건을 사랑하면 더 개선할 점이 자꾸 보인다. 사물을 사랑하면 보관 공간도 그 사물이 잠드는 침대가 되기 때문에 대충 만들지 못한다. 애플이 제품 박스를 만들 때 갖는 정신의 원천은 모든 사물에 영혼이 있다고 믿는 애니미즘이다. 스티브 잡스는 물건을 담고 꺼내는 과정까지 의식을 치르는 것처럼 느끼게 디자인했다. 사물에도 영혼이 있어서 그것의 얘기를 들으며 디자인한 포장지와 박스는 사용자의 눈에도 흡족한 모습으로 완성된다. 집에도 영혼이 있으므로 적재적소에 가장 좋은 재료를 쓰다보면 저절로 지진과 폭풍 같은 자연재해도 잘 견딘다.

세계적인 히트상품인 찍찍이 벨크로(Velcro)는 개와 산책을 하던 스위스의 공학자가 자기 개에게 붙은 도꼬마리를 대충 보아 넘기지 않으면서 개발됐다. 확대해보면 도꼬마리와 찍찍이는 구조가 거의 같다. 개썰매를 타고 5년 동안 북극을 여행했던 생물학자 클래런스 버즈아이(Clarence Birdseye)는 이누이트(Inuit) 족이 낚시를 하는 모습을 보았다. 물고기는 밖으로 나오면 매우 짧은 시간에 냉동됐다. 그런데 냉동된 고기를 요리하려고 집으로 가져가면 다시 살아나는 고기가 있었다. 그는 서서히 냉동되는 것과 달리 갑자기 냉동되면 얼었다가 다시 살아날 정도로 신선도가 유지된다는 것을 발견했다. 얼었다가 되살아나는 물고기를 본 지 10년 후 그는 식품을 금속판 사이에 놓고 급속히 냉동시키는 방법을 개발했다. 그리고 다시 7년 후 급속냉동으로 싱싱한 생선을 포장해서 파는 회사를 차렸다. 그의 말에 사업 성공의 비결이 잘 드러난다.

"나는 내 주변의 모든 것에 강렬한 호기심을 느낀다."

뭐든 만들어서 사용한다

360도로 돌아가며 주변을 살피는 레이더의 개발자 로버트 왓슨와트 (Robert Alexander Watson-Watt)는 다음과 같은 발명 철학을 갖고 있었다.

"마음에 들지 않더라도 일단 한번 활용해봐야 한다. 조금 더 좋게 만든 후에 써봐야지 하면 너무 늦다. 최고가 아니면 내보이지 않겠다고 생각하면 실제 쓰일 기회는 절대 오지 않는다."

왓슨와트는 전쟁 중에 살인광선을 개발해 달라는 부탁을 받아 레이더를 개발했다. 빛으로 사람을 죽이겠다는 생각은 독일과 일본에서도 했지만 미국이 원자폭탄을 먼저 만들면서 전쟁은 새로운 시대를 맞이했다. 살인광선을 공상이라고 생각했던 왓슨와트는 전파로 항공기 위치를 파악하는 것은 가능성 있다고 대답한 후, 여러 차례의 실험으로 레이더망을 구축했다.

자신감과 용기로 일단 뭔가 만들어보려는 시도를 꾸준히 하면 어떤 결과든 나온다. 사진의 발명도 10년에 걸쳐 빛에 민감한 물질과 태양의 반응을 실험한 끝에 나왔다. 사진을 발명한 조세프 니세포르 니에프스 (Joseph Nicéphore Niepce)는 침실 밖 풍경이 찍힌 사진을 '태양이 그린 그림'이라고 불렀다. 이후 사진은 여러 방법이 개발되면서 오늘날의 디지털 카메라로 이어졌다. 3M의 포스트잇도 10년의 활용 끝에 제품으로 탄생했다. 1964년 스펜서 실버(Spencer Silver)는 접착력이 약한 본드를 만들면서 계획했던 잘 붙는 본드 개발에 실패했다. 하지만 그는 잘 떨어지는 본드를 일단 직원들에게 한번 써보라고 했다. 당시 그곳 직원이었던 아트 프라이는 종이에 그 접착제를 바르면 종이를 옮기기 전에는 잘 떨어지지 않는다는 것을 알게 됐다. 이후 10년 만에 제품화에 성공했으며, 현재 우리가 유용하게 사용하고 있다. 만약 그 접착제를 여러 사람이 써보지 않았다면 그 접착제는 오래된 창고에서 썩었을 것이다.

이처럼 자신이 있는 자리에서 뭐든 시도해보고 만들어보는 열정은 발명가들의 공통점이다. 그러나 늘 시도를 해볼 수 있는 것은 아니다. 상황이 불가피할 때는 잠시 뒤로 미뤘다가 기회를 잡는 경우도 있다.

패션에 관심이 많던 한 고등학생은 부모의 반대로 공대에 들어갔고, 이후 자동차 타이어를 만드는 회사에 취직했다. 자신의 꿈을 접고 일단 사회생활에 뛰어든 그는 고무로 옷을 만드는 상상을 하기도 했다. 그러던 어느 날, 그에게 옷을 만들 기회가 찾아왔다. 기압이 낮은 곳까지 비행기가 뜨려면 조종사에게 공기를 밀봉한 옷이 필요했다. 기압이 낮으면 우선 고막이 터지는 등 생리적으로 건강에 문제가 생긴다. 그래서 물이나 공기가 새지 않는 타이어를 연구하던 그의 회사에 비행기 조종사의 기밀복(氣密服)을 만들어 달라는 요청이 들어왔다. 패션에 관심 많던 그는 청소년기에 접었던 꿈을 타이어 회사에서 살리게 됐다. 옷을 만드는 일과 타이어를 만드는 일을 결합하여 기밀복을 만들었는데, 그가 바로 최초의 우주복 발명가 러셀 콜리(Russell Colley)다. 어떤 이유로 시작한 어떤 공부든 언젠가는 쓰인다. 패션을 좋아하던 공학도는 비행기 안에서 입을 옷을 만든 후 우주선 안에서 입을 옷도 디자인하게 됐다. 〈뉴욕타임스〉 유명 기자의 표현대로 그는 '우주복 분야의 캘빈 클라인'이 됐다.

특허 달인은 어린 시절에 만들어진다

7세 때 화학적으로 색깔을 다루는 놀이에 가까운 실험을 한 후, 비슷한 원리로 형광단백질을 개발하여 노벨 화학상을 받은 로저 첸은 어린 시절의 경험이 성인기의 창조로 이어진 대표적인 예이다. 원초적이지만 깊이 있는 이해가 거의 모든 발명가들의 유년기 공통점이다. 배움은 본질적으로 잔뿌리가 상하지 않도록 산삼을 캐는 일이거나 사방팔방으로 미로처럼 얽힌 길을 헤매면서 마음속에 지도를 그리는 일이다. 자기주도적으로 자연과 기계의 작동원리를 배우는 일은 본래 계단(교육과정)을 오르는 행동이 아니라 광야를 방황하다 땅굴을 파거나, 돌을 모으거나, 탑을 쌓는 일이다. 어린 시절의 두뇌는 넓은 광야에서 자연과 함께 놀잇감을 찾아서 놀 때 지능과 창의성이 가장 발달한다. 아이들의 자연체험은 언어를 잘 활용할 만한 나이가 되면 저절로 한 편의 수필이 된다.

유럽에서 창의적 성과를 낸 위인들의 어린 시절을 연구한 학자는 그들이 친엄마와 격리된 시간이 길어 엄마의 과잉보호를 받지 않았다는 공통점을 발견했다. 자녀에게 집착하고 자녀를 과잉보호하는 것은 창의성을 빼앗는 가장 큰 원인이다. 두뇌는 자기가 이미 아는 것을 기반으로 살짝 어려운 놀람, 새로움, 변화, 복잡, 모호함의 특성이 있는 문제를 만나면서 발달한다. 그런데 과잉보호는 이 5가지 요소를 아이 주변에서 제거하려는 본질을 갖고 있다. 그것은 기본적으로 위험성을 지니고 있기 때문이다. 특히 3~8세에 과잉보호로 인해 5가지 카오스적 경험이 부족하면 두뇌는 신경전달물질을 활발하게 생성하는 물질을 내놓지 않으며, 시냅스는 약해지고 뉴런이 감소한다. 발명가가 될 가능성이 거의 사라지는 것이다. 특히 15세 전후의 청소년들이 흥미를 유발하는 맞춤교육을 받지 못하면 전체 시냅스의 50%까지 손실을 입는다. 시각 신경을 처리하는 시냅스의 경우, 초당 5,000개의 시냅스가 사라지는 시기가 중학교 무렵이다. 시냅스 가지치기 과정(프루닝, Pruning)에서 아이들은 재능과 창의성이 줄어들며 건강도 악화된다. 그리고 맞춤교육 부족으로 교실에서 잠을 자는 아이들은 성인이 되어서도 건강상 문제가 생길 수 있다. 성장기의 환경과 우울한 태도는 세포와 DNA가 기억한다. 성장기 환경에 의한 세포막 수용체의 변화는 DNA 스위치를 바꿔 평생 영향을 준다.

창의성도, 건강도 자기결정성과 동기부여가 가장 큰 원동력이다. 특허 달인을 많이 기르려면 학교의 특기적성 교육과 예체능 교육, 맞춤교육이 매우 중요하다. 예체능 교육으로 발달된 뇌신경을 갖고 대학에 가야 더 창의적인 인재가 되며 노벨상 등에 접근이 쉽기 때문이다. 노벨상 수상자들의 예체능 지수가 거의 전문가 수준이라는 점은 창의성과 예체능 교육의 관계를 잘 보여준다. 예체능 교육과 함께 암묵적 지식을 기르는 캠핑이나 여행, 아르바이트, 장사, 팀별 프로젝트 운영 등의 교육은 아이를 특허 달인으로 기르는 필수 영양분이다.

특허 고수가 되려면?

만약 중국에서 사업을 할 계획이라면 공자(孔子)와 고사성어를 공부한 후에 시작하는 것이 좋다. 중국에서의 사업은 그들의 인문학적 전통과 분리되지 않기 때문에, 인문학적 기반은 투자를 받을 때 믿을 만한 사람으로 평가하는 기준이 된다. 같은 고향 사람이라서 도와주는 일, 즉 학연과 지연 관계는 국제적 사업에서는 통하지 않는다. 뛰어난 투자자들은 거의 철학자로 봐야 한다. 그들은 경제적 효율을 따지는 사람보다는 중국인도 잘 이해 못하는 고사성어를 적절하게 인용하는 사람이나 인문학적 개념으로 풀어서 비유하는 사람을 더 잘 믿는다. 통찰력과 지혜가 있어 보임과 동시에 이기적이지 않을 것이라는 느낌을 주기 때문이다. 이런 느낌은 과학적 경영기법을 잘 아는 사람에게서 받을 수 있는 것이 아니다. 왜냐하면 그런 지식은 이제 너무나 흔해졌기 때문이다. 미국도 사정은 마찬가지다. 미국에서 재산 순위 1,000등 이내의 CEO 중 경제, 경영, 금융 전공자가 30% 정도라고 한다. 그 외 대부분은 공학과 인문학 전공자들이며 예술이나 건축을 전공한 사람도 있다. 시장을 이끌어가는 선진 기업은 장르를 만든다.

장르를 만든다는 개념은 예술에서 가장 흔히 거론된다. 뒤샹의 레디메이드나 피카소의 입체파 등이 그 예이다. '장르'라는 말을 기업에서는 '플랫폼'이라고 표현한다. 스마트폰은 하나의 장르이고 플랫폼이다. 예술에서는 새로운 장르를 만든 사람이 세계적 거장이 되고, 기술에서는 새 플랫폼을 만드는 사람이 시장을 지배한다. 앞으로 새 패러다임과 새 장르를 열어갈 잠재력이 가장 큰 분야는 인문학에서는 고고학을 포함한 문화인류학과 예술, 자연과학에서는 양자물리학과 진화생물학이다.

중국에서 통역을 하던 지인의 경험을 통해 알게 된 것인데, 유럽 바이어들은 업무가 끝나면 갤러리나 박물관 위치를 물어보고 한국 바이어들은 노래방 위치를 물어본다고 한다. 선진국의 바이어들도 노래방에 가겠지만 그 전에 우선 그 문화권의 유물과 현대예술을 보려고 노력한다. 선진국이 계속 선진국으로 앞서 가는 이유는 쉽게 따라잡기 힘든 인문학적 통찰력이 각 가정에 뿌리 깊이 박혀 있기 때문이다. 이런 문화적 환경은 가정에서 풍부한 대화를 나눌 수 있게 한다.

우리 두뇌의 기본적 사고방식은 10세 전후까지 강하게 고착되어 이후 성인이 되어도 태도나 방식이 독특한 패턴을 갖는다. 행동이 패턴화된다는 말은 태도와 생각이 골수에 박혀서 의식할 수 없이 드러난다는 뜻이다. 그렇게 드러난 태도나 표정은 인문학적 감수성이 좋은 선진국 사업가들에게 바로 들키게 된다. 무협지에 나오는 무술 고수들이 잘 보이지 않는 발짓이나 호흡을 보면서 고수를 알아보듯, 서예가들이 붓을 쥔 손만 봐도 경력을 아는 것처럼, 어느 영역에서든 30년 이상 경력 있는 사람이라면 관상쟁이라고 생각하는 것이 좋다. 인문학적 내공은 꾸밀 수 없다. 그래서 고수들에게는 진실함과 겸손함이 오히려 잘 통하는 것이다.

대기업 신입사원과 대학 신입생을 뽑는 면접관과 대화를 해보면 3초 이내에 상대의 75%를 간파한다고 한다. 상대와 대화를 몇 마디 해보면 75% 정도 당락이 결정된다는 것이다. 이처럼 대부분의 면접관은 비슷한 시각으로 상대방을 판단한다. 여기서 중요한 것은 상상력이 피어나거나 비판 능력이 생기는 대화가 이뤄지는 가정이 얼마나 되는지가 그 국가가 보유한 창조력의 기반이라는 점이다.

04

미래의 특허를 선점하라

미래의 전쟁과 특허

인간은 환경이나 동물들과 전쟁을 하며 도구의 인간인 호모 파베르 (Homo Faber)가 됐고, 이후 발명가로 진화했다. 그리고 이 과정에서 발명 된 창은 전쟁이 만든 최초의 발명품이라 할 수 있다. 창과 활은 사냥을 위 해 만들어졌지만 전쟁을 위해 오래 쓰이고 있다. 컴퓨터의 원리와 인터 넷도 적군의 암호를 해독하고, 아군의 정보를 빨리 공유하려다 발명됐 다. 의료 발전도 마찬가지다. 수많은 부상자를 치료하는 것은 전쟁터에서 나 있는 일이기 때문에 전쟁 기간에 치료법이 급속도로 발달했다. 일본 의 731부대가 인간을 대상으로 한 마루타 실험 연구 결과가 미국으로 건 너가 의료 발전에 공헌했다는 설도 있다. 현대인은 전쟁터에서 죽은 젊은 이들 덕분에 과학기술의 혜택도 누리고 있다. 한국은 특히 월남전을 통해 자본과 산업기술, 무기의 현대화를 이뤘다. 역사상 누군가의 희생은 이후 세대에게 어떤 식으로든 혜택을 준다.

　최근에 있었던 '다르파(DARPA) 재난구조 로봇 대회'에 참가한 16개 국 중 일본 로봇이 본선에서 1등을 차지했다. 이 대회는 불이 난 현장에서 사람을 구하고 불을 끄는 등 로봇의 재난구조 능력을 겨뤄 인간을 대신할 수 있는 재난용 로봇 개발을 목표로 했다. 본선에서 1등을 한 일본 로봇은 한 발로 서서 춤도 출 수 있었다. 우리나라 역시 출전하여 본선에 2개 팀이 오르는 등 선전을 했다. 이 대회를 주최한 미 국방부 방위고등 연구계획국(DARPA)은 첨단 무기를 연구하는 곳이다. 이처럼 군사 로봇을 만들던 시설에서 재난을 수습하는 기술로 전환하여 민간인에게 큰 도움을 주는 발명품이 나오고 있다. 미국은 군사용이든 아니든 과학기술 개발 과정까지 오픈하여, 곳곳에서 연구하는 사람들의 두뇌를 모아 집단지성의 도움을 받고 있다. 최근 우리나라 대기업 LG도 아이디어 제공자에게 매출액의 4%를, 그 아이디어를 진화시킨 사람에게 매출액의 4%를 제품이 팔리는 한 계속 주겠다는 파격적인 제안을 하면서 집단지성을 끌어들이는 크라우드 소싱(Crowd Sourcing)을 시작했다. 다르파 역시 민간 연구 자들과 늘 협력을 하는데, 이는 자신의 기술을 노출시켜 연구해도 아무도 따라할 수 없다는, 과학기술에 대한 미국의 자신감을 보여주는 사례다. 이렇게 미국이 보유한 압도적 군사력과, 지구를 수십 번이나 멸망시킬 수 있는 핵무기의 축적은 전쟁에 대비한 과학기술을 오히려 민간에 더욱 많이 적용하게 만들었다.

　최근에는 국가 사이의 전쟁이 아니라 기후변화와의 싸움이 가장 큰 전쟁이다. 환경오염과 온난화, 기후변화가 인류 전체를 공격해오고 있다.

이로 인해 오늘날의 발명과 특허는 인간을 공격하는 환경과의 전쟁에 영향을 받는다. 지금까지 부족이나 국가 간 전쟁이 발명을 이끌어왔다면, 앞으로는 환경을 생각하는 발명이 인지도 높은 대기업을 만드는 발명의 핵심이 될 것이다. 인류 공공의 적이 되어버린 기후변화로부터 인간을 지키는 발명은 가장 존경받을 특허와 브랜드이다.

꿈을 붙잡아 현실로 만들자

꿈은 아직 현실에 없는 모든 것이며, 그 꿈을 현실로 만드는 속성이 창조성이다. 창조성을 키워서 돈으로 만들자는 것이 창조경제를 외치는 이유이기도 하다. 2001년 존 호킨스(John Howkins)는 저서 《존 호킨스 창조경제》에서 창조경제는 창조적 인간, 창조적 산업, 창조적 도시를 기반으로 한 새로운 경제라고 말했다. 이는 창조적 인격(Character)과 도시 문화(Culture), 사람과 환경의 상호작용을 강조한 것이다.

인격에 대한 부분을 한국의 철학자도 언급했다. 한양대 이상욱 철학교수는 창조경제에 대해, 국민 행복과 심리적 안정감 등 국민 삶 속의 인문학적 부분과 연결돼야 함을 깊이 성찰해볼 필요가 있다고 말했다. 또한 세계은행 김용 총재는 한국의 창조경제가 성과를 내기 위해서는 교육의 질을 높여서 창의력이 뛰어난 인재를 육성해야 한다고 대통령 앞에서 조언했다.

어린 시절부터 창의력을 육성하는 것도 중요하지만 이제는 은퇴한 50대와 70대에게도 창조성은 필요하다. 100세 시대가 되었기 때문이다.

그렇다면 창업 의욕을 키워 다수의 창조적 국민을 배출할 특허경제의 가장 중요한 핵심은 무엇일까? 그것은 바로 '드림캐처(Dreamcatcher)'이다. 드림캐처란 창업 경험이 없는 사람의 아이디어를 사회와 조화시키는 사람이 꿈을 잡아 도와주는 것을 말한다. 잠깐 머리를 스치고 간 초보 아이디어를 키워줄 드림캐처 제도는 점점 많아지고 있다. 그중의 하나가 바로 '창조경제타운'의 운영이다. 그러나 '창조경제타운'은 아직 실험 단계로, 이곳에서 채택된 아이디어의 수십 배나 많은 초보 아이디어들이 그저 꿈에 그치고 있다. 그것은 자본금 문제라기보다는 마인드의 문제이다. 즉 초보 아이디어를 가진 이들에게 초반부터 의욕을 꺾는다는 것이다. 서태지가 서바이벌 오디션에서 떨어진 후 크게 성공한 사례는 가요계에서만 그치는 일이 아니다. 그런 일은 과학계와 예술계에서도 많다. 아이디어가 비웃음을 사지 않았다면 그 아이디어는 투자할 가치가 없다고 말한 사람도 있다. 꿈을 잡는 것은 원래 몽상가가 하는 일이다. 작은 확률에서 100%의 확신을 느끼는 DNA를 가진 사람이 드림캐처이다.

특허와 아이디어 선점의 가치

최근 글로벌 금융위기로 실질적 소득이 줄어들면서 특허로 제품과 서비스를 개발하기보다 특허소송을 걸어 배상금으로 수익을 내는 특허괴물 회사들이 늘고 있다. 이런 회사의 성장은 플랫폼 전쟁을 하던 구글과 애플이 특허에 관해 손을 잡게 만들었다. 우리나라도 경제규모가 커지면서 먼저 대기업이 특허괴물의 소송 대상이 되고 있으며, 그 대상은 중소기업으로 퍼지고 있다. 특허에 관한 지식 없이 제품을 만들다가는 모든 이익뿐만 아니라 회사 건물과 땅까지 팔아서 배상금을 주는 일이 생길 수 있다. 그러니 이제는 거의 모든 사업에서 확실한 특허가 있느냐 없느냐가 주식투자의 조건이다.

또한 유능한 인재들을 신입사원으로 채용하려 할 때도 회사가 보유한 특허의 가치를 보여줘야 할 판이다. 요즘의 창조적 젊은이들은 특허소송과 관련된 사건을 자주 접하고 있기 때문에 언제 사라질지 모르는 회사는 아예 꺼린다. 젊은이들이 대기업을 선호하는 이유는 중소기업의 경우, 단 하나의 특허만 침해돼도 소송을 하다 망할 수 있기 때문이다. 작은 기업이 중견기업으로 성장하기 위해서는 특허를 확보해야 한다. 그래서 연구자와 기업이 손을 잡는 산학협력이 급격히 활성화되고 있다. 서울대 공대가 'SNUe 컨설팅 센터'를 열어 최소한의 자문비를 받으며 중소기업 기술 컨설팅을 시작한 것도 특허소송 증가와 기술 도용 문제를 해결해야 하는 일이 학내 벤처에도 많아졌기 때문이다.

중소기업은 특허괴물 회사의 특허권 남용 건수가 매년 급증하고 있다는 사실에 대비해야 한다. 2013년 상반기 한국 기업에 대한 특허괴물의 특허소송 건수는 2012년 대비 200% 증가했다. 1년 사이에 3배가 된 것이다. 미국 내에서도 특허괴물의 특허소송은 전체의 60% 이상이며, 2005년 대비 4배가 늘었다고 한다. 미국 내에서도 기업 활동에 부작용이 심하여 특허권 남용을 제한하는 법을 만들고 있을 정도다. 법안 내용에서 가장 중요한 점은 특허를 사용한 기록이 있는지를 검토하는 것인데, 특허만 내고 사용도 하지 않으면서 다른 기업이 부지런하게 일해 번 돈을 소송으로 빼앗는 행위를 엄격히 심사하고 있다. 그러나 한국은 이런 법이 만들어져 통과되려면 미국보다 시간이 더 걸리므로, 특허괴물이 한국의 중소기업을 공격하는 일을 10년 이상 겪을 수도 있다.

이제는 국내에서만 활동하려고 하는 작은 기업이라 해도 특허가 얼마나 소중한 것인지, 어느 나라에 적합한지, 그 나라에 자신의 기술을 우회할 기술이 있는지 분석해서 어느 나라에 먼저 국제특허를 낼지 생각해둬야 한다. 비슷한 기술을 해외 기업이 먼저 등록했다면 그동안의 연구비와 노하우를 날리면서 기업의 숨은 멎고 그동안 쌓은 기반까지 잃을 수 있기 때문이다.

기후변화 아이디어

미래에 사회에 진출할 학생들에게 경고하는 3대 지구의 위기가 있다. 위기의 크기순이나 체감될 순서로 나열하면 기후변화, 양극화, 인공지능이다. 이 3가지 중 공부하는 학생에게는 인공지능의 탄생이 가장 위험하다. 공부를 해도 취업을 못하게 되기 때문이다. 미래학자들은 2030년이 되면 인공지능을 가진 로봇이 지적인 노동을 하기 시작할 것이라고 예측하고 있다. 정치인이나 경영인에게 가장 위험한 것은 양극화이다. 물건을 살 중산층이 사라지면, 서민층을 타깃으로 한 수익이 적은 박리다매(薄利多賣)나 부자들을 위한 다품종 소량 생산의 후리소매(厚利小賣)로 가야 한다. 이 경우, 양쪽 모두 경쟁이 심해진다. 정치의 경우에도 자본주의의 특성상 부익부 빈익빈의 양극화는 가속화된다. 홀쭉해진 중산층 이하, 자동화와 고령화로 인한 실업자들의 복지 요구는 커지는데 반해, 세금을 더

내겠다는 사람은 많지 않기 때문이다. 정치권의 변동은 고령화와 양극화가 큰 변수가 될 것이다. 3대 위기 중 양극화와 인공지능은 정부나 대기업이 고민해야 할 문제지만 기후변화는 앞으로 개인과 중소기업에게도 많은 발명과 특허의 기회를 줄 것이다.

그럼, 첫 번째 시대적 위기인 기후변화가 가져올 가깝거나 먼 변화를 살펴보자. 기후변화에 대해 어떤 미래학자는 지구의 온도가 섭씨 2도가 올라가면 역사상 있었던 모든 전쟁의 피해를 다 합친 재앙이 된다고 말했다. 이런 현상에 대해 '기후변화는 인류가 맞이한 3차 세계대전'이라는 표현은 결코 과장이 아니다. 강해지는 태풍, 폭설, 갑자기 닥치는 봄날의 한파를 사계절이 뚜렷한 우리나라에서도 경험하고 있다. 폭풍으로 날아간 간판과 폭격으로 날아간 간판은 처지가 비슷하다. 폭설로 무너진 비닐하우스와 탱크가 지나간 농지도 그 처지가 비슷하다. 원자폭탄으로 초토화된 히로시마와 태풍 하이옌이 지나간 필리핀의 모습 또한 비슷하다. 그중에서도 가장 심각한 사막화는 우리나라에서는 발생하지 않지만, 중국에서 불어오는 황사로 인해 우리도 피해를 입고 있다. 농민이 많은 중국은 사막화로 인해 농지가 줄어들고 있다. 게다가 중국의 공장 굴뚝에서 나오는 스모그로 인해 햇빛이 차단되는 핵겨울까지 우려된다. 중국은 사막화와 함께 가축을 키울 곡물이 늘어나고 식량자급률이 급속히 줄면서 식량 수입을 늘리고 있다. 그런데 인구가 많은 중국에 식량난이 생기면 전 세계의 여분 식량으로도 감당하기 어렵다고 한다. 중국의 사막화와 스모그, 러시아의 냉해, 미국의 폭풍과 가뭄은 수입 곡물 가격을 올리는 기후변화 요인이다. 식량 수출국의 기후변화는 식량자급률이 25%도 안 되는 우리나라에는 매우 치명적이다. 우리나라에 들어올 식량을 중국이 흡수하면 곡물가격 상승은 어쩔 수 없는 일이 된다. 곡물을 생산할 땅값이 오르게 되고 귀농 인구가 늘면서 우리나라는 다시 농자천하지대본(農者天下之大本 , 농사를 짓는 것이 생명과 사회의 기반이라는 생각)의 나라가 될 수도 있다.

서구 문화권에서도 밀밭은 천국과 풍요를 상징한다. 농약과 농법 발전 이전에는 배고픈 사람들이 많았다. 그래서 밀밭은 천국의 풍경이 됐다. 미술평론가들이 빈센트 반 고흐(Vincent van Gogh)의 마지막 작품 〈까마귀가 나는 밀밭〉이 죽음을 암시한다고 해석하는 이유도 같은 맥락으로 설명할 수 있다. 까마귀를 저승사자로, 밀밭을 천국으로 보았기 때문이다. 그런데 고흐의 그림이 요즘의 식량위기를 암시하는 그림이 될지도 모른다는 우려가 있다. 미국의 넓은 옥수수 밭이 다양한 꿀을 찾는 꿀벌들에게는 지옥 같은 환경이지만 소와 사람에게는 역시 풍요의 상징이다. 그런데 이런 풍요의 상징인 밀밭이 사라진다면 소와 사람은 물론, 다양한 꽃을 찾아다니는 꿀벌에게도 굶어죽을 수밖에 없는 재앙이다. 이런 기상이변은 인간의 풍요를 위협한다. 실제로 몇 년 전, 러시아의 대규모 밀밭은 북극에서 내려온 견딜 수 없는 냉기로 얼어 죽었다. 2012년 미국의 옥수수와 콩 농장은 거의 90% 가까이 가뭄으로 망쳤다. 갑작스런 추위와 가뭄은 우리 농가에도 피해를 주고 있다. 태풍이나 폭풍우는 문제가 더 심각하다. 2013년 필리핀 중부를 지나며 말 그대로 필리핀을 초토화시킨 하이옌은 순간 최대 풍속이 기상 관측 사상 가장 빠른 시속 378.2km로 측정됐다. 4~6m 높이의 태풍해일까지 일으켜 해안가 도시를 뭉개버렸다. 지금은 이런 태풍이 발생해 우리나라까지 오려면 해수 온도가 상대적으로 낮은 동중국해를 건너야 하는데, 이곳의 해수온도가 낮아서 태풍의 위력이 약해지기 때문에 그동안 우리나라의 피해가 적었던 것이다. 하지만 동중국해의 해수온도는 꾸준히 올라가고 있다. 지구 전체의 평균온도가 올라가고 있고, 난류의 흐름이 조금씩 바뀌고 있기 때문에 한국에서도 태풍의 강도는 점점 더 거세질 것이다. 지구의 기온이 점점 올라가면서 공기의 대류와 해류, 태풍의 경로가 그야말로 혼돈의 카오스가 됐다.

이제 기후변화와 관련된 발명과 특허를 예측해보자. 가장 먼저 곡물가격 상승으로 도시농업이 활성화될 것이고 바람을 견디는 구조, 디자인이 유행할 것이다. 미세먼지를 거르는 창문도 공기청정기의 원리를 변형하여 나올 수 있으며, 방독면을 간단하게 적용한 마스크도 개발될 수 있다. 간판과 건물은 바람에 잘 견뎌야 하므로 유연해지거나 원형으로 바뀔 것이다. 유체가 좁은 통로를 흐를 때는 속도가 빨라지고 넓은 통로를 흐를 때는 속도가 감소하는 '베르누이의 원리(Bernoulli principle)'에 의해, 건물 사이의 간판은 강한 태풍이 오면 도시를 날아다니는 흉기가 될지 모른다. 따라서 공기를 부드럽게 흘려버리는 상어를 닮은 간판이 등장하거나, 바람이 거세지면 건물 벽에 붙었다가 바람이 그치면 다시 텐트를 치듯 일어서는 간판의 등장도 예상할 수 있다. 이런 간판은 제품 구조에 따라 특허가 가능하다. 미국에서는 토네이도가 심한 지역의 학교 건물이 이미 둥근 원형으로 지어지고 있다.

식량 자급률을 높이려는 도시농업과 태풍을 결합해보면 태풍에 강한 농장시설과 실내 식물공장이 많아진다고 예측할 수 있다. 이런 흐름에서 베란다와 옥상에서 이뤄질 농업에 필요한 물건들이 많이 나오게 된다. 호남의 곡창지대는 폭설과 태풍에 취약하다. 평지만 있는 농지에는 바람과 홍수의 강도를 줄여줄 구조물이 필요하다. 그밖에 가뭄과 태풍에 강한 산지 논밭 가격이 계속 오르다보면 애초에 기후변화 위험을 대비한 농장을 평지에 건설하려 할 것이다. 조립식으로 넓은 농장을 건설할 재료가 개발되고 팔릴 거라고 예측할 수 있다. 간척지에 고효율 담수화 시설을 갖춘 농장이 서해안에 있다면 해일과 태풍, 가뭄에도 더욱 안전하다. 그리고 식량을 대량으로 안전하게 저장하는 방법과 시설도 더 연구되어 등장할 것이다. 이런 대안이 모두 특허의 대상이다. 전 세계가 맞게 될 상황이기에 미세먼지 방지 일상용품과 건축재료, 도시 건물에서 농사짓기와 대규모 기상이변에 대응하는 시설농업 관련 특허가 계속 늘어날 것이다.

기후변화는 인명피해로 본다면 이미 세월호 참사보다 몇 백 배, 몇 천 배의 위험을 초래하고 있다. 대기 중 이산화탄소 농도가 400ppm을 넘은 것은 수백만 년 내 처음이며, 메탄 농도는 산업혁명 이전의 거의 2배가 됐다. 심지어 온도가 올라가면 툰드라 지대 등에 잠겨 있던 메탄가스가 방출되면서 급격한 농도 상승을 부른다. 2010년 유엔환경프로그램(UNEP) 평가보고서에 따르면 2050년까지 섭씨 5도 상승할 경우, 인류의 90%는 죽게 될 것이라고 과학자들은 전망한다. 애리조나 대학에서 생태학과 진화생물학을 가르쳤던 가이 맥퍼슨은 2030년을 전후로 심각함이 가중되면서 늦어도 2050년까지는 지구 위의 거의 모든 생명이 멸종할 것이라는 계산까지 했다고 한다. 이런 추세라면 앞으로 노벨 평화상과 과학상을 동시에 받을 인물은 기후변화 위기를 완화시키는 사람이 될 가능성이 높다.

소유에서 소통으로 가는 특허

성공적 발명의 생태계

2012년 국제어린이재단연맹(ChildFund Alliance)에서 47개국 초등 고학년 어린이들을 대상으로 장래희망을 조사했다. 발명과 관련된 질문에서 한국의 10~12세 아이들은 창의적 직업인 예술가나 발명가가 되겠다는 대답이 21.4%로 가장 많았다. 연예인이나 운동선수보다 예술가나 발명가가 선호도 1위로 나왔다는 것이 정말 희망적이다. 그런데 지금의 한국은 창조적 일을 하고 싶은 아이들이 중학교에 가면 영어 수학 점수 올리기에 혈안이 되면서 그 꿈을 잃고 있다. 통계를 보면 과학에 대한 관심이 가장 많은 나이가 10~12세이므로 그들의 호기심을 지켜주면서 발명과 연구로 이끌 교육제도가 많아져야 한국의 지식재산이 더 많아진다는 사실을 알 수 있다. 자유학기제의 빠른 확대와 창의융합교육의 정착이 시급하다. 그리고 또 다른 질문이 있었는데, 그것은 바로 어린이 안전에 대한 것이었다. 한국은 설문조사에 응한 어린이들의 75.7%가, 스웨덴은 25.5%가 더 강한 안전대책을 요구했다. 안전조치에 대한 요구가 한국보다 높은 곳은 스리랑카로 80.8%였다. 이 조사는 한국이 노약자의 안전을 지키는 수준이 매우 낮다는 것을 뒷받침해준다. 2014년 세월호의 침몰은 결국 우리 아이들이 느꼈던 위험사회에 대한 경고를 입증하고 말았다.

이 조사 결과를 보면 사회적 안전과 공교육에서 창의성 교육을 강화해야 함을 알 수 있다. 선진국과 저개발국의 큰 차이는 교사나 의사에 대한 선호도가 저개발국은 25% 정도이나 선진국은 7% 정도로 떨어진다. 운동선수, 연예인, 예술가, 발명가에 대한 선호도는 저개발국은 5% 정도, 선진국은 15% 정도로 조사됐다. 한국은 모든 면에서 선진국과 비슷하게 나왔다. 이제 문제는 우리 아이들의 안전과 창조를 위해 어른들이 제도를 만들고 교사를 재교육시켜서 선진국형 교육 환경으로 바꿔주는 것이다.

20세기 중반까지도 버스 좌석을 백인석과 흑인석으로 분리하고, 백인에게 우선권을 주던 미국은 노예해방이 완전히 이뤄지지 않은 느낌이었다. 즉 융합 사회가 아니었다. 사람들이 서로 연대하는 사회적 신뢰자본이 약했다. 노예해방을 완성시키려던 마틴 루터 킹 2세(Martin Luther King, Jr.)는 창조적 박애주의와 파괴적 이기주의 중 하나를 선택하자고 주장하며, 21세기의 모든 것이 연결되는 사회 신뢰자본과 이타적 동기의 혁신을 일찍이 역설했다. 러시아 태생 화가 칸딘스키(Wassily Kandinsky)는 19세기와 20세기의 차이를 'Or'와 'And'의 차이라고 말했다. 어느 한 직업을 선택했던 19세기는 종교도, 이념도 어느 하나에 충성하지 않으면 목숨이 위험했다. A or B 중 어느 하나를 선택해야 했던 시대는 세계전쟁으로 이어졌다. 20세기에 들어서 A and B로 다양한 사상과 종교가 비교적 평화롭게 공존했다. 20세기 후반으로 접어들면서 사람들은 직업도 여러 개를 갖게 됐고, 사회가 민주화되면서 사상과 종교, 표현의 자유가 허락됐다. 이에 따라 가치관의 다양화가 진행됐다. 그리고 요즘 21세기는 모든 다양성이 연결되는 'On'의 시대가 되어가고 있다. 따라서 혁신적인 발명 아이디어들이 매시업(Mash-up, '시너지'와 비슷한 말. 정보통신기술 분야에서는 웹 서비스의 새로운 융합서비스를 뜻함)한 집단지성에서 나오는 일이 많아졌다. 개인보다는 팀에서 더 좋은 아이디어가 나오기 시작하면서 여러 창의적 인재를 모은 회사에서 많은 특허가 나오고 있다.

마케팅과 화폐의 변화

4P는 산업혁명 이후 기업이 추구했던 마케팅 원칙이다. 좋은 제품 (Product)을 저렴한 가격(Price)에 대량으로 유통(Place)할 창고가 필요했고, 광고를 통한 판매 촉진(Promotion)이 필요했다. 4P 시대에는 그에 맞는 특허들이 무더기로 등록됐다. 이후 대량 생산의 바탕 위에 정보사회가 되면서 인터넷을 통해 이윤을 추구하는 전자상거래 등으로 판매를 하는 비즈니스 특허와 디자인특허가 많이 생겨났다.

정보화 사회에서는 4P를 밟고 4C가 마케팅 원칙으로 등장했다. 소비자의 혜택(Customer Benefits)을 생각하며, 편리성(Convenience)을 주고, 소비자들이 다른 기회를 놓치지 않도록(Cost to customer) 하면서 브랜드를 강화시키는 소통으로 충성도를 높이는 커뮤니케이션 전략이 등장한 것이다. 기업은 이윤을 추구하는 방식을 더 추가하거나 바꾸면서 새로운 특허가 필요해졌다. 현대 기업은 고객의 관심과 호감을 끌기 위해서라도 기업이 사회를 사랑한다는 것을 표현하려고 노력한다. 그래서 기업의 윤리성과 사회를 향한 애정의 척도인 CSR과 CSV가 점차 생존과 이윤 추구의 조건이 되어가고 있다. CSR(Corporate Social Responsibility)은 기업의 수익 추구와 그 수익을 사회 공헌에 쓰는 것이 분리된 개념이고, CSV(Creating Shared Value)는 기업의 창업과 활동 자체가 사회적 가치를 우선시하면서 동시에 경제적 수익을 추구하는 활동이다. 결국 기업은 CSV가 기업의 생존에 더 유리하다는 것을 깨닫게 될 것이다.

4P와 4C라는 거인의 어깨를 밟고 일어선 4E는 이런 흐름과 같은 맥락으로 진화하여 6E로 발전했다. 일단 기업은 고객이 좋아하거나 보람차다고 느끼는 체험(Experience)을 전방위(Everyplace)로 모든 생활 속에 제공하려 한다. 길거리 전단지와 매스컴 광고에서부터 인터넷 검색과 블로그, 트위터, 페이스북, 카카오스토리에 이르는 모든 곳에서 고객이 이익(Benefits)과 편리함(Convenience), 소통(Communication)을 느끼도록 유도하고 있다. 그리고 입체적 경험을 통한 열성(Enthusiasm)을 기대한다. 이 과정에서 브랜드와 상표, 디자인은 더욱 중요해졌다. 미국이 트레이드 드레스를 보수적으로 지키려는 이유는 디자인특허가 너무 쉽게 복제되고 회피도 쉽기 때문이다. 즉 앞서 가던 미국 회사의 기술적 우위가 후발기업의 추격으로 흔들리게 되자 디자인특허법으로 이익을 보호하려는 것이다. 애플의 경우, 스티브 잡스가 죽은 후 고객의 열성이 줄어들어 더욱 디자인으로 보호를 받으려 하고 있다. 제품의 교환주기가 빨라져서 대량 생산과 대량 판매 자체가 불가능해진 상황에서 고객의 열성과 충성도

는 기업의 숨통을 쥔 중요한 요인이 되어버렸다. 기업은 이제 고객의 열성이 뜨거워지면 더 찐한 경험과 함께 다음의 2가지 행동을 더 원하는 것을 알고 있다. 이제 고객은 직·간접적으로 기업과 상품의 고객전도사(Evangelist)가 되고, 자신의 아이디어나 의견을 교환(Exchange)하면서 상품 가격을 고객이 정하게 하는 등 회사 경영에 깊숙이 관여하게 된다. 예를 들면, 소비자의 제품디자인을 받아들여 기존의 상품을 진화시키는 레고의 크라우드 소싱은 열성으로 전도사가 된 고객이 회사 경영과 상품에 대한 의견을 교환하는 행동이다. 그뿐만 아니라 해커가 정보를 몽땅 빼낼 수 있는 안드로이드의 심각한 허점 '하트 블리드'라는 오류를 수정한 사람은 우리나라 프로그래머였다. 그는 고객으로서 아무 보상도 없이 오류를 바로잡았고, 그저 재미있는 일이었다고 말했다.

가장 진보적인 교환은 캐나다 소프트웨어 회사 캠브리안 하우스(Cambrian House)의 경우이다. 이 회사는 투자자들에게 앞으로 무엇을 만들지, 누가 구매할 것인지를 전혀 모른다고 했다. 아예 기획 단계부터 회사와 고객의 구분이 거의 없었다. 그럼에도 커뮤니티 회원 수는 첫해에 3만 명이나 됐다. 커뮤니티 회원은 경영과 상품 아이디어를 기획하고, 함께 사업도 하고, 개선할 부분에 대한 의견을 교환하고, 제품이 나오면 그 제품을 구매하면서 협동조합에서나 있을 행동을 했다. 이 회사의 지침은 60억 인구의 아이디어, 재능, 기업가 정신을 모두 집결시킨다는 것이다. 앞으로의 기업은 이처럼 커뮤니티가 중심이 되는 협동조합 형태로 진화해갈 것이다. 6E의 궁극은 제품을 돈으로 교환하는 것이 아니라 시간이나 환경적 가치로 교환하도록 발전하는 것이다. 일명 환경을 보호한 가치가 돈이 되는 에코 머니(Eco-money)와, 어떤 일이든 노동시간이 돈이 되는 아우어 머니(Hour-money)는 이미 사용하는 회사와 지역이 있다. 최근 뇌과학 기기의 발전으로 사랑하는 정도를 측정하고 있으니 어쩌면 사랑과 관심, 즉 열성 자체가 화폐가 될 가능성도 있다. 회사의 형태와 고객과의 관계, 게다가 화폐의 종류까지 다양해지는 미래는 새로운 특허를 요구하고 있다. 앞으로는 화폐가 독립적으로 바뀐 지역 내에서의 비즈니스 모델도 상상해볼 일이다.

앞에서도 말했듯 한국은 인터넷과 SNS를 통한 비즈니스 방식의 진화가 쉬운 ICT의 정글과 같다. 그래서 개인이든 기업이든 비즈니스 모델 특허와 디자인에 대해서는 지속적인 관심을 가져야 한다. 앞으로 마케팅 시장에 가장 큰 변화를 줄 요인은 3D 프린터이다. 3D 프린터가 각 가정에 보급된 이후에는 각 개인이 작은 공장을 소유한 것 같은 변화가 펼쳐진다. 이런 상황에서 사업 방식이 어떻게 바뀔지 상상해보라. 그 상상 속에 미래의 특허 아이디어가 곳곳에 숨어 있다. 이제는 4P, 4C와 더불어 6E를 함께 고려해야 한다.

■ 마케팅의 변화

4P	Product	Price	Place	Promotion		
			▼			
4C	Customer Benefits	Convenience	Cost to customer	Communication		
			▼			
6E	Experience	Everyplace	Enthusiasm	Evangelist	Exchange	Eco-money

소통과 이노베이션

발명의 범위는 넓다. 증기기관과 각종 제조기술의 발명은 산업혁명을 불러일으켰다. 그 덕분에 인력을 기계로 대체하면서 노예를 해방시키자는 주장이 나왔다. 수많은 발명이 이끈 산업혁명 이후 미국의 링컨 대통령은 노예해방을 주장했다. 그러나 미국 남부는 농장이 많아서 노예가 필요했다. 이로써 노예해방을 주장하는 링컨이 속한 북부와 반대하는 남부 사이에 남북전쟁이 일어났다. 당시 링컨의 군대는 총을 대량으로 만들어 더욱 강력해졌다. 그렇게 노예해방은 기계의 발명이 근본적으로 가장 큰 영향을 미쳤다. 이후 기술 발달이 점점 가속화되면서 노예를 해방시킬 수 있었다. 안타까운 것은 현대의 직장인들은 기술 발달로 인해 백수가 되어간다는 점이다. 컴퓨터와 로봇이 그런 변화를 계속 이끌고 있다. 첨단 기계의 발달이 이젠 실업자를 발명하고 있는 것이다.

세상은 기계의 발명과 정치 · 경제적 제도의 발명, 비즈니스와 시스템의 발명, 기후변화가 계속 영향을 주고받으며 발전한다. 발명이 만들어 온 문명의 흐름은 특정 집단이 정보와 기술, 권력을 독점하지 못하게 하고 있다. 또한 소유의 문명이 점점 공유의 문명으로 바뀌도록 영향을 주고 있다. 스마트폰과 SNS가 2010년 무렵 중동 민주혁명에 영향을 준 것을 보면 정보의 독점으로 가능했던 정치와 언론의 권력이 대중에게 분산됐음을 알 수 있다. 그런데 선진국의 제도적 허점과 탐욕으로 인한 금융위기는 백수와 노예를 다시 양산하고 있으며, 기후변화 역시 원시적 노동을 하는 인구를 급속도로 늘리고 있다. 그렇게 모든 것이 서로 영향을 주고받으면서 거대한 순환이 이뤄진다.

앞서 말했듯 지금은 모든 다양성이 융합적으로 연결되는 'On'의 시대이다. 발명 아이디어도 서로 얼마나 잘 연결되느냐에 따라 더 빠르고 더 좋게 나온다. 즉 성공적 발명은 더 잘 연결된 집단지성에서 나온다. 자신의 아이디어가 세상을 이롭게만 한다면 기꺼이 공개하고 협력하는 사람이 급속도로 많아지면서 창조적 집단지성의 시대가 되고 있는 것이다. 실리콘 밸리 인재들이 많이 참여하는 버닝맨 축제처럼 아이디어를 공유하는 젊은이들이 많아지는 것도 집단지성의 한 예라 할 수 있다. 이렇게 개인과 개인의 경쟁보다는 연구팀과 연구시스템이 경쟁하는 구조로 변화하고 있다. 뿐만 아니라 첨단과학이 복잡해지면서 노벨상 수상 연령도 평균 40대에서 80대로 높아지고 있다. 알아야 할 정보가 너무나 많은 '빅데이터(Big Data)' 시대가 된 것이다. 그런 면에서 시스템적으로 소통의 문화와 공유 의식이 미국에 비해 훨씬 약한 우리나라는 점점 더 불리해지고 있다.

우리나라도 소유의 시대에서 공유의 시대로 제도와 문화를 바꿔야 발빠른 선진국의 혁신을 초월할 수 있다. 그런 면에서 교육제도부터 시험을 보는 경쟁에서 프로젝트를 중심으로 여럿이 함께 협업하는 방식을 대거 도입해야 한다.

IT의 미래와 집단지성

문명이 발달하면서 인터넷이 생겼다. 그리고 시장이 서로 합쳐지면서 비밀이 점점 사라지고 전 세계의 특허법이 통일되어간다. 저작물이나

TV 프로그램도 예전에는 다른 나라의 콘텐츠를 베껴도 몰랐지만 지금은 돈을 지불하고 계약을 맺어야 한다. 진 세계의 저작물이 공유되는 시대이기 때문이다. 이렇게 인터넷은 개인의 특허침해 사례를 발견하기 딱 좋은 곳이다. 그런데 인터넷을 사용하지 않고는 경제활동이 어렵다. 그러니 이제는 사소한 아이디어라도 무상으로 퍼뜨릴 생각이 없다면, 그리고 그 아이디어가 욕심 많은 사람이나 악덕기업의 특허가 되길 바라지 않는다면 반드시 특허를 고려해야 한다. 특허를 먼저 내지 않는다면 자신의 좋은 아이디어를 보고 이기적인 사람들이 먼저 특허를 내도록 돕는 셈이 된다. 예를 들어 예술가의 전시에서 본 아이디어를 활용해 특허를 낸다 해도, 그 예술가는 어찌할 도리가 없다. 전시라는 것 자체가 아이디어를 그냥 가져다 쓰라는 것으로 해석되기 때문이다. 이젠 어떤 직업이라도 자신의 아이디어를 소중히 여겨야 한다. 전 국민의 1인 1제품 발명, 한 가정의 한 특허를 창조경제를 위한 표어로 사용하는 건 어떨까.

둥근 두뇌 안에서 뉴런들이 서로 연결되면서 지능을 만들듯 둥근 지구에서 컴퓨터들이 연결되더니 역시 지능을 만들었다. "네이버에게 물어봐!"라는 유행어는 컴퓨터가 이미 만물박사가 되었음을 보여준다. 최근 모바일의 강자인 카카오톡과 다음의 합병으로 네이버보다는 "다카오(다음카카오)에게 물어봐"라는 유행어가 생길지 모른다. 절대강자 네이버에게 위기가 찾아오고 있다. 아마 네이버가 예상치 못한 검색과 광고 경쟁이 생길 것이 분명하다. 이에 따라 네이버는 자신의 위치를 고수하기 위해 많은 것을 대비하고 있을 것이다.

이처럼 동물도, 사람도 생존에 위기를 맞이하면 좀 늦었더라도 혁신적인 진화와 발명을 하려고 한다. 진화는 그렇게 이뤄진다. 대규모 투자와 연구시설이 없더라도 멀리서 다가오는 위협에 대비하여 생각하고 실험해보는 시간을 더 늘려야 한다. 미래학에 관심을 갖고 현재 생활에 성실하면서도 뚱딴지 같은 상상과 실험을 해보라는 것이다. 그래야 혁신의 가능성이 올라간다. 개인의 미래학은 기본적으로 5년 후의 자신을 상상해보는 것으로 시작한다. 5년 후의 환경과 그 환경 속에서 활동하는 자신을 상상해보는 것이 스스로 발명을 해내는 힘이다. 아인슈타인의 말을 기억하자.

"어제처럼 살면서 더 나은 미래를 기대하는 자는 정신병자다!"

중소기업이라면, 10년 된 중견기업이라면, 20년 된 대기업이라면 30년을 대비한 상상을 하면서 오늘의 행동에 변화를 줘야 한다. 개인은 5년 후, 대기업은 30년 후를 상상해야 한다. 이처럼 더 먼 미래를 상상하고 대비하는 일에는 더 많은 시간과 비용이 들어간다. 잠을 줄이는 고통을 이겨내야 한다.

에디슨의 전구 발명은 모방인가, 창안인가

　발명의 왕으로 알려진 에디슨에게는 너무나 잘 알려진 단점이 있었다. 그의 단점으로 미래의 발명 윤리에 대해 생각해보자. 먼저 에디슨의 단점을 얘기하자면 그의 어머니인 낸시 여사의 훌륭한 점은 더욱 부각된다. 에디슨의 어머니는 지적으로 어리석었던 에디슨이 알을 부화시키려고 이틀 동안 헛간에서 지낼 때 그 광경을 인내심을 갖고 지켜보았고, 알이 부화되지 않는 이유를 백과사전에서 찾아보도록 답을 모르는 척했다. 진정한 자기주도 몰입의 효과를 알았던 홈스쿨링 교육자 낸시 여사가 아니었다면 에디슨은 속 좁고 심술궂으며, 멍청하고, 완악한 노인이 되었을 것이다.

　에디슨이 전구를 발명하여 특허를 내기까지 그보다 먼저 전구를 발명한 사람이 있었다. 에디슨이 3세이던 1844년 19세의 천재소년 존 웰링턴 스타는 진공 공간 속의 탄소 필라멘트로 빛을 내는 전구를 만들었으나 특허를 내지 않고 22세에 병으로 죽었다. 그리고 영국의 물리화학자 조셉 스완(Joseph W. Swan)은 1880년에 백열등으로 특허를 받았다. 같은 해에 에디슨이 연구하여 만든 전구도 특허를 받는 데 성공했다. 하지만 1883년 그에 앞서 많은 이들이 발명한 전구에 근거하여 개발됐다며 무효 판결을 받았다. 그는 6년이라는 시간이 지나서야 다시 특허의 유효성을 인정받았다. 그러나 그때 조셉 스완은 에디슨이 자신의 아이디어를 도용했다고 주장했다. 그러나 에디슨을 욕했던 그도 모방자일 뿐 창안자는 아니었다. 전구의 최초 발명가는 영국의 험프리 데이비

(Humphry Davy)였다. 에디슨보다 무려 77년이나 앞선 일이었다.

인류의 행복을 위한 발명에 관심이 많은 사람은 특허로 돈벌이 할 생각을 선뜻 하지 않는다. 아마 존 웰링턴 스타도 그와 같은 이유였을 것이다. 그렇게 돈보다는 공익적 연구와 학문적 진보에만 관심이 있는 것은 천재들의 공통점일지도 모른다. 에디슨을 도왔던 천재 니콜라 테슬라 역시 공익적 기술에 대해서는 특허권을 포기했다. 어쩌면 에디슨은 천재가 아니라 몰입을 통해 영감을 얻은, 좀 모자란 사람이다. 에디슨을 통해 역설적으로 몰입의 힘이 참으로 크다는 것을 알 수 있다.

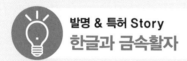

발명 & 특허 Story
한글과 금속활자

미국의 유명 시사잡지 〈라이프〉의 조사 결과, 인류 역사에서 가장 큰 영향력을 준 100대 사건 중 1위는 '금속활자'의 발명이었다. 요하네스 구텐베르크(Johannes Gutenberg)의 금속활자는 책의 대량 복제로 이어져 성경의 사유화를 만들었고, 이는 신과 개인의 만남으로 해석되면서 다양한 문화적 혁명을 이끌어냈다. 구텐베르크의 금속활자보다 78년이나 더 빠른 사상 최초의 금속활자 '직지(直指心體要節, 직지심체요절)'도 종교적 내용이었으나 대량 복제를 하지 않아서 문화적 영향력은 적었다. 한자와 알파벳의 차이인 표의문자냐 표음문자냐 하는 요인이 대량 복제의 가능성을 결정했다. 한자는 대량 복제하기가 매우 어렵다. 20여 개의 활자와 5만 개의 활자를 조합하는 것은 그 활자를 보관하는 공간과 배치 등에서 천지 차이기 때문이다. 금속활자는 글자체 가장자리에 금속을 주물로 만든 흔적인 '쇠똥'이 남기에 '직지'는 최초의 금속활자로 인정을 받았다.

서양에서 대량 복제된 성경이 퍼질 무렵, 한국에서는 한글문서가 보급됐고 15세기 중반에는 한글 금속활자본도 만들어졌다. 그런데 자랑스러운 우리 문화유산 한글은 대한민국의 것일까?

죽어가던 애플에 다시 돌아온 스티브 잡스는 히든카드로 출시한 아이리버를 통해 애플이 제2의 번영기를 누리게 했다. 그런데 그 아이리버의 핵심 특허인 MP3의 원리는 원래 한국인이 만든 것이었다. 특허분석 연구원들은 한국이 MP3 특허를 소홀히 해서 3조 원 이상의 가치를 놓쳤다고 보고했다. 또, '아이팟'도 원래 한국기업 LG가 갖고 있던 이름이었으나, 그 이름과 상품도 결국 애플이 꽃을 피우고 말았다. 이것은 비단 IT분야만의 일은 아니다. 한국의 식물 종자도 마찬가지다. 한국에서 빠져나간 씨앗은 개량되어 수입되고 있다.

오늘날 우리의 자랑인 한글도 이런 위기에 처해 있다. 외국 IT기업들이 한글 자판에 대한 특허를 내고 있으며 발음기호 코드로 개발하고 있다. 특히 중국은 한글공정을 통해 한글을 국제적으로 활용하는 방법을 연구하여 꽃을 피우려 하고 있다. 이 연구에 북한 학자들이 소수 참여하고 있는 것은 그나마 다행일까? 우리는 한글이 한국인에 의해 만들어졌다는 사실을 역사의 한 얘기로만 묻어버리고, 한글을 활용한 산업은 다른 국가가 주도하는 광경을 바라보고만 있을 위기에 처했다. 대한민국의 문화유산인 한글을 이용한 특허가 외국에서 많이 나온다면 한국은 인터넷을 통해 한글을 사용하면서 로열티를 내야 하는 경우가 생길지도 모른다. 상상만 해도 억울한 일이다.

한글이 중국 것으로 오인될 수 있는 이런 위기를 일찍이 20여 년 전에 미리 감지하고 연구해온 사단법인 한국어정보학회나 한글문화세계화추진본부의 학술대회는 국가적 문화유산을 지키는 비상 전략회의에 비길 만하다. 한글은 오래된 유산이라서 그 지식재산권이 한국의 것은 아니다. 어느 나라든 한글을 이용한 특허가 가능하다. 한글을 세계화하는 방법에 대해 한국인의 관심과 후원이 필요한 이유는 한글이 우리 민족에게 갖는 의미가 우리 국토만큼, 혹은 그보다 더 중요하기 때문이다.

중국 정부는 오래전 조선문정보기술표준화공작조를 공식 출범시켜 한글로 컴퓨터를 사용하는 기술(한글정보화기술)의 표준화 작업에 착수했다. 이 기구의 부조장으로 실무 책임을 맡은 현룡운 중국 조선어학회 회장은 이제 더 이상 한국 정부의 안이한 태도만 바라보고 있을 수 없어 북한만이라도 참여시켜 표준화 작업을 진행시키겠다는 뜻을 밝혔다. 표준화시켜야 할 기술은 여러 가지가 있겠지만 가장 중요한 것은 남북한과 중국 동포들이 서로 한글로 인터넷 통신을 할 수 있도록 길을 열어주는 것이며, 이를 위해서는 우선 휴대폰 자판을 통일하고 중요 용어를 통일해야 한다. 궁극적으로는 맞춤법까지 통일하여 남북한과 중국에서 쓰는 한국어가 서로 통할 수 있도록 만들어야 할 것이다.

남북한과 중국 간의 교류는 지금도 빠른 속도로 증가하고 있다. 그리고 북한이 결국 개방될 것을 생각한다면 한글정보화기술의 표준화는 적극 참여해야 할 시급한 국가적 사업이다. 중국은 얼마든지 우리 기술을 선택적으로 채택할 수 있을 것이며, 표준화를 이뤄낸 중국식 한글은 한국 문서에서 보이는 방식보다 더 넓게 국제화될 수 있다.

상황은 급박해졌다. 우리도 국가적으로 담당조직을 만들어 중국, 북한과 협조하는 가운데 우리의 앞선 IT기술을 적용시켜 국민들이 국제사회에 나가서 한글을 이용할 때 불편하지 않도록 한글의 세계화를 국가적 지원과 국민의 적극적 관심하에 민관 합작으로 서둘러 추진해야 한다.

미래를 발명하라

이 책은 한국에서 원천특허와 표준특허가 많이 나와 한국이 진짜 특허 강국이 되길 바라는 마음으로 쓰기 시작했다. 그런데 한국이 특허 로열티를 받아 문화를 더 풍부하게 만드는 문화선진국이 되길 바라는 내 생각에는 그 순서에 문제가 있다. 우선 창의적 문화가 풍부한 나라가 돼야 좋은 특허가 나오기 때문이다. 그런 문화를 만드는 것이 교육이 아니냐고 생각하는 사람도 많겠지만, 가정과 학교에서의 교육 방식과 커리큘럼도 문화가 결정한다. 한국 문화가 아직 창의적 특허를 만들 수준이 아니라면 어떻게 해야 할까? 그렇다면 각자 창의적 시도를 함과 동시에 교육과 문화를 바꾸는 혁신을 시작하면 된다. 보다 멀리 미래를 바라보면서 그 미래를 위해 지속적으로 작은 성과를 만들어나가면 된다. 앨런 케이(Alan Kay)의 말을 기억해보자.

"The best way to predict the future is to invent it(미래를 예측하는 가장 좋은 방법은 그것을 발명하는 것이다)."

대기업이 3년 만에 망하기도 하는 불확실성의 시대에 작은 성과든 큰 성과든 지속적으로 만들어 성장의 S자 커브를 뛰어넘는 저력과 내공은 어떻게 만들 수 있을까?

필자가 이 책을 통해 가장 중요하게 전달하려는 주제는 이제 대한민국은 '바벨전략'이 교육과 기업 전반에 적용돼야 할 시기라는 것이다. 바벨전략을 가능하게 하는 시스템은 혁신의 기본 체력을 강하게 하여 적시 적소에서 고도의 혁신을 창조하도록 준비하는 바탕이며, 미래를 예측하기 어려울 때 가장 좋은 시스템이다. 에드워즈 데밍(Edwards Deming)은 이렇게 말했다.

"언제나 나쁜 시스템이 좋은 사람을 이긴다."

지속적 개선 프로세스를 연구한 그의 말은 어느 시대에나 통용된다. 경제성장이 모토이던 시대에 이어 인터넷 버블을 지나 급격히 세계화되고 있는 지금, 우리 한국이 잃어버린 것이 있다. 언제나 독창성의 바탕이었던 사색하기가 검색하기, 돈으로 수치화하기에 밀려 길고, 깊고, 느리게 사색해보는 LDST(Long Deep Slow Thinking)의 문화를 잃어버린 것이다. 생각이 점수와 연결되고 점수는 연봉과 연결되면서 큰 비전을 보는 시야가 좁아지고 단기적 돈벌이에 초점을 맞추게 됐다. 그렇게 흘수선은 과적으로 낮아졌고, 대한민국호는 세월호와 비슷한 운명에 처해지고 있다. 삶의 목적 달성을 위해 수단을 가리지 않으면 과정의 즐거움이 사라지고, 과정의 즐거움이 사라지면 생각의 즐거움과 함께 창의성도 사라진다. 우리 아이들 대다수는 자신의 꿈을 키워볼 기회도 없이 성적에 대한 압박감에 시달리고 있다.

초등학교에서부터 학년별로 정해지는 단계별 학습은 바벨전략의 반대 전략이다. 계획적으로 정해지는 커리큘럼과 교육은 계획대로 돌아가지 않는 환경에서는 적용되기 어렵다. 위대한 발명과 특허는 정해진 교육을 이수하면 나오는 것이 아니다. 매순간 살아 있는 창의성이 복잡하고 위험하며, 불편한 문제를 만나면서 생리화학적 반응이 일어나면, 곧 두뇌가 화력발전을 시작하고 두뇌의 전기를 끄집어내는 시스템이 가동돼야 실속 있거나 위대한 특허가 탄생한다. 사람은 원래 다양하게 태어나며 다양한 환경, 다양한 부모 밑에서 자라난다. 그런데 어떻게 몇 가지 교과서와 정해진 진도 속에서 그들의 호기심과 배움의 맛을 지킬 수 있겠는가. 성적 경쟁, 부자가 되기 위한 경쟁은 '왜 사는가'보다는 '어떻게 하면 잘 사는가'에 관심을 갖게 한다. 그런데 발명과 특허는 Why에서 잘 나온다. 학교와 기업 구성원이 성적과 월급이 목적이면 시험에 나오지 않는 콘텐츠나 감봉당할 위험이 없는 작은 변수와 큰 원칙에 점점 소홀해져서 통찰력과 직관력이 약해지고 새로운 영역으로의 여행을 떠나지 않게 된다. 하브루타가 사라지면 미래를 개척하는 후츠파는 생기지 않는다.

유대인이 세계 과학과 문화예술, 경제계에서 탁월한 성과를 독과점하는 배경을 두 단어로 압축한 것이 '하브루타'와 '후츠파'이다. 이 두 단어가 한국의 가정과 학교, 기업의 영혼과 몸에 각인되지 않으면 대한민국호는 침몰할 것이다. '열린 대화'의 대명사처럼 번지고 있는 말이 '하브루타'이다. "마타호셰프(너는 어떻게 생각하니)?"라는 질문이 하브루타의 시작이다. 아이가 질문을 품지 않았는데 부모가 어떤 말을 하는 것은 충고나 잔소리다. 이런 방식은 곧 아이와 아무런 대화도 나누지 못하는 부모를 만든다. 아이들과 함께 호기심을 갖고 질문하는 문화를 만들자.

유대인은 신이 자신에게 자식을 맡겼으니 좋은 인재로 키워 세상에 내보낼 의무가 있다고 생각한다. 이런 유대교 교리가 만드는 문화는 부모와 자식, 스승과 제자, 투자자와 벤처기업의 관계가 된다. 과정을 즐기는 LDST가 사라지면 "너는 어떻게 생각하니?"라는 질문보다 "너는 이렇게 생각하는 것이 좋겠어!"라는 권유 반, 명령 반 느낌의 말이 부모 입에서 튀어나오게 된다. 이 작은 시작이 창의성을 무덤으로 밀어 넣는다. 아이의 존재를 신성시 여기지 않는 마음은 아이가 원하는 직업을 신성시 하지 않는 마음으로 이어진다.

한국은 여전히 직업에 귀천이 있다는 생각이 강하다. "너는 직업에 대해 어떻게 생각하니?"가 아닌 "어떤 직업이 좋니? 공무원? 의사? 기업인?" 하면서 창의성에서 거리가 먼, 안정적이고 존경받는 직업을 나열해 버린다. 미래 사회가 어떻게 변하는지에 대해 부모가 과거의 경험과 현재의 안정에 현혹되어 30년 후 전성기를 맞이할 아이의 직업에 참견한다.

돈으로 수치화하려는 마음을 갖거나 발명의 가능성을 무시하는 사람을 비판한 두 학자가 있다. 기하학의 고수 유클리드(Euclid)는 피타고라스 정리의 실용적 가치를 묻는 이에게 학문에서 이득을 얻으려 하니 1페니를 주라고 말했다. 피뢰침을 발명하고 공익적 활용을 위해 특허권을 포기한 프랭클린은 새 발명의 쓰임새를 얕잡아보는 사람에게 말했다.

"갓난아이는 어디에다 쓴다죠?"

어린 시절에 "너는 어떻게 생각하니?"라는 간단한 질문을 하고 아이의 답을 충분히 긍정해준 부모의 아이들은 열린 사고를 하면서 창의력과 사고의 확장성이 계속 좋아진다. 그러나 부모가 내심 어떤 정답이나 수익성을 생각하고 유도하는 대화는 아이의 자존감과 창의성에 상처를 준다. 그런데 대학 입학시험과 기업 입사시험은 아이들이 360도로 다양한 방향으로 생각을 전환할 수 있는지, 자기주도적 실행력이 있는지를 집요하게 테스트한다. 2000년대 이후에는 창의성 평가가 더욱 강화되고 있다. 기업의 환경이 미래를 예측하는 창조성이 더 필요해지면서 신입사원을 뽑는 기준이 더 창의적이고, 긍정적이며, 저돌적인지를 알아보기 위한 것이기 때문이다. 내가 만나는 발명가들에게는 자기 스스로 대화를 하는 하브루타 기질이 있다. 그리고 창의적이고, 긍정적이며, 저돌적인 특성인 후츠파의 모습도 엿보인다. 그런데 후츠파는 하브루타가 오랜 기간 쌓여서 생기는 것이다. 자기만의 생각을 깊이 LDST하면서 나름대로 분명한 직관과 신념이 쌓일 때 후츠파 정신이 저절로 자라나 도전하게 된다. 개인이든 기업이든 불규칙성이 커지는 축소경제의 시대에 밝고 건강하게 잘 살아가길 원한다면, 하브루타와 후츠파, 바벨전략을 기억하기 바란다. 이 책에 나온 특허를 둘러싼 이야기들과 기업의 생사 전략과 역사 속에 숨은 세 단어는 '하브루타'와 '후츠파', '바벨전략'이다.

이 책의 탄생에 도움을 주신 분들에게 너무나 고맙다. 하지만 거의 모든 책의 후기에 등장하는 도와주신 분들에 대한 명명은 생략한다. 단지 그들이 우리 문화를 창의적으로 바꿔가는 실천자들이라는 점에 더 감사한 마음을 전한다.

특허출원과 시제품 Q & A

특허등록 절차

Q: 제가 특허등록을 하고 싶은 아이디어가 있는데 알아본 결과 비슷한 특허가 있더군요. 좀 더 진보했거나 다른 형식이면 특허등록이 된다고 알고 있는데, 맞나요?

A: 네 그렇습니다.

특허를 사업화하는 과정은 다음과 같습니다. 특허출원을 개인적으로 하려면 상당한 시간을 투자해야 합니다. 일단 시간 투자가 가능하다는 전제에서 웹사이트 2곳을 이용하는 방법을 알려드릴게요.

특허정보검색서비스(한국특허정보원): 우선 특허정보검색서비스 키프리스에서의 검색 방법을 완전히 숙지해야 합니다. 유사한 기술이 이미 존재하는지 확실하게 찾아보세요. 유사기술이 있다면 특허출원이 의미가 없죠. 또한, 특허검색을 통해 귀하의 아이디어가 속한 분야에 이미 등록된 특허문서를 다운로드받아서, 귀하의 아이디어를 유사한 형태로 작성하는 방법을 익히세요. 제법 충분한 시간 동안 명세서 작성하는 법을 연습해야 모양이 나올 것입니다(여기에는 왕도가 없네요).

특허로(특허청): 혼자서 특허출원할 수 있는 소프트웨어를 다운로드받을 수 있습니다. 어려운 점은 1544-8080에 물어보세요. 변리사들도 이곳에 전화합니다.

사업화에 관한 조언을 하자면, 특허가 등록됐다고 기업이 구매나 라이선스를 원하지는 않습니다. 특허는 제조원가를 고려하여 시장수요를 판단한 시장성과 그 특허의 독점성이 중요합니다. 귀하의 경우 아이디어를 상업화할 때, 경제적 여력이 부족하다면 특허사업화가 매우 어렵습니다. 최소한 특허출원과 특허 시제품 제작 정도는 자비로 해야 하기 때문이죠. 따라서 귀하의 아이디어가 시장성 있다는 확신이 설 때만 특허출원 등을 진행하세요.

특허의 전자출원

Q: 특허청에서 무료로 배포해주는 전자출원 소프트웨어가 아니라 한컴으로 똑같이 타이핑해서 올린 것도 전자출원이 가능한가요? 특허 도면 그릴 때 매우 좋은, 추천할 만한 도면 그리기용 무료 소프트웨어는 없나요?

A: 특허청 배포 프로그램으로 해야 합니다. 특허로 사이트를 보면 문의하신 내용이 쉽게 설명되어 있습니다. 1544-8080으로 문의해도 자세히 설명해줄 것입니다.

창작된 내용의 권한

Q: 재심사 후 거절 상태입니다. 발명품은 사용자 입장에서 개발했으며 국제 분류급이에요. 최초 제출한 내용을 기준으로 하여 보다 진보성 있는 개발안으로 변리사를 통해 재출원하면 최초 창작된 것에 대한 권한을 되찾을 수 있는지 궁금하네요.

A: 재심사 후 거절됐다면, 이제 심판청구를 해야 할 상태로 보입니다. 통상적으로 재심사까지 진행된 것이라면 출원 공개가 이뤄진 이후이므로, 기술공개가 되어 있는 한 귀하가 추가로 진보성 있는 특허를 받더라도 최초 제출한 아이디어에 대해서는 권리를 찾을 수 없습니다. 추가로 진보성이 인정되는 부분에만 특허를 받는 것이지요.

거절 특허 다시 내기

Q: 제가 거절된 특허와 이미 전자화 결과까지 나온 것이 있는데, 이걸 취소하고 다시 내려면 어떻게 해야 하나요?

A: 귀하의 특허출원이 공개되기 이전이라면 언제든 다시 출원할 수 있습니다. 기존에 제출한 걸 취소하려면 취하서를 제출하시면 됩니다.

디자인 상표 해외출원

Q1: 디자인의 경우 국내출원 후 6개월 이내에 우선권 주장을 할 수 있다고 알고 있습니다. 이때 6개월이 지나 우선권 주장을 할 수 없을 시 출원 취하를 하고 재출원한 뒤, 다시 해외출원하는 것이 맞는지요?

A1: 6개월이 지났더라도 아직 공개되어 있지 않다면, 우선권 주장 없이도 외국에 바로 디자인 출원하면 됩니다. 우선 일자로 소급은 받지 못하지만 출원은 가능합니다.

Q2: 특허와 디자인의 경우 공개된 특허는 해외에서 출원해도 무용지물이라는 점을 알고 있지만, 이미 국내에 등록된 똑같은 상표를 해외 여러 나라에서 등록받을 수 있나요?

A2: 특허와 디자인은 공개된 것에 대해서는 해외에서 받을 수 없습니다. 그러나 상표의 경우 공개 여부와 상관없이 여러 국가에서 등록받을 수 있습니다.

아이디어의 권리

Q: 제게 액세서리 만드는 노하우가 있습니다. 새로운 방법이고, 현재는 저만 할 수 있습니다. 하지만 물건을 보면 누구나 유사하게 만들 수 있어서 특허나 실용신안을 내려고 했더니, 복잡한 절차에 액수가 많이 드네요. 특허 없이 제 아이디어의 '제작법'이 법적으로 보호 받을 수 있는지, 제게 어떤 권리가 있는지 궁금해요.

A: '아이디어'의 경우 특허권, 실용신안권, 디자인권 등으로 등록되지 않으면 독점권을 가질 수 없습니다. 저작권의 경우 주로 문학, 예술과 관련된 창작물인 경우에 인정되는 것으로 일반적인 기술 아이디어는 저작권으로 보호받을 수 없습니다.

수입식품 특허등록

Q: 수입식품 사업을 준비 중인 30대 남성입니다. 외국의 소규모 식품업체와 이미 가계약이 이뤄진 상황에서 제가 수입하려는 식품에 대해 국내에서 특허를 받았다

고 주장하는 분에게서 연락이 왔습니다. 그 분은 제가 이 식품을 수입하면 특허침해로 고소하겠다고 합니다. 그래서 제가 해당 업체에 문의한 결과, 상표권을 빌리거나 체인 계약을 맺은 사실도 없다고 합니다. 수입식품에도 특허가 있는 건가요? 그리고 현재 그 분이 하고 있는 식품은 수입하면 불법인가요?

A: 권리자라고 주장하는 사람이 특허권을 가지고 있다면 특허번호를 먼저 확인해야 합니다. 해당 특허문서를 분석하여 귀사가 수입하는 제품과 해당 특허가 관련이 있는지 알아보세요. 보통 수입식품에는 특허가 있기 어렵지만 수입식품 이전에 존재하는 특허권이 있을 수 있으므로 반드시 확인해야 합니다. 만약 권리자가 주장하는 것이 상표권 침해라면 그 등록 여부를 확인하세요. 상표권을 특허로 착각하며 호칭하는 사람도 많으니까요.

해외특허출원

Q1: 해외특허제품을 타인이 국내에 등록하면 해외에서 등록한 사람이 무효 처리시킬 수 있나요?

A1: 해외특허(및 해외특허제품)가 이미 공개된 것이므로 국내 등록을 무효화시킬 수 있습니다.

Q2: BM특허를 일단 국내에서 먼저 출원하고자 합니다. 만약 차후에 누군가 제 특허를 보고 해외에 몰래 특허를 출원할 수 있는지요? 신규성이라는 게 있어서 일단 제가 낸 특허이기에 등록이 안 되는 것으로 알고 있습니다. 하지만 해외에선 모를 수 있으니 출원이 될 수도 있나요? 만약 출원됐다면 저의 국내특허를 근거로 권리를 되찾아오는 것이 가능한가요?

A2: 국내출원일로부터 1년 이내에 해외출원을 하는 이유는 해외출원을 할 때 국내출원 일자를 확보하기 위한 것입니다. 귀하의 국내출원일 이후에 외국에서 타인이 동일 또는 유사기술을 특허출원하더라도 귀하의 특허출원일자가 해당 외국에서 국내출원일로 소급되므로 문제없습니다.

Q3: 해외특허를 국내에서 재특허 신청하는 게 가능한가요? (물론 같은 내용의 특허기록

이 없음) 안 된다면, 그 제품을 우리나라에서도 필요로 한다면 어떤 절차를 밟아야 하나요?

A3: 해외에 이미 등록되어 공개된 기술에 대해 국내에서 특허를 받는 방법은 없습니다. 혹시 잘못 특허가 되더라도(특허청 심사관이 해외특허를 발견하지 못해 특허될 수 도 있음) 나중에 무효가 될 수 있습니다. 그리고 이제 국내에서는 누구나 해외특허 기술을 마음대로 사용할 수 있습니다. 단 해외특허가 있는 국가에 수출은 할 수 없습니다.

Q4: 한국에 등록되어 있는 특허를 타인이 중국에서 몰래 등록할 수 있나요?

A4: 한국에서 특허된 내용도 착오로 중국에서 등록 가능합니다. 거의 한국에서 특허 가 되면 대외적으로 기술이 공개됩니다만, 만약 동일 기술을 중국에 특허출원할 때, 중국 특허청 심사관이 한국의 특허자료를 찾지 못한다면 등록이 될 수 있습 니다. 그러나 나중에 중국 특허권을 가지고 중국 내에서 특허권 권리행사를 할 경우, 침해자는 한국 특허를 근거로 들어 해당 중국 특허권을 무효화시킬 수 있 습니다(소송절차를 통해).

Q5: 국내 특허출원을 2012년 3월에 했습니다. 2013년 12월에 공고가 됐고요. 그런데 특허에 대해 잘 몰라서 국제특허출원에 등록하지 않았습니다. 뒤늦게 해외특허 를 내려고 하는데, 어떤 방법이 있을까요?

A5: 유감스럽지만 이미 공고됐다면 동일한 기술로는 해외특허를 진행할 수 없습니 다. 다만 기존의 기술을 개량한 형태로만 해외특허를 진행할 수 있으며, 새롭게 개량된 형태에 대해서만 특허를 받을 수 있습니다.

Q6: 미국에 사는 유학생인데 미국에서 특허는 어떻게 출원하나요? 새로운 형태의 IT 기기에 대한 건데, 경우에 따른 방법을 알려주세요.

A6: 미국에서 특허출원을 한 후 그 특허출원을 가지고 한국에서 출원할 수도 있고, 반대로 한국에서 특허출원을 한 후 미국에서 출원할 수도 있습니다. 한국에서 먼 저 하는 것이 비용 면에서 훨씬 저렴해요. 특허출원 순서는 다음과 같습니다.

1. 먼저 귀하의 발명 아이디어가 사업성이 있는지 확실히 검토하세요. 사업성이 없는 아이디어는 특허를 받아도 실제 수익을 내기 어렵습니다.

2. 사업성을 확신한다면 키프리스 웹사이트에서 유사한 기술이 있는지 확인해보세요.

3. 유사기술이 없다면 한국에 있는 변리사에게 의뢰하세요. 변리사에게 귀하의 발명 아이디어 관련 자료를 보내고 특허출원 절차를 밟으세요. 변리사의 경우, 비밀유지 의무가 있으므로 기술이 유출될 염려는 하지 않아도 됩니다. 변리사로부터 비밀유지 확인서를 받는 것도 한 방법입니다.

기존 특허 활용 제품 제작

Q1: 이런저런 방식을 써서 제품을 만들었습니다. 그런데 다른 사람이 특허를 이미 취득한 것일 경우, 합법적으로 사용하고 특허료를 내고 제품을 만드는 과정을 가르쳐주세요.

A2: 등록된 특허의 경우 특허공보를 보면 권리자 정보가 있습니다. 그 정보를 통해 권리자 회사에 직접 접촉하는 방법이 있습니다. 만약 권리자의 주소가 이전 등으로 명확하지 않은 경우에는 그 특허출원을 진행한 변리사 사무소에 연락하면 대부분 접촉이 가능할 것입니다.

특허 사용 시 조건은 특허마다 다릅니다. 사안별로 서로 약정을 해야 합니다. 여러 특허가 걸려 있다면 동일한 방법으로 각각 반복하는 수밖에 없습니다.

Q2: 기존 특허제품과 비슷한 제품을 만들어 판매하려고 하는데 공통점은 사용 용도와 기능, 차이점은 기존 제품에서 몇 가지 기능을 뺀 것입니다. 위와 같은 차이점으로 실용신안을 받을 수 있나요?

A2: 특허의 경우 비교대상이 되는 것은 '구조'입니다. 기능이 같더라도 구조가 다르면 다른 특허라고 할 수 있습니다. 구조를 빼면 침해가 되지 않습니다. 그러나 구조를 그대로 두고 기능을 뺀 것이라면 침해가 됩니다.

비즈니스 모델 특허침해

Q1: 비즈니스 특허를 가지고 있는 A가 B에게 제품을 여러 개 판매했습니다. 그리고 몇 년이 지난 후 A는 특허 연장을 하지 않아 특허 기간이 만료되어 취소가 됐습니다. 그 후 B는 A에게 구입한 제품을 특허를 내서 사용하고 판매도 했습니다. 그 후 다시 A라는 사람이 제품을 만들어 사용 및 판매하려고 한다면, A는 B에게 어떤 불이익을 당할 수 있나요?

A1: A가 최초 등록 받은 특허와 A의 특허가 소멸된 후 B가 받은 특허가 같은 것인지, 아니면 B가 A의 특허를 변형하여 B의 특허(다른 상품)를 만든 것인지 확인이 필요합니다.

만약 A의 특허와 B의 특허가 동일한 것이라면 B의 특허는 잘못 특허된 것으로 무효화시킬 수 있습니다. 이 경우에 A는 B의 특허를 무효화시킨 후 사용하면 됩니다. 그런데 A의 특허를 개량하여 B의 특허를 만든 것이라면 조금 복잡해요. 이때는 A가 사용하려는 제품이 기존 A의 특허 그대로 사용하는 것이라면 B의 특허와 상관없이 사용할 수 있습니다. 그러나 A가 개량된 B의 특허를 사용한다면 특허침해가 됩니다. 이때 A는 B의 특허가 개량된 모델의 특허성이 있는지를 검토하여 무효 사유가 있는지 확인해야 합니다.

Q2: 제사 대행업을 하려고 하는데 이미 많은 업체들이 있어요. 비즈니스 모델로 차별화가 가능할까요?

A2: 비즈니스 모델의 경우 쉽게 설명해보면 '새로운 영업 방식 + 컴퓨터시스템'의 결합이라고 할 수 있습니다. 단순히 새로운 영업 방식만으로는 비즈니스 모델 특허를 받을 수 없습니다.

전자기기 부가기능 특허

Q: 전자기기에 어떤 기능이 있으면 좋겠다고 생각했을 때, 어떻게 특허를 내는지 알고 싶습니다. 특허출원 시 설계도를 만들어야 하나요? 일반인이라 설계 없이 단순한 이론만으로도 될까요? 설계나 설명 수준이 어느 정도여야 할까요?

A: 단순한 아이디어를 넘어 구체적인 구현 기술에 대한 설명이 있어야 합니다. 즉, 어떤 원리에 따라 발명이 구현되었는지의 설명을 관련 분야 기술자가 이해할 수 있을 정도는 돼야 합니다.

특허정보원에서 운영하는 특허정보검색서비스 사이트를 방문해서 기존에 등록된 특허를 검색해보세요. 어떤 방식으로 기재하는지 키워드 검색을 통해 관심 있는 분야의 특허문서를 보고 참고할 수 있습니다. 백 마디 말보다 특허문서를 한 번 읽어보는 것이 훨씬 이해가 쉬울 것입니다.

음식 특허

Q1: 이미 만들어져 있는 두 음식을 결합한 메뉴를 특허 내볼까 합니다. 어떻게 하면 될까요?

A1: 기존의 음식을 단순히 결합한 경우에는 특허를 받는 것이 쉽지 않습니다. 2가지 음식을 결합할 때 조리과정의 어려움이 있는지, 새로운 효능이 있는지, 특정 배합 비율이 있는지 등 기존 기술과는 다른 점이 무엇인지를 검토해야 합니다. 특징적인 부분에 특허성이 인정된다면 특허출원을 하여 등록을 시도할 수 있습니다.

Q2: 한 업체가 여러 가지 재료를 혼용하여 특정 제품을 만들어 특허를 등록했습니다. 저희는 특정 제품을 만드는 다른 업체에 이 제품을 판매하고 있습니다. 당연히 배합률이나 다른 원료를 혼용하여 특정 제품을 만들고 있습니다. 배합률과 일부 원료가 다른 제품을 사용하여 제조 및 판매를 해도 무방한지요?

A2: 등록된 특허라는 것이 배합률에 대한 것으로 생각됩니다. 먼저 국내 특허의 조성비를 분석해보세요. 등록된 특허의 배합률 범위에 속한다면 특허침해가 될 수 있습니다. 다른 비율로 제조하거나 특허 성분과는 전혀 다른 성분을 넣는 경우에는 특허침해를 벗어날 가능성도 있습니다.

저작권과 특허의 차이

Q: 저는 저작권이나 특허라는 말을 많이 섞어서 써왔는데, 차이점을 정확히 알려주세요.

A: 저작물이란 음악, 소설, 미술 등 창작과 관련된 권리라고 생각하면 됩니다. 저작권은 특별한 등록절차 없이 권리가 발생합니다.

특허는 기술(기술 아이디어, 빌명 아이디어 등)에 대한 권리입니다. 즉, 발명가는 자신의 발명(고안)을 특허청에 제출하여 특허출원심사를 거쳐야 하며, 기존 기술에 비해 진보성이 인정되는 발명에 한해 특허를 받을 수 있습니다.

특허출원 도면과 제품이 다를 때

Q: 등록된 도면과 실제 제작 판매하는 제품이 다른데 권리 주장을 할 수 있나요?

A: 특허침해 여부를 판단할 때는 특허출원에 기재된 특허 청구범위의 내용이 기준이 됩니다. 특허출원의 도면도 참고사항에 불과합니다. 특허침해 판단에서는 특허출원의 청구범위에 기재된 발명의 내용과 침해제품의 내용이 비교대상입니다.

특허 심사기간

Q: 특허를 신청하고 출원하는 데 매우 오랜 시간이 소요된다고 하는데, 그렇게 많은 시간이 소요되는 이유가 뭔가요?

A: 특허출원에 심사기간이 2년 이상 소요되는 것은 세계적으로 비슷한 현상인데, 그 이유는 일단 1년에 국내에 특허출원 되는 건수가 10만 건 이상이 됩니다. 그런데 특허청에서 특허심사 업무를 하는 심사관을 무한정 늘릴 수 없으니 특허심사가 지연될 수밖에 없습니다. 특허출원은 해마다 늘어나고 심사관은 계속 늘릴 수 없는 상황인 거죠.

특허가 소멸된 제품

Q: 특허가 소멸된 제품을 만들어서 팔 순 없나요?

A: 소멸된 것이 확실하다면 만들어 파셔도 됩니다. 회사에 특허권이 여러 건인 경우도 있고, 디자인 등록이 있는 경우도 있으므로 잘 살펴보세요.

특허소송

Q: 3개 업체에서 제 특허권과 비슷한 방식으로 제품을 생산하여 판매를 하고 있습니다. 이럴 경우 전 어떻게 대처해야 하는지 방법을 알려주세요.

A: 특허침해소송은 비용이 많이 소요됩니다. 따라서 먼저 귀하의 특허 청구범위를 상세히 검토해야 합니다. 특허 청구범위로 권리범위가 정해지므로 특허 청구범위의 내용을 침해 예상업체들이 실시하고 있는지 확실히 검토해야 합니다.

상기내용 검토 후 침해 예상업체가 귀하의 특허권을 침해한 것으로 판단되면 특허권 침해금지 경고장을 보내는 것이 일반적입니다. 다만, 경고장을 보내더라도 대개의 경우 침해하지 않는다는 답변을 받는 경우가 대부분이므로 권리범위 확인심판 또는 침해금지 가처분을 제기하면서 침해소송이 진행됩니다.

경진대회 아이디어 특허출원

Q: 제가 발명경진대회에서 상 받은 아이디어를 특허 내려 하는데 가능한가요?

A: 귀하의 경우 자기 의사에 의해 공지된 경우에 해당하며, 발명을 공개한 날로부터 12개월 이내에 신규성 의제를 주장하여 귀하의 이름으로 특허출원을 하면 됩니다. 종전에는 공지일로부터 6개월이었으나 2012년 개정법부터 12개월로 기간이 연장되어 시행 중입니다.

특허 낼 때의 제품

Q: 특허청에 등록하려 하는데 이론만 갖고도 되는지 궁금합니다. 상용화는 아직 안 됐어요.

A: 실제 만든 제품까지는 필요 없으나 구체적인 구조를 설명해야 합니다. 이론적인 것만으로 되지만 구체적인 구조를 이론적으로 설명해야 합니다.

영어교수법 특허

Q: 영어교수법의 틀을 완성한 후 이를 특허로 교수법에 대한 권리를 인정받고자 합니다. 특허를 받기 전까지 어떤 과정을 거쳐야 하는지 궁금합니다.

A: 교수법의 경우, 특허를 받는 형태를 처음에 잘 생각해야 합니다. 주로 교수법에 사용되는 교구 형태로 특허출원이 되는 경우가 많습니다. 또는 온라인 교육시스템으로 특허출원을 하기도 합니다. 단순한 사람의 교육행위 자체로는 특허를 받을 수 없습니다.

특허 신규성의 범위

Q: 온도유지 장치를 예로 들어봅니다. 제가 고안한 것은 부피를 100분의 1 수준으로 줄일 수 있고 외부 전원 없이 휴대용으로 사용할 수 있게 하는 겁니다. 소형화 시 효용성이 극단적으로 증가하는데(완전히 새로운 분야에 적용이 가능), 이런 건 신규성이 인정되나요? 한마디로 기존에 있던 제품의 극단적 소형화입니다. 모터를 사용할 수도 있고 전자석을 이용할 수도 있습니다. 청구 항을 늘려서 2가지 방식 모두 등록한 경우 특허 실패 확률이 더 높아지나요?

A: 소형화에 기존 기술과는 다른 특징을 가지고 있다면 특허등록이 될 수 있을 겁니다. 모터 또는 전자석 이용은 청구항에 모두 포함시킬 수 있겠죠. 일반적으로 2가지 방식을 모두 등록한다고 실패 확률이 높아지지는 않습니다. 먼저 구체적인 기술 검토가 필요합니다.

기존 장치를 이용한 서비스

Q: 사업을 하려는데 흔하진 않지만 이미 제품으로 생산되어 있고 장비 자체는 해외에서 특허등록된 지 오래되어 특허 보호기간이 지났고 많지 않지만 몇몇 회사에서 생산하고 있는 장비입니다. 이 장비를 이용해 서비스를 제공하는 사업 아이디어를 보호받을 수 있는 방법은 없을까요?

A: 해당 서비스가 전적으로 온라인상에서 이뤄지는 것이라면 비즈니스 모델 특허로

검토해볼 수 있습니다. 다만, 현재 비즈니스 모델 특허의 등록 가능성이 높은 편은 아닙니다. 기존 장치를 개량했다면 별도의 특허가 가능하겠지요.

기존 특허와 중복된 특허

Q: 이미 특허를 받은 기술과 중복되는 범위가 있어도 특허를 받을 수 있을까요?

A: 기존 특허와 내용이 중복되는 부분이 있더라도 귀하가 고안한 내용이 기존 특허에 비해 진보한 것이라면 당연히 특허가 가능합니다. 물론 중복되는 부분에 대해서는 귀하가 권리를 가질 수 없습니다.

스마트폰 앱 실용신안

Q: 매우 간단한 정도의 수준이라 실용신안을 받으려고 합니다. 스마트폰의 앱도 실용신안을 낼 수 있는지 궁금합니다.

A: 실용신안은 물품의 형상, 구조 또는 형상 + 구조에 한해 등록을 받을 수 있습니다. 구체적인 구조 또는 형상을 갖지 않는 앱의 경우에는 보호 대상으로 보기 어려울 것입니다. 발명 내용에 대해 특허 가능성은 있으니 주변의 변리사와 꼼꼼히 상담해보세요.

공예기술특허

Q1: 아동의류에 필요한 소품 관련 공예기술을 등록해도 되나요?

A1: 공예기술의 경우에도 특허가 가능합니다. 다만, 양산 가능성이 있어야 하므로 일정한 방법을 통해 만들 수 있는 공예기술이어야 합니다. 해당 기술의 상업성을 거듭 고려하세요. 특허를 받은 후 구현되지 않은 기술이 훨씬 많습니다.

Q2: 제가 귀걸이를 만든다고 했을 때 귀걸이의 형태나 결합방식이 아니라 귀걸이를 만드는 재료를 어떤 기능성 원료로 만든다면 그것 자체로 지재권 획득이 가능한가요? 예를 들어 정전기를 없애주는 원료로 만든 팔찌도 가능한가요?

A2: 정전기를 없애주는 원료로 만든 팔찌는 특허 대상이 됩니다. 귀걸이의 형태, 결합

방식, 재료 모두 특허 대상이 됩니다. 문제는 어떤 원료를 사용하여 정전기를 없애는지에 대한 상세한 설명이 있어야 합니다.

공사설비 관련 소송

Q: 공사 후 공사 관련 설비가 특허소송에 걸려 특허를 주장하는 업체에서 저희를 손해배상 청구를 하기 위한 내용증명을 보내왔습니다. 저희는 특허 관련 정보를 알지 못했으며 공사대금을 지불 완료했습니다. 이에 저희도 피해자가 될 수 있는데 어떻게 처리를 해야 하는지 궁금합니다.

A: 만약 귀하의 공사 내용이 특허권을 침해하는 내용이라면 귀사가 특허침해한 것으로 인정될 수 있습니다. 귀사는 공사업체에게 책임을 질 것을 요구하는 것이 순서이고, 이런 정황을 특허손해배상 청구업체에 알리는 것이 좋습니다.

기계 제작 의뢰

Q: 기계를 제작하여 특허신청을 할 계획입니다. 제작하는 업체에 의뢰한다면, 여기서 완성된 기계의 특허권은 누구의 소유인가요?

A: 기계 제작업체에 의뢰할 때 모든 지적재산권에 대한 권리는 귀하에게 있다는 조항을 반드시 넣으세요. 만약 위와 같은 조항을 넣지 않는 경우, 누구에게 지적재산권이 있는지 모호한 경우가 많습니다. 기계 제작업체에서 의뢰된 아이디어를 무단으로 특허출원하는 경우가 간혹 있으니 제작이 완료된 즉시 특허출원하는 것이 좋습니다.

특허의 유효기간

Q: 게임사에서 시스템이나 콘텐츠 관련 특허를 내면 유효기간은 몇 년인가요?

A: 특허의 유효기간은 출원일로부터 20년입니다. 다만, 최초 3년분의 등록료를 내며, 이후 매년 연차료를 납부해야 특허권이 유지되며, 오래될수록 연차료가 비싸집니다.

웹사이트 특허

Q1: 제가 특정 물건을 웹상에서 경매하는 방식인 사이트를 만들려고 합니다. 판매 방식에 특허를 받을 수 있는지 궁금합니다. 유사한 사이트가 생기지 않게 보호 받을 수 있는지도 알려주세요.

A1: 판매 방식이 웹상으로 구현될 때 특허가 가능합니다. 다만, 해당 판매 방식이 기존에 전혀 없는 것이어야겠죠. 특허로 보호를 받게 되면 유사 사이트가 생기는 것을 막을 수 있습니다.

Q2: 홈페이지에도 특허가 있나요? 현재 홈페이지, 쇼핑몰 등 사용의 불편을 개선할 수 있는 홈페이지 레이아웃에 대한 아이디어가 있다면 홈페이지도 특허를 낼 수 있나요?

A2: 쇼핑몰의 불편함을 개선할 수 있는 레이아웃이라 함은 영업 방법 또는 컴퓨터 관련 발명에 가까울 것으로 생각됩니다. 일단 주변의 변리사와 상담하세요. 귀하의 입장에서는 단순히 레이아웃 변경으로 보일 수 있으나 실제 발명 아이디어일 수 있습니다. 변리사가 귀하의 아이디어를 잘 끌어낼 수 있도록 밀착 상담하세요. 대부분의 변리사 사무소는 상담비용을 받지 않습니다.

특허와 디자인 침해

Q: 제가 개발하여 특허등록된 제품을 3명의 도매업자에게 판매해오다가 어느 날부터 제품 주문이 들어오지 않아 제품이 인기가 없나보다 생각하던 차에 시장에 나가 보니 제 제품과 95% 정도 똑같이 생긴 제품이 그중 1명에게서 공급되고 있다는 걸 알게 됐습니다.

그 제품은 특허등록이 되어 있고 디자인등록도 되어 있습니다. 상대방을 고발하게 되면 제가 무엇을 요구할 수 있는지 궁금합니다. 나머지 두 사람은 증거를 아직 찾지 못했는데, 어떻게 해야 하는지요?

A: 먼저 제품을 구입하고 영수증을 받으세요. 침해품이 귀하의 특허를 침해하는지 먼저 확실히 검토하세요. 특허의 경우 명세서 내용이 아니라 '특허 청구범위' 내용에

침해품이 속해야 합니다. 만약 귀하의 특허권 또는 디자인권을 침해하는 것이 확실하다면 생산자와 판매자 모두를 대상으로 고소할 수 있습니다. 또한, 증거를 수집한 후에는 생산자와 판매자를 상대로 경고장을 보내세요. 그 다음 생산을 중단하지 않을 경우 바로 고소에 들어가는 것이 일반적입니다. 증거를 찾지 못한 경우에는 어쩔 수 없습니다.

전기제품의 특허

Q: 특허의 핵심은 기술이지만 도면에 제품 외형도 일부 들어갑니다. 그럼 디자인도 보호가 되나요? 이 제품은 출시 가격에 따라 센서와 모터의 개수가 차이가 있어요. 이런 차이를 특허 하나에 담는 것이 가능한가요?

A: 특허출원은 제품의 외형을 보호하지는 않습니다. 실제 특허도면을 보면 디자인이 자세히 나오지 않는 경우가 대부분입니다. 즉, 디자인 보호는 별개지요. 디자인 보호가 필요하다면 디자인출원을 하세요. 특허는 아이디어입니다. 센서와 모터 개수에 따라 다양한 실시 예를 하나의 특허문서에 포함시키면 됩니다.

특허출원 중의 특허등록

Q: 특허를 출원하기 전에 선행기술조사를 했고 유사한 발명사항이 없어 출원을 했는데, 알고봤더니 제가 출원하기 전에 누가 먼저 출원을 했다면(공개 전이라서 확인을 할 수 없었음), 신규성 위배로 등록이 안 되는 것인가요? (동일한 발명으로 가정) 분명 출원할 때까지만 해도 문제가 없었는데 말이죠.

A: 신규성에 위배되지는 않습니다만, 출원 중인 상태에 있던 선출원의 명세서에 기재된 발명이 후출원에도 기재되어 있는 경우에는 확대된 '선원주의'에 위배되어 특허를 받을 수 없습니다.

특허와 논문

Q: 논문으로 발표한 지 6개월 이내(국내)에 특허출원이 돼야 한다고 들었는데 국외는

1년까지 된다고 들었습니다. 논문 게재 확정일로부터 6개월 이내라는 것인지 궁금해요. 그리고 특허출원이라는 것이 완전한 특허가 등록된 것이어야 하는지, 아니면 접수한 일자가 6개월 범위 안이어야 하는지 궁금합니다.

A: 논문 게재일로부터 12개월 이내에 특허출원하면 됩니다. 이것을 신규성 의제라고 하는데(내가 공개한 것에 대해 선행기술로 삼지 않는다는 의미), 출원일자가 소급되는 것이 아니므로 타인이 출원일보다 이전에 동일 기술을 공개한 경우에는 등록을 받을 수 없습니다.

특허침해 경고장

Q: 저희 회사에서 중국에서 수입하여 판매하고 있는 제품이 있는데, 타 업체에 그 제품에 대한 특허가 있더라고요. 출원일자가 2012년 1월인데 (원단제조 방식 및 그것을 활용한 문구) 이 원단은 유럽에서 자사에 취급을 문의했던 게 2007년이었으며 저희가 납품받은 업체에 원단을 공급한 업체도 2010년부터 생산하여 판매를 했다고 해요. 이 경우 특허 요건이 되는지 무효심판 청구가 가능한지에 대해 알고 싶습니다. 외국 회사의 특허는 없는 것 같았습니다.

A: 특허출원일 이전에 공지된 자료가 있다고 했으니 무효 가능성이 있습니다. 즉, 외국 회사에 특허가 없더라도 관련 제품이 공지됐다면 무효 사유에 해당됩니다. 다만, 공지된 자료가 특허 받은 제품과 동일해야겠지요.

특허출원 후 공개된 상태에서 거절

Q: 특허출원한 후 공개 상태에서 특허청에서 거절되었습니다. 그러면 다른 사람이 사용 가능한가요? 아니면 사용한 사람에게 권리 적용이 가능한가요?

A: 특허출원이 공개 상태에서 거절되면 특허권이 발생되지 않죠. 따라서 다른 사람에게 특허권 행사를 할 수 없습니다. 그러나 특허출원이 거절됐다고 하여 거절된 발명의 내용을 누구나 사용할 수 있는 것은 아닙니다. 즉, 거절된 이유가 중요합니다. 만약 거절된 특허출원이 타인이 이미 등록하고 있는 특허와 실질적으로 동일하여

거절됐다면 거절된 특허출원의 기술내용을 사용하면 '이미 유효하게 등록되어 있는 타인의 특허권'을 침해하는 것이 됩니다. 따라서 미리 특허검색을 통하여 유효한 특허가 있는지 확인해야 합니다.

시제품 만들기

Q: 특허를 신청했고 시제품을 만들어보고 싶은데 저렴하게 만들거나 도움 받을 수 있는 곳이 있나요? 시제품 의뢰는 어디에 문의해야 하는 건지요?

A: 형편이 되면 시제품을 만들어 테스트를 해보는 것이 중요합니다. 실제 사용해보면 특허 아이디어의 성공 가능성을 확인하기 쉽지요. 시제품은 발명가에게 확신을 준다고 합니다.

시제품의 경우 발명의 시장성을 확인하기 위해 만들어보는 것이 좋습니다. 시제품 제작을 할 경우 제품설계 및 시제품을 함께 처리하는 경우가 대부분입니다. 다만, 시제품 제작은 가격보다는 품질이 매우 중요합니다. 저희가 특허사업화 과정을 통해 시제품 제작을 의뢰해본 바에 의하면, 특허 시제품을 만들 경우에는 '시제품의 품질'과 '적정 가격'이 매우 중요합니다. 왜냐하면 시제품의 경우 특허사업화를 고려하여 정말 잘 만들어야 합니다. 시제품을 사용해봄으로써 시제품의 시장성이 있는지 확인할 수 있으니 타인의 투자유치 등을 받는 데에도 매우 중요합니다. 그래서 단순히 인터넷을 보고 가격 비교하여 시제품 업체를 선정하는 것은 문제가 있죠. 너무 저가에만 연연하지 말고 적어도 중상 이상의 품질을 만들어줄 수 있는 업체를 찾아야 합니다. 그리고 특허출원 이전에 시제품을 만들어볼 경우, 그 기술이 외부에 유출되지 않도록 각별히 주의해야 합니다.

특허등록 로열티

Q: 특허실시권에 대해 궁금합니다. 보통 통상실시권은 로열티를 몇 %나 받을 수 있나요? 개인 이름으로 특허를 냈을 경우 실시권에 대해 로열티를 혼자서 다 가질 수 있는 겁니까? 예를 들면 스마트키를 특허 낸 사람은 스마트키가 1개 팔릴 때마다

거기에 대한 각각의 로열티를 받는 건가요?

A: 특허실시권을 부여하는 단계인지요? 통상실시권은 몇 %를 받을 수 있는지 정해진 요율은 없습니다. 당사자 간의 계약으로 정하기 나름이죠. 가장 일반적인 방법은 'Initial Payment(계약금 정도의 의미)'로 일정금액을 받고, 그 후 매출액의 몇 %를 받는 형태를 많이 취합니다. 또한 다른 방법으로는 매년 정액제로 얼마의 금액을 받는 경우도 있습니다. 특허의 가치가 크다면 요율이 높을 것이고, 그렇지 않다면 낮게 됩니다.

개인 명의로 된 특허의 경우 개인에게 로열티를 지불합니다. 특허출원을 개인으로 할지, 아니면 회사 명의로 할지가 중요하겠죠. 특허 사용에 대한 로열티는 매출액을 기준으로 몇 % 제공하는 경우, 영업이익에서 몇 %, 순이익에서 몇 % 등으로 계약 시 정하기 나름입니다.

특허권 양도

Q: 저는 알루미늄 업계 중소기업에 다니고 있습니다. 사장님이 특허증을 가지고 계신 분의 특허를 구매하기로 약속이 된 것 같습니다. 어떤 서류와 어떤 방법으로 일처리를 진행해야 하는지 알아보고자 합니다.

A: 특허 양도 절차의 가장 간단한 방법은 특허청 서울사무소에 방문하셔서 등록 담당 직원에게 물어보는 겁니다. 당사자 간의 양도증, 양도인 인감증명서가 반드시 필요하며, 양도증 양식은 특허청 사이트 서식 관련 자료실에서 받을 수 있습니다. 이 서류를 들고 특허청 서울사무소에 찾아가는 것이 가장 쉽게 처리할 수 있는 방법입니다.

특허 후 상품 판매까지의 전체 과정

Q: 특허 후 상품 판매까지의 전체 과정이 어떻게 되나요?

A: 제 경험으로 말씀드립니다.

1. '특허출원'은 장차 사업화할 때 특허권자에게 독점권을 줄 수 있도록 잘 작성돼야 합니다. 특히, 해당 아이디어가 시장성이 있는 경우 반드시 침해행위가 예상되므로, 독점권 확보에 신경을 써야 합니다. 그렇지 않다면 해당 아이디어를 도용하여 유사제품을 만든 사람들만 경제적 이익을 누리기 때문입니다. 이를 방지하기 위해 특허출원 단계에서 장차 있을 수 있는 특허 회피 제품들을 차단할 방법을 충분히 만들어둬야 합니다.

2. '시제품 제작'은 특허출원 후 시제품(목업) 정도를 만들어 직접 사용해보고 타인이 사용해보도록 함으로써 '시장성에 대한 확신'을 얻을 수 있습니다. 이는 특허 사업화의 핵심적인 요건입니다. 가장 신중하면서도 정확하게 판단돼야 합니다. 또 하나 제품양산 단계에서 비용이 많이 소요되므로 시제품을 가지고 투자유치에 나설 수 있습니다. 투자자가 '눈으로 직접 봐야' 결심이 쉽습니다.

3. '제품 양산'은 시제품 단계 후 시장성 판단을 한 후 특허사업화를 결정했다면 대량 생산을 위한 금형을 제작하게 됩니다. 금형을 제작한 이후에는 직접 생산을 하거나 생산을 위탁하게 됩니다. 이때는 많은 투자비용이 소요됩니다. 본격적인 사업이죠.

4. '제품 광고 및 영업'은 앞서 제품 양산 단계 이후 제품 광고 및 영업 단계는 일반적인 상품화 과정입니다. 물론 특허사업화 상품의 경우 특허출원 또는 특허제품이라고 광고 및 홍보할 수 있겠죠.

   요약하면, 특허를 출원하는 사람의 경우 특허출원 및 시제품 제작 과정까지는 매우 신중하게 고려하면서 계획을 세우는 것이 사업화 성공 가능성이 높습니다. 모든 과정에서 '시장성에 대한 확신'을 늘 따져봐야 합니다.

5. '사업화' 단계는 본인이 특허사업을 직접 하거나, 타인에게 라이선스를 주어 사업하도록 하면 되는데, 많은 투자비용이 소요되므로 신중해야 합니다.

| 참고문헌 |

· 나심 니콜라스 탈레브, 안세민 역, 『안티프래질』, 와이즈베리, 2013.

· 다니엘 핑크, 김주환 역, 『드라이브』, 청림출판, 2011.

· 말콤 글래드웰, 선대인 역, 『다윗과 골리앗』, 21세기북스, 2014.

· 알프레드 노스 화이트헤드, 유재덕 역, 『교육의 목적』, 소망, 2009.

· 이민재, 『손자병법 특허병법』, 북콘서트, 2013.

· 애덤 라신스키, 임정욱 역, 『인사이드 애플』, 청림출판, 2012.

· 웨인 다이어, 오현정 역, 『행복한 이기주의자』, 21세기북스, 2013.

· 존 호킨스, 김혜진 역, 『존 호킨스 창조경제』, FKI미디어, 2013.

· 황농문, 『몰입』, 랜덤하우스코리아, 2007.

특허는 어떻게 돈이 되는가

초판 1쇄 발행 2015년 1월 20일
초판 4쇄 발행 2019년 11월 30일

지은이 문춘오
펴낸이 박수길
펴낸곳 (주)도서출판 미래지식
책임 편집 양승순
디자인 우진(woojin)
기획 (주) 엔터스코리아

주소 경기도 고양시 덕양구 통일로 140 삼송테크노밸리 A동 3층 333호
전화 02)389-0152
팩스 02)389-0156
홈페이지 www.miraejisig.co.kr
전자우편 miraejisig@naver.com
등록번호 제 2018-000205호

ISBN 979-11-90107-42-6 13320

이 도서의 국립중앙도서관 출판예정도서목록(CIP)은 서지정보유통지원시스템 홈페이지(http://seoji.nl.go.kr)와 국가자료종합목록 구축시스템(http://kolis-net.nl.go.kr)에서 이용하실 수 있습니다. (CIP제어번호 : CIP2019042407)

* 미래지식은 좋은 원고와 책에 관한 빛나는 아이디어를 기다립니다.
  이메일(miraejisig@naver.com)로 간단한 개요와 연락처 등을 보내주시면
  정성으로 고견을 참고하겠습니다. 많은 응모바랍니다.